UTB

UTB **3306**

W0201444

Eine Arbeitsgemeinschaft der Verlage

Böhlau Verlag · Köln · Weimar · Wien
Verlag Barbara Budrich · Opladen · Farmington Hills
facultas.wuv · Wien
Wilhelm Fink · München
A. Francke Verlag · Tübingen und Basel
Haupt Verlag · Bern · Stuttgart · Wien
Julius Klinkhardt Verlagsbuchhandlung · Bad Heilbrunn
Lucius & Lucius Verlagsgesellschaft · Stuttgart
Mohr Siebeck · Tübingen
Orell Füssli Verlag · Zürich
Ernst Reinhardt Verlag · München · Basel
Ferdinand Schöningh · Paderborn · München · Wien · Zürich
Eugen Ulmer Verlag · Stuttgart
UVK Verlagsgesellschaft · Konstanz
Vandenhoeck & Ruprecht · Göttingen
vdf Hochschulverlag AG an der ETH Zürich

Ulrike Froschauer, Manfred Lueger

Interpretative Sozialforschung:

Der Prozess

facultas.wuv

Ulrike Froschauer ist Ass.-Professorin am Institut für Soziologie der Universität Wien.
Manfred Lueger ist Professor am Institut für Allgemeine Soziologie und Empirische Sozialforschung der Wirtschaftsuniversität Wien.

Bibliografische Information Der Deutschen Nationalbibliothek
Die Deutsche Nationalbibliothek verzeichnet diese Publikation in der Deutschen Nationalbibliografie;
detaillierte bibliografische Daten sind im Internet über http://d-nb.de abrufbar.

1. Auflage 2009
© 2009 Facultas Verlags- und Buchhandels AG
facultas.wuv, Berggasse 5, 1090 Wien, Österreich
Alle Rechte vorbehalten

Umschlag: Atelier Reichert, Stuttgart
Innengestaltung und Satz: grafzyx.com, Wien
Druck und Bindung: CPI – Ebner & Spiegel, Ulm
Printed in Germany

ISBN 978-3-8252-3306-8

Vorwort

In den letzten beiden Jahrzehnten ist die Menge an Literatur zur qualitativen Sozialforschung rasant angestiegen. Diese umfasst vorrangig allgemeine Einführungen und Bücher zu den verschiedenen Methoden. Zwei Bereiche werden jedoch nur am Rande abgehandelt, obwohl sie für die Durchführung solcher Forschungsarbeiten ganz zentral sind: zum einen die interpretative Sozialforschung als Kernbereich qualitativer Forschung, welche die Interpretation in den Mittelpunkt stellt und sich explizit an methodologischen Prämissen orientiert. Der zweite Bereich ist die Forschungsstrategie als Fundament jeder seriösen Forschung, die den gesamten Erhebungs- und Forschungsprozess strukturiert. Dieses Buch widmet sich daher diesen beiden Schlüsselkomponenten.

Ausgangspunkt ist das Buch „Grundlagen qualitativer Feldforschung" (Lueger 2000). Die Erfahrungen und Entwicklungen seither machten es nötig, eine grundlegende Überarbeitung anzugehen. Im Zuge dessen haben wir uns entschlossen, aufgrund seiner zentralen Bedeutung den Komplex des Forschungsprozesses in einem eigenen Buch zu bearbeiten. Dafür wurden mehrere Aspekte berücksichtigt:

- Da der Schlüssel zur interpretativen Forschung in der Methodologie und der daraus resultierenden Gestaltung des Forschungsdesigns liegt, stellen wir diese Komponenten als Grundhaltung praktischer Forschungsarbeit in den Vordergrund.
- Um einen Eindruck aus der Forschungspraxis zu vermitteln, wurden drei unterschiedliche Forschungsbeispiele aufgenommen.
- Weil nach wie vor interpretative Sozialforschung aufgrund der fehlenden Standardisierung immer wieder Zweifel an ihrer Zuverlässigkeit ausgesetzt ist, widmen wir einen eigenen Abschnitt der Qualitätssicherung.
- Außerdem sollte der Umfang erträglich gehalten werden, wobei vor allem jene LeserInnen angesprochen werden, die an der Gestaltung und Organisierung des Forschungsprozesses Interesse haben.

Wenngleich methodische Aspekte die Ausführungen durchziehen, werden sie explizit nur in ihren Grundlagen angesprochen. Eine detailliertere Darstellung der verschiedenen Methoden findet sich in einem zweiten Band zur interpretativen Sozialforschung (Lueger 2010). Insgesamt sollte also der vorliegende Band allen an interpretativer Sozialforschung Interessierten Anregungen zur Konzeption und Umsetzung ihrer Forschungsideen bieten – ein Forschungsfeld, das immer neue Einblicke in faszinierende Lebenswelten ermöglicht, die das Alltagsverständnis auch gegen den Strich bürsten.

1 Einführung

Im Zentrum dieses Buches stehen die Planung und Organisierung interpretativ orientierter Forschungsprozesse. In diesem Sinne versteht es sich als Brückenschlag zwischen einer methodologischen Position und deren Umsetzung in die konkrete Forschungspraxis, wobei Erhebungs- und Interpretationsmethoden zu einer Einheit zusammengeführt werden. Um zuverlässige Erkenntnisse zu erlangen, ist eine reine Methodenkenntnis unzureichend; entscheidend sind vielmehr das Wissen über die *Bedingungen ihres spezifischen Einsatzes* sowie die *methodische Ausgestaltung* von Erhebung und Interpretation in Hinblick auf die im Forschungsverlauf sich *weiterentwickelnden Erkenntnisinteressen*. Insofern ist die Gestaltung des Forschungsprozesses keineswegs nur ein vernachlässigbarer Rahmen, sondern vielmehr der Kern einer interpretativen Sozialforschung, wonach:

- die empirische Vorgangsweise aus den *Bedingungen der Möglichkeit* der Erkenntnisgewinnung abgeleitet wird (insofern berücksichtigt die Forschungsstrategie die Besonderheiten des Erkenntnisgegenstandes),
- die für eine Analyse geeigneten Fragen von der *methodologischen Position* abhängen (deshalb eignen sich nicht alle Fragestellungen für eine interpretative Forschung),
- die angewandten Verfahren sich an den *Erfordernissen des Erkenntnisgegenstandes* und dem jeweiligen Erkenntnisstand orientieren (folglich bedürfen die Verfahrensweisen im Forschungsverlauf einer flexiblen Anpassung),
- die Vertrauenswürdigkeit der Ergebnisse gerade aufgrund des zentralen Stellenwertes der Auslegung des verfügbaren Datenmaterials sorgfältiger *Absicherungsstrategien* bedarf (daher müssen die beigezogenen Materialien und ihre Interpretation immer mehrfach geprüft werden).

Aus diesen Gründen wäre es völlig unzureichend, interpretative Sozialforschung mit der Anwendung nichtstandardisierter Methoden oder der Analyse des manifesten Inhalts von Aussagen oder Beobachtungen gleichzusetzen. All dies gehört zwar dazu – aber es handelt sich dabei nur um technische Kriterien, die an der Oberfläche kratzen, jedoch nicht der Logik einer solchen Forschungsstrategie entsprechen. Forschungsverfahren – und das ist eine der zentralen Ideen – sind immer in einen spezifischen Kontext eingebettet und müssen für diesen modifiziert werden. Zu diesem Kontext zählen etwa die Forschungsfrage, die Besonderheiten des untersuchten Bereiches, der Stand der Forschung und damit das verfügbare theoretische und methodische Wissen, die Eigenschaften der mit der Anwendung bestimmter Erhebungs- und Interpretationsverfahren generierten Materialien und Erkenntnisse, aber auch das Vorwissen und die Kompetenzen der InterpretInnen. Der Begriff ‚interpretativ' ist in diesem Zusammenhang deshalb so wichtig, weil er die *Konstruiertheit* der empirischen Wirklichkeit in den Mittelpunkt rückt und daher immer von unterschiedlichen Wirklichkeitskonstruktionen ausgeht. Interpretative Forschung ist diesem Verständnis zufolge selbst eine spezifische Vorgangsweise in der Erzeugung einer Wirklichkeitskonstruktion, welche die empirischen Beobachtungen theoretisierend aufarbeitet und auf diese Weise ein möglichst zuverlässiges Wissen über einen Gegenstandsbereich aufbaut. Dabei richtet sich das Augenmerk vorrangig auf jene Regeln, die in sozialen Prozessen zur Geltung kommen.

Dieses Unterfangen ist nicht so einfach, wie häufig angenommen wird. Um beispielsweise zu verstehen, welche Bedeutung das ‚Problem' der ‚Falschzuweisung von PatientInnen' durch niedergelassene ÄrztInnen an eine Spitalsambulanz hat, reicht es nicht, mit niedergelassenen ÄrztInnen, dem Ambulanzpersonal oder den PatientInnen über diese Falschzuweisungen zu sprechen. Widmet man sich nur der Frage, was ‚Falschzuweisungen' überhaupt sind (im vorliegenden Fall wurde darunter die Zuweisung von PatientInnen an die Spitalsambulanz verstanden, obwohl sie an entsprechende FachärztInnen überwiesen werden sollten) oder warum jemand auf die Idee kommt, dass es sich hier um ein Problem handeln könnte (etwa weil dadurch die ohnehin stark belastete Ambulanz nun vollends überlastet wird), würde man am Sachverhalt nicht zweifeln. Man könnte sogar auf die Idee kommen, zur Entlastung der Ambulanz bei niedergelassenen ÄrztInnen hinsichtlich einer besseren Überweisungspolitik zu intervenieren.

Im vorliegenden Fall wäre diese Mühe jedoch vergeblich gewesen, weil zwar alle Aussagen in diese Richtung deuteten, aber

– wie eine ausführliche Analyse des beschriebenen Falls nachweisen konnte – die Logik dieses ‚Problems' leider völlig vernachlässigt bliebe. Um dieser auf die Spur zu kommen, bedarf es einer ganz anderen Strategie: Geht man nämlich davon aus, dass die Beteiligten ihre Wirklichkeit deuten und solcherart in einen konsistenten Zusammenhang stellen, so ist es unerlässlich, erst einmal deren spezifische Art der Beobachtung und Wirklichkeitskonstruktion einer Analyse zu unterziehen. Die Analyse setzt also bereits vor den Aussagen (und somit vor der Problemdefinition) an. Und dafür reicht es keineswegs, die Betroffenen in Hinblick auf die Falschzuweisungen zu befragen, sondern man muss ihren Arbeitskontext erkunden. Dafür kann man *auch* befragen, aber die Fragestrategie zielt nun nicht mehr auf die Falschzuweisungen, sondern auf den Arbeitsalltag. Darüber hinaus kann man beobachten, wie in der Ambulanz die Arbeit organisiert ist und wie sich die sozialen Beziehungen darstellen. Man kann aber auch prüfen, wie häufig Falschzuweisungen überhaupt auftreten. Für Letzteres bieten sich quantitative Verfahren an – aber nicht als standardisierte Befragung, sondern als Dokumentation aller PatientInnen nach für diesen Fall sinnvollen Kriterien (welche die Identifikation von Falschzuweisungen ermöglicht). Im vorliegenden Fall bestätigte diese Vorgangsweise eine erste Vermutung aus der Materialanalyse, nämlich dass die Falschzuweisungen offenbar eine andere Bedeutung als ursprünglich vermutet haben mussten: ‚Falschzuweisungen', so zeigten die ersten Ergebnisse, waren für den Arbeitsalltag in der Ambulanz vernachlässigbar und konnten folglich keineswegs die rundum beteuerte Überlastung herbeiführen.

An diesem Punkt der Analyse drängt sich nun die Frage auf, wie die Betroffenen auf die Idee kommen, dass dies ihr Problem sein könnte. In der Folge machten weiterführende Analysen die Komplexität des Phänomens sichtbar, das sich verkürzt so beschreiben lässt: Falschzuweisungen haben in der Ambulanz die Funktion der Externalisierung interner Schwierigkeiten, die sich aber intern nicht so einfach bearbeiten lassen. Diese internen Schwierigkeiten betreffen insbesondere die Arbeitsorganisation. Diese wird deshalb in diesem Zusammenhang nicht thematisiert, weil entsprechende Veränderungen das eingespielte Verhältnis der MitarbeiterInnen in der Ambulanz sowie die Beziehungen zu anderen Bereichen des

Krankenhauses massiv betreffen würde – und das mit unabsehbaren Konsequenzen. So gesehen wäre eine Umorganisierung mit hohen Risiken für die Positionierung aller Beteiligten verbunden. Die Projektion der Schwierigkeiten auf Falschzuweisungen und somit auf die niedergelassenen ÄrztInnen ist in diesem Kontext höchst funktional, weil damit die Veränderungsnotwendigkeit ebenfalls an diese weitergereicht wird. Entsprechende Interventionen würden also an einem Punkt ansetzen, wo man intern kaum etwas befürchten muss.

Würde man aber glauben, dass die Befragten nun alle lügen, so trifft dies ebenfalls nicht den Kern des untersuchten Phänomens. Denn es gibt gute Gründe, warum die MitarbeiterInnen auf die Idee kommen, Falschzuweisungen als Problem zu sehen. Diese kann man erkennen, wenn man in der Ambulanz Beobachtungen durchführt: So zeigte sich, dass jede Falschzuweisung ausführlich und für andere deutlich wahrnehmbar als solche kommentiert wurde: Dadurch wird der Eindruck vermittelt, es würden permanent Falschzuweisungen aufgenommen. Im Zuge dieser Erörterungen wurde regelmäßig auf Falschzuweisungen als Missstand und auf den damit verbundenen Mehraufwand für die Ambulanz verwiesen. In diesem Zusammenhang erfüllt diese permanente Aufregung und die damit verbundene kollektive Bestätigung der Ursachenzuschreibung für die Arbeitsbelastung eine wichtige Funktion und entwickelte sich im Laufe der Zeit zu einem effizienten kollektiven Schutz- und Verdrängungsmechanismus, der eine ungemeine Plausibilität entfalten konnte. Dieser steuert nicht nur die Aufmerksamkeit und Wahrnehmung der MitarbeiterInnen der Ambulanz, sondern sorgt darüber hinaus für einen konsistenten Sinnzusammenhang.

Man sieht an diesem Beispiel sehr genau, dass es nicht bloß die Methoden sind, die ForscherInnen auf all diese Ideen bringen, sondern erst einmal die *Forschungsstrategie*, welche dafür sorgt, die Aussagen in ihrer vollen Tragweite ernst zu nehmen, jedoch in Hinblick auf ihre Entstehung konsequent zu hinterfragen. Interpretative Forschung zeichnet sich also dadurch aus, nicht bereits im Vorfeld Annahmen zu entwickeln und diese zu prüfen, sondern möglichst unvoreingenommen das Forschungsfeld zu erkunden, daraus schrittweise Annahmen abzuleiten, dafür angemessene Erhebungsverfahren zu entwickeln und diese mit für die Analyse der dadurch generierten Materialien geeigneten Interpretationsverfahren zu kombinieren. In einer solchen Forschungsstrategie leiten die permanent generierten *Ergebnisse* den laufenden Analyseprozess an – und genau deshalb sind Kenntnisse über die Gestaltung eines solchen Forschungsprozesses der Schlüssel zur Erkenntnis.

Unabhängig vom angeführten Fall zeigt sich hier eine typische Eigenheit interpretativer Forschung: Sie verläuft nicht anhand eines vorgegebenen ‚Generalplans', sondern entwickelt sich *fortlaufend* an den jeweiligen Erkenntnissen und den daraus resultierenden weiterführenden Fragestellungen. Ein solches Forschungsdesign muss daher notwendig flexibel sein, um die sich permanent verändernden Anforderungen berücksichtigen zu können. Im vorliegenden Fall war der Ausgangspunkt die Arbeitsüberlastung. Dies führte zur ersten Erkundung der Ursachen mittels einer Befragung über die Arbeitsbedingungen. Die Interpretationen deuteten auf einer vordergründigen Ebene auf Falschzuweisungen als Ursache, die Interpretation latenter Sinnstrukturen ließ aber bereits ernsthafte Zweifel aufkommen, ob dies die einzige Erklärungsmöglichkeit ist. Um hier eine Abklärung herbeizuführen, wurde einerseits der Arbeitsalltag in der Ambulanz beobachtet und zusätzlich eine quantitative Erhebung zur Identifikation von Falschzuweisungen und der Häufigkeit ihres Auftretens durchgeführt. Die Ergebnisse aus diesen Untersuchungen führten in der Folge zur Frage, wie es unter diesen Bedingungen zu einer solchen Zuschreibung kommen könne und welche Bedeutungen diese haben. Dafür lieferten Beobachtungen wichtige Erkenntnisse. Außerdem erwies es sich als nötig, die Organisation der Ambulanz innerhalb der Spitalsorganisation zu beleuchten, um zu verstehen, warum das Problem der Arbeitsbelastung ambulanzintern nicht einfach zu lösen ist. Dafür wurde die Fragestrategie adaptiert, der Kreis der Befragten erweitert und es wurden verfügbare Dokumente in die Analyse einbezogen. Letztlich konnte die Studie zeigen, wie schwierig es ist, sich selbst von den eigenen Problemen zu befreien, auch wenn diese eine enorme physische und psychische Belastung der Betroffenen mit sich bringen. Entscheidend war aber, zu verstehen, welche Faktoren die konkrete Umgangsform mit der Arbeitsbelastung begünstigten, wie diese langfristig stabilisiert wurde, welche Effekte sich daraus für die Ambulanzorganisation ergaben, worauf die MitarbeiterInnen im Rahmen der internen Organisation besonderen Wert legen. Ein solches Verständnis ist nicht nur von organisationstheoretischem Interesse, sondern es sorgt auch für ein besseres Verständnis für Schwierigkeiten im Organisationsalltag und zeigt jene Rahmenbedingungen auf, die man im Sinne einer nachhaltigen und für möglichst viele zufriedenstellenden Bearbeitung berücksichtigen sollte.

Noch etwas ist hier anzuführen: Quantitative Verfahren sind in einer solchen Forschungsstrategie durchaus sinnvoll – allerdings nehmen sie einen völlig anderen Platz als in der quantitativen Forschung ein: Sie dienen ausschließlich der Überprüfung von statistischen Verteilungen, weil dies mittels interpretativer Verfahren nicht möglich ist. Im interpretativen Forschungsprozess kommt ihnen also eine *Ergänzungsfunktion* zu. Im obigen Beispiel ist die quantitative Zählung für das Verständnis des Phänomens unerheblich – sie dient nur der Feststellung, wie häufig das als ‚Falschzuweisung' definierte Phänomen empirisch nachweisbar ist. Damit handelt es sich um eine Überprüfung auf einem Nebenschauplatz, der zwar wichtig ist, aber nicht den Argumentationskern ausmacht. Das Verständnis des Phänomens leitet sich aus der sorgfältigen Analyse der Kontextbedingungen der sozialen Konstruktion des Phänomens ab.

Was im obigen Beispiel vielleicht als Sonderfall erscheinen mag, taucht aber im Alltag interpretativer Forschung permanent auf. Je besser man die Logik und Dynamik sozialer Prozesse verstehen möchte, desto häufiger gelangt man zur Überzeugung, dass vielfach als unproblematisch wahrgenommene Sachverhalte sich als überaus vielschichtig und unübersichtlich herausstellen und zu ihrer Erkundung entsprechend komplexe Verfahrensweisen benötigen. So mag ja für KonzertbesucherInnen klar sein, was zu einem Konzert gehört. Kaum jemand zählt das Räuspern der ZuhörerInnen zur Aufführung und viele empfinden lautes Tuscheln als Störung. Aber in der sozialwissenschaftlichen Forschung sind solche Grenzziehungen weit weniger offensichtlich. Natürlich kann man das Konzert dem Alltagsverständnis gemäß definieren – aber man erlangt kaum ein Verständnis darüber, was die Einheit eines Konzertes in einem sozialen Gefüge ausmacht. Stellt man aber diese erweiterte Frage, um das soziale Zusammenleben der Menschen zu erkunden, so gerät man unversehens in einen Strudel von Abgrenzungsproblemen. Sind die ZuhörerInnen, ihre Kleidung, ihr Verhalten, ihr Geschmack, ihre Motive des Konzertbesuchs in die Untersuchung einzubeziehen? Gehören dazu die Beziehungen zwischen KomponistInnen, DirigentInnen und MusikerInnen? Sollte man die Leitung eines Konzerthauses berücksichtigen? Spielen nicht auch die kulturellen Vorlieben in verschiedenen gesellschaftlichen Gruppierungen zu einer bestimmten Zeit eine entscheidende Rolle? Und stellt sich nicht grundsätzlich die Frage, weshalb es diesen Typus von Veranstaltungen überhaupt gibt, wie er sich von anderen Veranstaltungen abgrenzt und was die Attraktivität ausmacht? Schließlich könnte man auch meinen, dass die BesucherInnen zuhause viel bequemer und ohne lästiges Husten der SitznachbarInnen die Musik aus dem CD-Player (oder als DVD-Aufnahme aus einem besseren Blickwinkel als im Konzertsaal) genießen könnten.

Jede Entscheidung, worauf man in einer Analyse das Augenmerk legt, steht im Verdacht der Beliebigkeit, weil die Möglichkeiten der Auswahl unendlich sind (etwa Bodenbeläge oder die architektonische Gestaltung in Hinblick auf die Akustik, Eintrittspreise, Marketingstrategien). Die Ignoranz gegenüber diesen Aspekten, weil man vermeintlich die richtigen Fragen stellt und über geeignete Standardverfahren der Erhebung und der Datenanalyse verfügt, lässt Forschung zur Pseudowissenschaft mutieren, die sich unreflektiert am Alltagswissen orientiert, sich Selbstverständlichkeiten bedient, aber diese als solche nicht registriert. Damit läuft sie Gefahr, gesellschaftliche Verhältnisse in der empirischen Forschung zu *reproduzieren*, und enthebt sich der Möglichkeit einer kritischen Distanzierung.

Forschungsprozesse erfordern also permanent Entscheidungen zu ihrer Steuerung, Kontrolle oder Fortführung. Der reflexive Umgang mit den Rahmenbedingungen einer interpretativ orientierten Erkenntnisproduktion sowie die Umsetzung methodologischer und gegenstandsbezogener Anforderungen in eine gegenstandsangemessene Forschungskonzeption spielen dabei eine Schlüsselrolle. Das soll verhindern, aufgrund der Unkenntnis möglicher Implikationen von Forschungsaktivitäten Entscheidungsoptionen gar nicht zu erkennen oder ihre Tragweite nicht zu verstehen. Die Ausführungen, die in vier zentrale Abschnitte gegliedert sind, sollen daher den Prozess interpretativer Sozialforschung nachvollziehbar machen und zeigen, was man bei Forschungsentscheidungen beachten sollte:

- Zur Verdeutlichung der Idee einer interpretativen Forschung sind den Ausführungen einige *methodologische Grundlagen* zur interpretativen Sozialforschung vorangestellt (Kap. 2). Dabei werden eine methodisch konsequente *Forschungshaltung* und der flexible Umgang mit den jeweiligen Anforderungen des Forschungsgegenstandes, welche die Erlangung neuen und verlässlichen Wissens sicherstellen sollen, als besonders wichtig herausgestrichen. Im ersten Schritt wird die Entfaltung dieser Forschungshaltung erkenntnistheoretisch begründet und im letzten Schritt in Maximen einer interpretativen Sozialforschung überführt. Der in dieser Arbeit vorzugsweise verwendete Begriff der *‚interpretativen'* Sozialforschung soll verdeutlichen, dass es nicht sosehr der qualitative Charakter der Daten ist, der diese Forschungsmethodik kennzeichnet, sondern die *Interpretationsimprägniertheit* jeder Beobachtung und jeder Darstellung, welche als methodologische Grundposition den gesamten Forschungs- bzw. Analyseprozess durchzieht.
- Ein profundes Verständnis der *Organisierung einer interpretativ orientierten Sozialforschung* (Kap. 3) bildet eine zentrale Voraussetzung für eine kompetente Forschungsdurchführung – ein Aspekt, der in seiner Bedeutung vielfach vernachlässigt wird. Dabei geht es nicht bloß um die Anordnung von Erhebung und Auswertung: Der Prozess interpretativer Feldforschungsarbeit beginnt bei der Formulierung von Fragestellungen im Zuge der Planung einer Studie, setzt sich fort über den Feldzugang und die zyklische Strukturierung der kontinuierlichen Analysearbeit und reicht bis zur Formulierung eines Berichtes. Dieser Kernabschnitt versucht, für die verschiedensten Erfordernisse und Problemlagen zu sensibilisieren, die im Forschungsprozess Entscheidungen mit strategischer Bedeutung unvermeidlich machen. Auch wenn die konkreten Methoden nicht den Argumentationskern dieses Buches bilden (sie sind Gegenstand eines zweiten Buches: Lueger 2010), so ist es doch unerlässlich, zumindest auf einige grundsätzliche Anforderungen bezüglich ihrer Anwendung einzugehen. In diesem Sinne werden die Ausführungen mit einigen Hinweisen auf methodische Anforderungen abgerundet.

- Um den Forschungsprozess nicht nur in seiner Grundstruktur zu verdeutlichen, werden anschließend drei verschiedene *interpretative Studien* kurz vorgestellt (Kap. 4). Sie sollen in erster Linie verdeutlichen, wie die fallspezifischen Anforderungen bearbeitet wurden. Jede dieser drei Studien greift andere methodische Herausforderungen auf (klassische Einzelfallstudie, komparative Analyse mehrerer Fälle und Längsschnittstudie). Die für diesen Zweck notwendige Verdichtung wurde so vorgenommen, dass die Darstellung jeweils drei wichtige Schritte berücksichtigt: Den Einstieg bilden eine kurze Beschreibung der präsentierten Studien und die forschungsleitenden Fragestellungen. Anschließend werden typische Elemente der Vorgangsweise erläutert. Ausgewählte Ergebnisse runden die Kurzpräsentation ab, wobei neben der inhaltlichen Dimension auch methodische Folgerungen angeführt sind.
- Gerade interpretative Forschung unterliegt einem besonderen Begründungsbedarf: In vielen Fällen lässt die Frage nicht lange auf sich warten, ob denn die Ergebnisse überhaupt zuverlässig wären, wenn methodisch keine Standardisierung durchgeführt wurde. Und woran wird ersichtlich, dass die gewonnenen Erkenntnisse nicht beliebig sind, wenn nicht eine hinreichend große und repräsentative Stichprobe gezogen wurde, sondern die Grundlage für die Analyse in nur wenigen ausgewählten Fällen bestand? Ausführungen zur *Qualität* interpretativer Sozialforschung bilden daher einen zusammenführenden Abschluss der Überlegungen (Kap. 5).
- Die Ausführungen werden in einem Anhang durch eine *Kurzzusammenfassung* besonders wichtiger Komponenten von Forschungsarbeiten ergänzt (Kap. 6). Diese abschließende Verdichtung der Ausführungen des Buches sollte einen raschen Überblick gewährleisten.

Allerdings soll nicht der Eindruck erweckt werden, bei interpretativer Sozialforschung handle es sich um ein einheitliches Forschungsverständnis. Tatsächlich lässt sich eine enorme *Vielfalt* an unterschiedlichsten Entwicklungssträngen identifizieren. Zu der am häufigsten beanspruchten Entwicklungslinie zählt jene, die sich vom *Pragmatismus* (siehe etwa Peirce 1991, James 1995, Dewey 1995) zum *Symbolischen Interaktionismus* (Blumer 1969, Atkinson/

Housley 2003) erstreckt (zu diesen Entwicklungen siehe die Beiträge in den Sammelbänden von Plummer 1991a, b). Die Komplexität dieser Strömung kann man daran ermessen, dass so verschiedene Arbeiten von Theoretikern wie Mead (1969, 1978) oder Goffman (1993) in diesen Kontext eingeordnet werden. Aber auch die Entwicklung der *Ethnografie* umfasst verschiedene Orientierungen, wie etwa Beschreibungen fremder Kulturen im Rahmen ethnologischer Studien (Malinowski 1983, 1986, Evan-Pritchard 1988), Werke der Chicagoer Schule (z.B. Whyte 1996) oder moderne ethnografische Analysen (z.B. Geertz 1991, Atkinson 1990, Hirschauer/Amann 1997), und weist eine Fülle an Querverbindungen zu anderen Strömungen auf (etwa zum Symbolischen Interaktionismus, zur Ethnomethodologie, Phänomenologie oder Grounded Theory; vgl. Aktinson u.a. 2007). Selbst weitgehend als homogen aufgefasste Konzeptionen, wie etwa die *Grounded Theory*, zeigen durchaus divergente Entwicklungen (z.B. Glaser/Strauss 1998, Corbin/Strauss 2008, Glaser 1992, Clarke 2005, Charmaz 2006).

Aber auch die *Hermeneutik* repräsentiert insbesondere im deutschsprachigen Raum eine eigenständige Strömung, die sich aus der Philologie, der Jurisprudenz und der lutherischen Theologie als eine Kunstlehre des Verstehens und der Auslegung mit dem Ziel entwickelt hat, „den ursprünglichen Sinn der Texte durch kunstgerechtes Verfahren aufzuschließen" (Gadamer 1986: 178), und Eingang in wichtige Entwicklungen interpretativer Sozialforschung fand. Als solche sind etwa die psychoanalytische Hermeneutik (Leithäuser u.a. 1977, Leithäuser/Volmerg 1979), die objektive Hermeneutik (Oevermann u.a. 1979, Oevermann 1984) oder die wissenssoziologische Hermeneutik (Soeffner 1992, 2004) zu nennen.

Die Heterogenität interpretativer Sozialforschung hat aber auch mit der erkenntnistheoretisch begründeten *Wechselwirkung* zwischen *methodologischen Orientierungen* und den dadurch generierten *theoretischen Konzeptionen* zu tun. Dieser Aspekt wird kaum berücksichtigt, hat aber strukturell nachhaltige Effekte auf die empirische Forschungsarbeit: Wenn man davon ausgeht, dass die Generierung von inhaltlichem Wissen auf die methodologische Konzeption zurückwirkt und andererseits diese die Bedingungen schafft, die den wissenschaftlichen Blick anleiten, so muss man die Vielfalt und die permanente Entwicklung methodologischer Positionen und Forschungsverfahren auch im Zusammenhang mit theoretischer und gesellschaftlicher Entwicklung sehen. Deutlich wird dies, wenn man sich folgende Positionen vor Augen führt:

- Verkoppelt man etwa (wie Mead 1978) die Identitätsbildung mit dem gesellschaftlichen Prozess der Auseinandersetzung des Individuums mit seinen InteraktionspartnerInnen, so deutet sich an, was Garfinkel (1987) und andere zu einem methodologischen Prinzip erheben (vgl. den Sammelband der Arbeitsgruppe Bielefelder Soziologen 1981): die Frage nach dem intersubjektiven Aufbau des Alltagswissens und seine Verbindung zum individuellen Handlungsaufbau. Damit tritt ein ganz bestimmtes Forschungsinteresse in den Vordergrund, demzufolge die *Regeln des Alltagshandelns* im Zentrum stehen, weil sie die Auffassung von Wirklichkeit beeinflussen und den Menschen jene Handlungsfähigkeit geben, durch die sie gesellschaftliche Realität herstellen. Somit kommt dem Prozess des Verstehens als Erkennen der Regeln des Handlungsvollzugs unter Rekurs auf die gesellschaftliche Dynamik eine Schlüsselstellung zu. Dieser inhaltlichen Komponente steht eine methodologische zur Seite, weil die Bedingungen der Erkenntnisgenerierung und Erzeugung von Handlungsfähigkeit für Wissenschaft und Alltag gleichermaßen gelten. Wenn sich aber Wissenschaft als Teil der Gesellschaft weiterentwickelt, so erfordert dies, immer wieder die Positionierung einer interpretativen Sozialforschung kritisch zu hinterfragen.
- Wenn man darüber hinaus unterstellt, dass sich Gesellschaft und Wissenschaft notwendig in Veränderung befinden, lässt sich weder ein allgemein gültiger noch ein stabiler Zugang zur Erkenntnis etablieren – und auch die Erkenntnisgegenstände bedürfen immer wieder einer erneuten Analyse. Nach Wilson (1982) führt die Entkoppelung methodologischer Prinzipien von der empirischen Realität zu selbstherrlichen, uninteressanten und unfruchtbaren Ergebnissen. Wenn sich daher die empirisch beobachtete Welt verändert, bedarf es modifizierbarer Forschungsverfahren, um diesem *Wandel* im Forschungsprozess gerecht zu werden. Eine solche Konzeption interpretativer Sozialforschung muss daher sowohl die inhaltliche Konzeption über den Aufbau von Gesellschaft (als methodologische Voraussetzung der Ge-

genstandsannäherung) als auch das methodische Inventar des Erkenntnisgewinns flexibel halten.

- Wenn Gesellschaft (und damit auch Wissenschaft als ausdifferenzierter Teil) wesentlich auf kommunikativ vermittelten und intersubjektiv gültigen Deutungen beruht, liegt der Schluss nahe, dass Gesellschaft nur in einem *kommunikativen* Prozess zu untersuchen ist. Entsprechend kommt dem Verstehensprozess eine tragende Rolle im Rahmen der interpretativen Sozialforschung zu. Wissenschaft ist daher Teil gesellschaftlicher Kommunikation, welche die Sammlung und Erhebung von Datenmaterialien, deren Interpretation, die sich daraus entwickelnde Theoriebildung sowie die Kommunikation der Ergebnisse durchdringt. Aber auch Erkenntnisgegenstände der sozialen Welt sind ausschließlich in ihrer kommunikativen Integration in den gesellschaftlichen Prozess von wissenschaftlichem Interesse.

Es sollten daher an dieser Stelle nochmals zwei Eigenheiten interpretativer Forschung hervorgehoben werden: Zum einen bildet die Vorstellung von der sozialen Welt eine entscheidende Voraussetzung dafür, wie man sich dieser empirisch fundiert annähern kann. Insofern sind die *methodologischen Überlegungen als grundlegende Entscheidungsprämissen* für die Forschungsarbeit zu verstehen. Zum anderen ist der offene Charakter dieser Forschungsrichtung zu betonen, der sich gegen eine mechanische Umsetzung irgendwelcher Forschungsnormen und -techniken verwahrt. Eine einzig gültige Verfahrensweise würde zwar Forschungsentscheidungen erleichtern, aber nur eine trügerische Sicherheit im Forschungsprozess vermitteln. An den divergierenden Anforderungen unterschiedlichster Untersuchungsthemen und Fragestellungen würde sie zwangsläufig scheitern. Hingegen ist *Kreativität* in der Abstimmung der *Forschungsorganisierung* und in der *wohlüberlegten Anwendung und Modifikation von Methoden* gefragt. Wolcott (1999) bringt dies im Titel seines Buches „Ethnography. A Way of Seeing“ auf den Punkt: Es ist die Art, Dinge zu beobachten und etwas in diesen Beobachtungen zu sehen. Interpretative Sozialforschung hat daher viel mit einer Forschungshaltung zu tun, die sich nicht vom Vertrauten blenden lässt, sondern alternative Sichtweisen erschließt und dafür neue Erkenntniswege sucht. Diese Haltung impliziert ein ständiges Hinterfragen des erlangten Wissens und setzt dieses unentwegt neuen

Bewährungsproben aus. Forschung wird solcherart zum kreativen Experimentieren mit dem Wissen und den Erfahrungen im Wissenschaftsprozess, indem sie sich mit der Organisierung von Lebenswelten und Milieus beschäftigt und sich diesem Gestaltungsprozess auch immer wieder selbst aussetzt.

Auch wenn das Buch allgemeine Bedingungen der praktischen Forschungsabwicklung betont, sind die Ausführungen *offen für die Vielfalt interpretativer Ansätze* gehalten. Im Hintergrund steht immer eine Forschungshaltung, die sich in das Abenteuer Forschung stürzt und versucht, neue Erkenntnis zu erlangen. Dabei verlässt sie sich nicht auf verfügbare Erkenntnisse oder auf anerkannte Überzeugungen, sie öffnet sich auch nicht der Beliebigkeit der Argumentation, sondern sie muss mit Argumenten überzeugen und zeigen, auf welcher empirischen Grundlage die Schlüsse gezogen wurden.

2 Methodologie interpretativer Sozialforschung

Interpretative Sozialforschung macht vorzugsweise den Alltag zum wissenschaftlich interessierenden Phänomen. Dies kann der Alltag in einer Kneipe (Dröge/Krämer-Badoni 1987), der von Bettlern und Ganoven (Fleisher 1995), die Analyse von Gewalt im Fernsehen (Keppler 2006) oder die Beschreibung kultureller Selbstverständlichkeiten (Geertz 1991) sein. Aber man findet auch Studien zu gesellschaftspolitisch durchaus heiklen Themen, wie etwa Analysen zur Sozialhilfe (Maeder/Nadai 2004), zu religiösen Konversionen (Knoblauch/Krech/Wohlrab-Sahr 1998) oder zur Polizeiarbeit (Reichertz/Schröer 1996). Im deutschsprachigen Raum wurden die Milieustudien Girtlers zu Bestsellern, die auch abseits der Wissenschaft regen Zuspruch fanden (z.B. Girtler 1988, 1989, 1995). Manche dieser Studien wurden bereits vor vielen Jahrzehnten durchgeführt und zählen heute zu den Klassikern qualitativer Sozialforschung: Als Paradebeispiel ist hier die Studie zur „Street Corner Society" eines italienischen Slums in den USA der 1930er Jahre zu nennen (Whyte 1996), die trotz aller weiterführenden Entwicklungen bis heute durchaus als Lehrstück einer solchen Forschungsstrategie gelten kann (dazu trägt besonders der umfangreiche methodische Anhang bei).

Aber für viele, die sich selbst in dieser Richtung engagieren, ist der Weg zur Erkenntnis doch steiniger, als man bei oberflächlichem Hinsehen vermuten würde. Ein ‚gelungener' Zutritt zum Forschungsfeld mag zwar zu Optimismus Anlass geben, aber mit vielen unangenehmen Problemen ist man erst danach konfrontiert: Welche Folgen für die Forschung ergeben sich aus dem gewählten Einstieg? Was ist das für eine Gesellschaft, mit der man es zu tun hat? Welchen Stellenwert haben eigene und fremde Beobachtungen von Handlungen? Kann man sich auf Auskünfte der Menschen im Feld so weit verlassen, dass man darauf seinen Bericht aufbauen kann? Sagt die Beobachtung etwas über das Feld, oder reproduziert man nur eigene Vorurteile? Kann man etwas darüber erfahren, was die Menschen ‚wirklich' denken? Wie viel Material braucht man für eine seriöse Analyse? Darf man sich überhaupt in der Feldforschung aktiv beteiligen oder muss man aus neutraler Distanz beobachten?

Reicht es, wenn man für einen Bericht das Gesehene oder das Gehörte zusammenfasst?

Man bewegt sich auf ungesichertem Terrain, in dem Menschen nicht selten dasselbe dermaßen divergent beschreiben, dass es schwerfällt, überhaupt eine Gemeinsamkeit in der Beschreibung zu erkennen. Handlungsweisen der beobachteten Menschen erscheinen unverständlich und irrational, und häufig lassen sich Strukturen im Handeln erkennen, die den Handelnden selbst nicht bewusst sind oder sogar schlicht geleugnet werden.

Die nächsten Abschnitte beschäftigen sich mit solchen Fragen aus der Perspektive interpretativer Sozialforschung und versuchen zu zeigen, wie man mit Unsicherheiten umgehen und sie forschungsstrategisch bzw. methodisch sogar sinnvoll nutzen kann, um ein verlässliches und sozialwissenschaftlich relevantes Wissen zu erlangen. Sie versuchen zu klären, welcher Status diesem Wissen im Rahmen des untersuchten sozialen Lebensraumes und innerhalb der Wissenschaft zukommt. Dabei ergibt sich eine klare Abgrenzung von Vorstellungen, die von der Annahme ausgehen, man brauche das Gesehene bloß genau beschreiben oder nur gut zuhören und zusammenfassen, was Menschen erzählen, um eine fremde Lebenswelt zu verstehen.

Der folgende methodologische Abriss konzentriert sich darauf, von welchen Grundannahmen der Erkenntnisgewinnung der vorliegende Ansatz interpretativer Sozialforschung ausgeht, während die anschließenden Kapitel erörtern, wie man diese Anforderungen bewältigen kann. Auch wenn die Ausführungen etwas abstrakt erscheinen mögen, so bilden sie doch die Basis für eine adäquate forschungsorganisatorische und methodische Konzeption interpretativ orientierter Studien. Gerade weil aus methodologischen Gründen keine ‚Durchführungsrezepte' angeboten werden können, ist das Verständnis der methodologischen Perspektive besonders wichtig für die in der Forschungspraxis fortwährend erforderlichen Adaptionen der konkreten Verfahrensweisen.

2.1 Grundlagen interpretativer Methodologie

Methodologische Positionen befassen sich mit der Frage, welchen Voraussetzungen wissenschaftliche Erkenntnis bezüglich eines Gegenstandsbereichs unterliegt. Damit konkretisieren sie erkenntnistheoretische (Wie ist Erkenntnis überhaupt möglich?) und wissenschaftstheoretische Positionen (Was zeichnet wissenschaftliche Erkenntnis im Vergleich zur Alltagserkenntnis aus?), indem sie die Besonderheiten des Erkenntnisgegenstandes in Hinblick auf Methoden und Prozesse der Erkenntnisgewinnung einbeziehen. In diesem Zusammenhang müssen wissenschaftliche Erkenntnisse ihren Anspruch rechtfertigen, mehr als bloße Meinungen zu sein. Dazu dient die in der Wissenschaft von praktischen Handlungszwängen entkoppelte institutionalisierte Reflexion, die mit einer Systematisierung und methodischen Kontrolle der Erkenntnisgewinnung verbunden ist und insgesamt erst die Geltung von Erkenntnissen begründet (vgl. Schülein/Reitze 2005). Insofern lässt sich auf unterschiedlichen Ebenen des Erkenntnisprozesses eine Verschiebung der Perspektiven feststellen: Den Ausgangspunkt *erkenntnistheoretischer* Überlegungen bildet das *erkennende Subjekt*, das sich ein Bild der Welt verschafft. *Wissenschaftstheorie* wiederum stellt diese *zu erkennende Welt* in den Mittelpunkt und versucht jene Prozesse zu verstehen, mit denen sich Menschen ein möglichst zuverlässiges theoretisches Wissen über diese aneignen. *Methodologie* konkretisiert diesen zweiten Fokus und stellt die Frage, vor welchen *Hintergrundannahmen* das Erkenntnisobjekt konstituiert wird, auf welche Weise sich daher die Forschung diesem annähern kann und welche Folgen sich daraus für die zu beantwortenden Fragen und die konkrete methodische Vorgangsweise ergeben. Sie liefert somit die Begründung für methodische Entscheidungen.

Die methodologische Position bildet also den Ausgangspunkt für die Entscheidung über die geeignete Forschungsstrategie (etwa eine interpretativ orientierte) und bestimmt jene Anforderungen, die an methodische Vorgangsweisen gestellt werden müssen. Damit hängt auch zusammen, dass nicht alle Fragen im Rahmen einer interpretativen Forschungsstrategie beantwortet werden können und die Umsetzung von Forschungsmethoden bestimmten Grundsätzen folgt. Folglich bedarf es einer Klärung, aus welcher Perspektive eine interpretative Sozialforschung an den Erkenntnisgegenstand herangeht, denn nur auf dieser Grundlage lassen sich die Besonderheiten der forschungsstrategischen Vorgangsweise sowie die spezifische Ausgestaltung von Erhebungs- oder Interpretationsverfahren nachvollziehen. Die folgenden Ausführungen bilden daher nicht nur einen Rahmen für die anschließenden Forschungsmaximen; sie legen zugleich die Basis für die im nächsten Kapitel vorgestellte Organisierung interpretativer Sozialforschung sowie die damit verbundenen methodischen Anforderungen.

a) ***Realität bleibt immer außerhalb des Bewusstseins***
Seit Berkeley 1710 die Bemerkung, dass alles Sein wahrgenommen werden muss, an den Beginn seiner „Principles of Human Knowledge" stellte (Berkeley 1996: 25), war die Erosion des Glaubens an die Erlangung eines sicheren Wissens über die ‚objektive Welt' nicht mehr aufzuhalten. Man muss sich von der Vorstellung verabschieden, ein Objekt so zu erkennen, wie es ohne Anwesenheit eines beobachtenden Subjekts existiert. Die Notwendigkeit einer solchen Abkehr kann jede/r LeserIn leicht nachprüfen: Würden Sie das vorliegende Buch in materieller Hinsicht aus der Perspektive der Atomphysik betrachten, so müssten Sie feststellen, dass es überwiegend aus ‚Nichts' besteht, denn die Distanzen zwischen den festen Elementen sind bei genauer Analyse so gewaltig, dass man sie eigentlich schon vernachlässigen könnte. Was Sie erleben, sind Kräfte, die es wirkungsvoll verhindern, dass die Einzelteile in alle Richtungen zerstieben oder das Buch substanzlos Ihre Hände durchdringt. Dennoch haben wir alle den Eindruck, als handle es sich um einen festen, ausgefüllten Körper ohne Zwischenräume (außer dem zwischen den Seiten). Demnach ist auch die physikalische Sicht bei näherer Betrachtung zumindest unvollständig: Bücher verströmen einen Geruch, machen sich durch Absorption und Reflexion von Licht farblich bemerkbar und können Bücherwürmern als Nahrung dienen – und man kann sie lesen.
Die moderne Perspektive des *radikalen Konstruktivismus* (vgl. Glasersfeld 1995, Fischer 1995, Schmidt 1998, 2003, Pörksen 2002) treibt diese Annahme auf die Spitze: Wir können die Welt nicht erkennen, sondern nur *erfahren*. Was unsere Sinne wahrnehmen, sind nicht die Gegenstände selbst, sondern sind Differenzen, die in unserem Bewusstsein zur Identifikation von Objekten unserer Umwelt beitragen. Von unserer Umwelt erfahren wir nur, dass etwas in unseren sensorischen Erfahrungen einen

Unterschied macht und diesen in neuronale Impulsmuster umsetzt. Aber nichts deutet auf irgendeine Eigenschaft dessen, was diesen Unterschied ausgelöst hat. Wir machen uns daher kein Abbild von der Welt, in der wir leben, sondern erschaffen durch aktive Zuwendungen und durch kognitive Verarbeitung von Erfahrungen eine Wirklichkeit in unseren Köpfen als Modell der Realität. Die Art zu denken, was wir als selbstverständlich erachten, erlernen wir in frühester Kindheit, indem wir die Umwelt und ihre Grenzen erleben und indem uns andere Menschen Bedeutungsgehalte der Objekte unserer physischen oder auch sozialen Umwelt vermitteln.

Sinnvollerweise wird daher in den folgenden Ausführungen von *Realität* als der Erkenntnis prinzipiell unzugänglicher Welt des Subjektunabhängigen gesprochen und von *Wirklichkeit* als Ausdruck dieser Realität in der Erkenntnistätigkeit und den Erfahrungen. Während Realität auf das sachlich Gegebene unabhängig von jeder Erlebens- oder Denktätigkeit rekurriert, bezieht sich Wirklichkeit auf den Aspekt des Wirkens, wobei das Faktische den Anlass für die Erzeugung der Weltvorstellung abgibt. So ist das Essen auf dem Tisch (Realität; egal, woraus dieses Essen bestehen mag) etwas anderes als eben dieses Essen in unserem Kopf (als konstruierte Wirklichkeit, die erst im Erleben entsteht und in der Begriffsbildung ‚Essen' zum Ausdruck kommt). So gesehen sind Wahnvorstellungen in der Realität neuronaler Aktivitäten begründet; als Erlebnis sind sie aber Wirklichkeit (und für diese sind die neuronalen Aktivitäten nur Auslöser).

Erkenntnistätigkeit (als Wirklichkeitsproduktion) ist prinzipiell an die körperliche Situiertheit der Menschen gebunden: Die Sinnesorgane ermöglichen extrem begrenzte Eindrücke, die bereits auf neuronaler Ebene kategorial umgearbeitet werden. Die motorische Beweglichkeit macht Erfahrung standortgebunden. Aufmerksamkeitsstrukturen, Wahrnehmungsschemata, die Lebenslage als sozialer Erfahrungshorizont sowie die biografische Situiertheit selektieren die Umwelterfassung und legen deren Interpretationen nahe. Selbst die Behaltensleistung ist begrenzt. All diese Faktoren zeigen, dass Erkenntnis an den Menschen gebunden ist, der diese Grenzen durch eine instrumentelle Ausweitung des Körpers (z.B. Messinstrumente, Fahrzeuge, Bücher) nicht prinzipiell überwinden, aber ausdehnen und modifizieren kann. Darüber hinaus kann er in seinem Erleben der Welt etwas hinzufügen (etwa in Träumen oder Halluzinationen).

Weder Alltagswahrnehmung noch sozialwissenschaftliche Beobachtung sind in der Lage, *Realität* zu rekonstruieren – sie können dieser höchstens bestimmte Eigenschaften unterstellen. Im Zentrum interpretativer Feldforschung steht daher die wissenschaftliche Konstruktion von *Wirklichkeit*, die sich mit den Bedingungen und den Ordnungsformen menschlichen Zusammenlebens befasst. Dieser Versuch, die Welt bzw. Ausschnitte daraus in ein wissenschaftliches Vorstellungsmodell zu fassen, wird im Folgenden als *(Re-)Konstruktion* bezeichnet. Der Begriff soll deutlich machen, dass es nicht bloß um eine Rekonstruktion im Sinne des neutralen und ‚quasiobjektiven' Nachbaues der beobachteten Phänomene geht, sondern um deren theoretisierende Aufarbeitung im Sinne einer wissenschaftlich-argumentativen Konstruktion. Eine solche (Re-)Konstruktion ist in Beobachtungen und Erzählungen, also in der erlebten Welt verankert. Deshalb kann sie auch keinerlei Anspruch auf das einzig mögliche Wissen über den Gegenstandsbereich stellen; sie ist vielmehr ein Versuch, von dem sich die Wissenschaft ein genaueres und zuverlässigeres Verständnis der Welt erhofft.

b) Die Konstruktion der Wirklichkeit vollzieht sich als aktiver Prozess

Die von beobachtenden Menschen aufgebaute Wirklichkeit ist eine, die sie in der Auseinandersetzung mit ihrer Umwelt im Sozialisationsprozess aufbauen und permanent neu gestalten. Was Menschen als wirklich akzeptieren, folgt etwa einer Reihe von *Evidenzkriterien* (Stenger/Geißlinger 1991: 254f.):

- *Sinnliche Wahrnehmung*: Menschen halten vorzugsweise für gegeben, was sie mit ihren Sinnen aufnehmen, sofern sie nicht Kenntnisse über mögliche ‚Fehlwahrnehmungen' haben (z.B. bekannte Wahrnehmungstäuschungen). Wir sind daher geneigt zu glauben, was wir sehen, hören, tasten, riechen, schmecken oder über andere Körperempfindungen wahrnehmen (z.B. Temperatur), weil diese im Alltag die erforderliche Orientierung geben. Aber gerade Sinnestäuschungen machen offenkundig, dass solche Empfindungen immer nur verarbeitet erlebt werden.

- *Kognitive Konstruktion*: Aus Beobachtungen werden oft Zusammenhänge abgeleitet, wobei man nach dem Koinzidenzprinzip hintereinander beobachtete Ereignisse häufig in einen Kausalzusammenhang bringt (z.B. kommt jemand offenkundig wütend aus einem Zimmer, weshalb man annehmen könnte, etwas in diesem Zimmer habe diesen Ärger ausgelöst) oder nach dem Kongruenzprinzip bei wahrgenommenen Ähnlichkeiten von Ereignissen oder Objekten Merkmale eines Objektes oder Ereignisses auf ein anderes überträgt (ist jemand mit dem Kühlschrank einer Firma zufrieden, so kann sich diese Einschätzung auch auf deren Mikrowellenherde übertragen). Im Zuge dessen nehmen Menschen nicht nur ausgewählte Aspekte ihrer Umwelt wahr (etwa im Sinne einer bevorzugten Hinwendung zu oder einer Auswahl von bestimmten Merkmalen), sondern schließen von bestimmten beobachtbaren Merkmalen unserer Umwelt auf andere, die sie nicht wahrnehmen können (Inferenz; etwa die Annahme, die gerade nicht sichtbare Seite einer Münze unterscheidet sich von der sichtbaren; oder die Unterstellung eines Motivs für eine Handlung).
- *Emotionale Erkenntnis*: Ein gutes und sicheres Gefühl bei einer Wahrnehmung überzeugt von dieser eher als ein schlechtes Gefühl (z.B. vertraut man auch einer sympathischen Person mehr als einer unangenehmen). Insofern fungiert Emotionalität als Einflussfaktor auf die Plausibilität und auf den unterstellten Wahrheitsgehalt einer Wahrnehmung oder verursacht Blockaden (etwa in Form einer Wahrnehmungsabwehr aufgrund von Angst).
- *Soziale Bestätigung*: Falls andere Personen dasselbe wahrnehmen oder auf etwas aufmerksam machen, festigt das eigene Wahrnehmungen. Treten viele konsistente Wahrnehmungen anderer in Widerspruch zur eigenen Wahrnehmung oder handelt es sich um Wahrnehmungen von Personen mit hohem Vertrauensvorschuss (Sympathie, Seriosität, Reputation), werden eigene Überzeugungen tendenziell in diese

Richtung korrigiert (außer wenn dieser Personenkreis nicht vertrauenswürdig erscheint).

Beobachtungen sind daher nichts anderes als die Bearbeitung und Interpretation von Empfindungen, die es ermöglichen, Beobachtungen in einen Sinnzusammenhang zu stellen (vgl. die Ordnungsprozesse der Erkenntnis, die Holzkamp [1978: 131ff.] beschreibt). Und dieser Prozess reicht viel weiter, wie etwa Kriz (2004) anmerkt, wenn er unter chaostheoretischen Gesichtspunkten beschreibt, wie sich Vorstellungen über eine fiktive Person verändern, wenn man über diese nur beschränkte Informationen bekommt und in der Folge über sie eine Vielzahl weiterer Fragen beantworten soll, oder wie sich die Personenvorstellung in der Erinnerung verändert: Offenkundig tendiert man dazu, sich im Zuge der Befragung und in der Erinnerung in manchen Dimensionen ein klareres Bild zu verschaffen, das aber weniger mit der ursprünglichen fiktiven Person, sondern mehr mit der eigenen Lebensgeschichte zu tun hat. Indem man sich auf diese Weise die Welt ‚zurichtet', schafft man sich selbst jene Bedingungen, die sinnvolles Handeln erst ermöglichen. Wäre die erlebte Welt völlig ungeordnet, wären auch Entscheidungen beliebig; aber eine als geordnet erlebte Welt gibt Hinweise, welche Entscheidungsalternativen sinnvoll sind oder welche Konsequenzen damit verbunden sein könnten.

Dies bedeutet, dass Menschen im Erleben ihrer Wirklichkeit einen *aktiven* Beitrag leisten. Wirklichkeitskonstruktion ist somit kein passiver Prozess der Aufnahme und Verarbeitung von ‚objektiven' (d.h. subjektunabhängigen) Wahrnehmungen, sondern ein interpretativer und sozialer Prozess der Auseinandersetzung mit der physischen und sozialen Umwelt. Im Zuge dessen verschaffen sich Menschen selbst ein Verständnis von Wirklichkeit. Indem sie sich in ihrem Handeln an diesem Weltverständnis orientieren, erzeugen sie eine Realität, die sich von ihren ursprünglichen Intentionen ablöst und ihnen (aber auch anderen) in der Folge als äußere Handlungsprämisse und als Rahmenbedingung entgegentritt, die wiederum die Wirklichkeitsauffassung beeinflusst. Piaget, der sich intensiv mit dem Aufbau kognitiver Strukturen befasst hat, versucht dies auf individueller Ebene im Rahmen des Äquilibrationsansatzes zu fassen (Piaget 1976). Der Aufbau kognitiver Schemata ist für ihn ein Prozess, der seinen Ursprung in der inneren Organisation der Subjekte hat (mindestens ein Nervensystem, im Regelfall jedoch ausgebildete Wahrnehmungsschemata), aber durch externe Erfahrungen angeregt wird. In seiner Einführung in die genetische Erkenntnistheorie meint er folgerichtig: „Nach meiner Ansicht bedeutet ein Objekt zu erkennen nicht, es abzubilden, sondern, auf es einzuwirken. Es bedeutet, Transformationssysteme zu konstruieren, die sich an oder mit diesem Objekt ausführen lassen." (Piaget 1973: 23)

Das Wissen über die Welt entwickelt sich ausgehend von eigenen Aktivitäten als *Selbstregulierungsprozess*: Da AkteurInnen nur über die Konsequenzen eigenen Handelns zu einem Bewusstsein über die Welt gelangen, benötigen sie für ihre Handlungskoordinationen entsprechende Folgerungen aus ihren eigenen Aktivitäten. Im Zuge dessen lassen sich zwei Teilaspekte der Regulierung unterscheiden: Der erste besteht in einer Verinnerlichung der Wirkungen eigenen Handelns in der Umwelt, die in eine schlussfolgernde Koordination der eigenen Handlungen in einer entsprechenden Situation mündet. Der zweite überträgt die eigene Handlungskoordination auf Vorstellungen über die Zusammenhänge der Gegenstände in der Welt, die über das Beobachtbare hinausgehen und möglicherweise sogar zur Entdeckung neuer Phänomene in der Welt führen. In diesem Wechselwirkungsprozess im Sinne eines dynamischen, sich permanent im Fluss befindlichen Gleichgewichtes zwischen dem Subjekt und seiner Außenwelt entwickeln sich sowohl die Handlungskompetenz der AkteurInnen sowie ihre Vorstellung von der Welt ununterbrochen weiter. Ein Beispiel soll diesen Prozess der Wirklichkeitskonstruktion etwas griffiger machen:

- Wenn beispielsweise eine Lehrerin eine Schülerin ermahnt, so produziert sie mit ihrem Verhalten einen Sachverhalt (in Form einer sprachlichen Äußerung), der unabhängig von den subjektiven Vorstellungen (bzw. Interpretationen) der beiden Beteiligten existiert *(Produktion von Realität)* und auf das Verhalten von Schülerinnen und Schülern (die dieses Verhalten beobachten) gegenüber ihren Lehrkräften wirken kann.

- Reagiert nun die Schülerin mit einer nach Anschauung der Lehrerin ‚frechen' Antwort, so kann die Lehrerin dieses Verhalten nun mit ihrem eigenen Verhalten kombinieren und als kausalen Prozess auffassen *(Produktion von Wirklichkeit durch [re-]konstruktive Internalisierung)*. Dadurch regelt sie ihr Verhalten gegenüber der Schülerin auf eine ihrer jeweiligen Interpretation angemessene Weise. Sie kann ihr eigenes Verhalten gegenüber der Schülerin als zu scharf definieren und somit eine sanftere Gangart einzuschlagen versuchen oder die Haltung der Schülerin als trotzig oder widerständig qualifizieren und ihr Verhalten auf eine weitere Sanktionierung der Schülerin ausrichten (weil sie annimmt, dies sei angemessen). Dabei ist dieser Prozess keineswegs rein situativ bestimmt, sondern die Definition einer Antwort als ‚frech' basiert auf einer sozial erworbenen Einschätzung von Handlungsweisen anderer in bestimmten Kontexten (etwa SchülerInnen im Unterricht). Die Folgereaktion ist ebenso eine Frage der gesellschaftlichen bzw. sozialen Definition von Angemessenheit (z.B. was SchülerInnen unterlassen sollten und wie Lehrkräfte reagieren können, sofern die SchülerInnen diese Regeln nicht befolgen).
- Als Fazit kann die Lehrerin ihre Schlüsse auf das Verhalten von Schülerinnen und Schülern allgemein ausdehnen *(Produktion von Wirklichkeit durch konstruktive Externalisierung)*, was auf die Einschätzung der konkret angesprochenen Schülerin als generalisiertes Wissen zurückwirkt. So kann sie beispielsweise die Überzeugung ausbilden, dass SchülerInnen generell frech sind. In diesem Zusammenhang ist es nicht verwunderlich, wenn sie auch die Verhaltensweise der konkreten Schülerin in diese Erwartung des ‚Frechseins' einordnet. Die soziale Dimension kommt hier insofern zum Tragen, als diese Generalisierung nicht aus einzelnen Situationen und möglicherweise nicht einmal aus selbst Erfahrenem stammen muss, sondern sich in das gesellschaftlich definierte Verhältnis zwischen Lehrkräften und SchülerInnen einfügt (dass man beispielsweise jungen Menschen einen sicheren Weg weisen muss).

- Andererseits führt die Entwicklung einer solchen Einschätzung des Verhältnisses zwischen Lehrenden und Lernenden zurück zur Organisierung des konkreten Verhaltens in vergleichbaren Situationen *(Reproduktion von Realität)*. Das wirkt sich wiederum auf das spezifische Verhalten der Beteiligten in konkreten Interaktionssituationen aus, indem die Lehrerin aus ihrem sozialen Verhaltensrepertoire hinsichtlich ihrer Situationseinschätzung auswählt. Dieses Verhalten bestimmt sich einerseits aus den kollektiven Erwartungshaltungen und normativen Vorstellungen, die in solchen Situationen gelten, und andererseits aus individuellen Präferenzen, welche auf dieses sozial akzeptierte Verhaltensrepertoire abgestimmt werden müssen. Beispielsweise sollte eine moderne Lehrkraft nicht mehr zu körperlicher Züchtigung greifen, weil sie damit den gesellschaftlich tolerierten Rahmen sprengt. Wählt sie dennoch diesen Weg, stehen ihr, sofern sie sich dabei ertappen lässt oder ein/e SchülerIn Anzeige erstattet, dienst- und strafrechtliche Konsequenzen ins Haus.

Indem Menschen in ihre Umwelt durch Handeln (oder Nichthandeln) eingreifen, schaffen sie nicht nur die Grundlage zum Aufbau, zur Veränderung und zur Reproduktion gesellschaftlicher Realität, die uns als solche nicht zugänglich ist, sondern auch die Voraussetzung für die (Re-)Konstruktion ihrer lebensweltlichen Wirklichkeit aus der Erfahrung und damit die Basis für den Aufbau komplexer Weltbilder. Wirklichkeitskonstruktion ist solcherart ein *aktiver Prozess der Welterzeugung* und der Aneignung der Bedeutung dieser. Das gilt auch für die Wissenschaft. In der Forschung wendet man sich nicht nur aktiv einem Untersuchungsbereich zu, man beobachtet auch höchst selektiv (etwa ausgewählte Aktivitäten aus der Sicht eines bestimmten Standorts), sammelt ausgewähltes Material (etwa Sitzungsprotokolle) und ordnet dies anhand der eigenen Wahrnehmungsschemata. Darüber hinaus sind Eingriffe in das Feld an der Tagesordnung, wenn man an Ereignissen mit AkteurInnen im Feld teilnimmt und mit diesen spricht. Abhängig von diesen Aktivitäten erhält man ein entsprechend selektives und gemeinsam mit den AkteurInnen produziertes Material, das den ForscherInnen zu einem immer ausgefeilteren Verständnis dieser Welt verhilft.

Dieser Prozess der Wirklichkeitskonstruktion als sozial bestimmte Sinnkonstitution wird im nächsten Schritt bearbeitet.

c) ***Sinn wird in einem sozialen Prozess konstituiert***
Nehmen wir an, Sie sitzen gerade in Ihrer Wohnung, heben den Blick von diesen Zeilen und sehen einen Tisch vor sich. Natürlich sehen Sie mehr als nur einen Tisch: Sie erblicken möglicherweise auch den Boden, die Wände dahinter oder die Gegenstände auf dem Tisch. Folglich müssen Sie den Gegenstand, den Sie als Tisch erleben, von seiner Umwelt (sprich: vom wahrgenommenen sensorischen Farbengemisch, das im Gehirn nur als neuronales Erregungsmuster präsent ist) herausfiltern. Dies schaffen Sie, indem Sie bestimmte Eindrücke aus dem Gesamterleben als nicht dem Tisch zugehörig beiseite lassen. Aber warum sehen Sie einen Tisch? Nur weil Sie in Ihrer Auseinandersetzung mit der Welt und Ihrer Sozialisation schon früh gelernt haben, bestimmte Eindrücke als Tisch zu identifizieren. Es ist daher nicht die Realität, die dieses Wahrnehmungsobjekt ‚Tisch' konstituiert, sondern es ist die *Idee* eines Tisches, die Vorstellung, die ihn zu einem Tisch (sogar unabhängig von seinen sonstigen Eigenschaften) macht. Und diese Idee eines Gegenstandes ist nichts anderes als eine Ordnungsform menschlichen Erlebens, die Komplexität reduziert (Luhmann 1997: 44ff.). Erst dadurch sind Sie in der Lage, einen Tisch auch dann als solchen zu erkennen, wenn Ihnen die konkrete Form oder Farbe nicht bekannt ist (etwa wenn Sie aufgefordert werden, einen Raum zu betreten und sich vor den darin befindlichen Tisch zu stellen).

Sinn ist vorerst nichts anderes als eine *Unterscheidungsoperation*, die in der aktuellen Beobachtung Abgrenzungen und Verknüpfungen zu anderem herstellt. Der gerade betrachtete Tisch entsteht als Sinnkomponente in Relation zu dem, was alles kein Tisch ist, sowie zu den Möglichkeiten, die er bereithält und die einen *Verweisungshorizont* markieren. Diese Verweise sind andere Tische (z.B. in verschiedenen Formen, Farben, Materialien), aber auch Gebrauchsformen (davor hinsetzen, als Stellfläche verwenden etc.) oder Produktionskontexte (etwa die Herstellung des Tisches oder ein Kaufhaus zu dessen Vertrieb), die gleichsam einen Sinnhorizont des Denkbaren hinsichtlich des Gegenstandes abstecken.

Die *Ordnungsleistung* von Sinn ist allgegenwärtig, weil ohne sie keine Identifikation von etwas stattfinden könnte. Selbst das ‚Sinnlose' macht Sinn, indem es als ‚sinnlos' klassifiziert und damit handhabbar wird. Die Herstellung von Ordnung (und damit die Ermöglichung von Routine) kann dabei als Krisenbewältigung gelten: nämlich der Krise des Verlusts von Orientierung und Handlungsfähigkeit zu begegnen. Will man daher die Ordnungsleistung von Sinn verstehen, sollte man sich damit befassen, welche Krise dadurch bewältigt wird. Beispielsweise lässt sich Hierarchie als Ordnungsform dann so verstehen, dass sie bestimmte Fragen der Handlungskoordinierung entscheidbar macht, indem sie Durchsetzungsbefugnisse reguliert, die ansonsten aufwändiger geregelt werden müssten. Eine solche Ordnung wiederum bedarf der Legitimation: Diese legt fest, unter welchen Bedingungen hierarchische Strukturen akzeptierbar sind, und bietet daher eine Lösung im Umgang mit Ungleichheit an. Dieses (vereinfachte) Beispiel macht auch deutlich, dass Sinngenerierung keineswegs nur eine individuelle Leistung ist und nicht einmal bewusst vollzogen wird. Interessant sind dabei jene Regeln, die auf diese Weise als Sinnstrukturen eine interaktionsregulierende Funktion erhalten.

Im Zuge dieser Überlegungen wird die radikal-konstruktivistische Perspektive in eine *konstruktionistische* umgewandelt: Es ist nun nicht mehr die Individualität der Erfahrung, welche den Sinn und die Welt in unseren Köpfen erzeugt; entscheidend ist die Bindung des Erkenntnisprozesses an Kommunikation und die Verankerung der Menschen in Sozialkollektiven (z.B. Frindte 1998, Baecker u.a. 1992, Gergen 2002). Wirklichkeit kann solcherart als *gesellschaftliche Konstruktion* betrachtet werden (Berger/Luckmann 1980), wobei die Methodologie einer interpretativen Sozialforschung den gemeinsamen Aufbau von Wirklichkeit als Bedingung der Herstellung gemeinsamer Handlungsformen fokussiert (vgl. dazu Luckmann 2006, Gergen 2000, 2002, Gergen/Gergen 2003, Lueger 2001). Kollektive Orientierungen und individuelle Handlungsfähigkeit werden also in der Auseinandersetzung mit der sozialen Umwelt, der Lösung von

Handlungsproblemen und in den damit verbundenen Anforderungen an soziale Kooperation angeeignet. In diesem Prozess sozialisatorischer Internalisierung entwickeln die Handelnden sozial typisierte Interpretationsschemata (vgl. Fleck 1994), die den Sinnzusammenhang für eine kollektiv verbindliche Handlungskoordination herstellen.

Die Interaktionspraxis, d.h. das Zusammenspiel der kommunikativen Handlungen in einem sozialen Feld, macht es möglich, Interaktionserfahrungen zu einem wechselseitig anschlussfähigen Weltbild zur gemeinsamen Bewältigung von Handlungsanforderungen zu formen. Kollektive Deutungsmuster sind daher keineswegs bloße Einstellungen, sondern Argumentationszusammenhänge, die funktional auf gemeinsam geteilte Handlungsprobleme bezogen sind (Knoblauch 2005: 178f.). Interpretative Sozialforschung muss daher auf die Bedingungen und die Konkretisierung des intersubjektiven Aufbaues der von *„Deutungskollektiven"* (vgl. Fleck 1994) geteilten Betrachtungsweisen der sozialen Welt rekurrieren, die analytisch als Reaktionen auf objektive Problemlagen behandelt werden. In diesem Prozess sind weder Objekte noch Ereignisse oder Handlungsweisen an sich sinnvoll, sondern erhalten ihren Sinn und ihre Bedeutung erst aufgrund ihrer Einbettung in Handlungsanforderungen und verfügbare Deutungsrahmen.

Sinn, und das haben die obigen Ausführungen bereits angedeutet, enthält also immer kollektive, im gesellschaftlichen Prozess angeeignete Komponenten, die soziale Handlungsfähigkeit erzeugen. In der Regel wissen die Menschen, wie andere im Normalfall handeln und ob Abweichungen zu verzeichnen sind. Letztere widersprechen den typisierten Erwartungen, können aber selbst wieder in einen sinnvollen Zusammenhang gestellt werden: Auf diese Art lassen sich GeisterfahrerInnen auf der Autobahn als abweichend von der geltenden Straßenverkehrsordnung erkennen, aber gleichzeitig ist es eine bestimmte Abweichung, die einen Menschen als GeisterfahrerIn identifizierbar macht (weil GeisterfahrerInnen in die ‚falsche', d.h. entgegengesetzt der in Gesetzesbestimmungen festgelegten Richtung fahren). Auch weiß man in der Regel, wie man sich bei einem Einkauf in einem Geschäft verhalten sollte, welche unterschiedlichen Rollen VerkäuferInnen oder andere KundInnen spielen und welche Rechte bzw. Pflichten mit einem Einkauf verbunden sind. Und man kennt die Folgen, sollte man bei einem Ladendiebstahl erwischt werden. Genau aus diesem Grund kann Zerubavel (1997) die Frage stellen, weshalb das Zufügen von Käse zu einem Hamburger aus diesem einen ‚Cheeseburger' macht, aber das Zufügen von Ketchup keinen ‚Ketchupburger'; oder wie man weiß, was zum offiziellen und zum inoffiziellen Teil einer Sitzung gehört. Sinnkonstitution ist eben nicht bloß ein individueller Akt des Ordnens, sondern ein im gesellschaftlichen Prozess angeeigneter.

Die Bedeutung des Sinns zieht sich durch die Geschichte der Soziologie. So sind nach Weber Produkte menschlichen Handelns ohne Rückgriff auf Sinn nicht verständlich: „Jedes Artefakt, z.B. eine ‚Maschine', ist lediglich aus dem Sinn deutbar und verständlich, den menschliches Handeln (von möglicherweise sehr verschiedener Zielrichtung) der Herstellung und Verwendung dieses Artefakts verlieh (oder verleihen wollte); ohne Zurückgreifen auf ihn bleibt sie gänzlich unverständlich." (Weber 1980: 3) *Verstehen* ist somit gleichbedeutend mit deutender Erfassung eines realen, durchschnittlichen oder idealtypischen Sinnzusammenhanges. Um etwas Klarheit zu schaffen, ist es wichtig, verschiedene Verständnisweisen von Sinn zu differenzieren:

- Der *gemeinte* Sinn, den die Menschen mit ihrem Erleben oder Tun verbinden, bleibt der Wissenschaft unzugänglich. Selbst wenn man in die Köpfe hineinschauen könnte, fände man dort keine Gedanken und noch weniger deren Sinn. Auch noch so intensive Befragungen helfen hier nicht weiter, weil man dabei unterstellen müsste, dass die Aussagen exakt dem gemeinten Sinn im Augenblick des Handelns oder Erlebens entsprechen – aber dies ist aus mehreren Gründen höchst unwahrscheinlich: Die Menschen ändern im Verlauf des Handelns auch ihre Meinung dazu, sie sehen sie nachträglich mitunter anders als ursprünglich, die Aussagen werden adressatenspezifisch formuliert und außerdem kann man die Intention auch verschleiern wollen oder andere Intentionen als die ursprünglichen vorschieben. Letztlich ist man auf die eigenen (Re-)Konstruktionen der Berichte über die Denk-

und Handlungsweisen der Berichtenden angewiesen, die durch unbewusste und situative Rahmenbedingungen oder auch strategische Kalküle überformt sein können.

- Der *subjektive* Sinn grenzt sich von einer naiv-individualistischen Sichtweise ab. Weber bestimmt ihn als den von einem durchschnittlichen Handelnden gemeinten Sinn, als tatsächlichen oder konstruierten reinen Typus gedachten Handelns (Weber 1980: 1). Dieser subjektive Sinn muss als Idealtypus von keinem Menschen gedacht sein, aber umgekehrt ist dem gedachten Sinn die idealtypisierende (Re-)Konstruktion des subjektiven Sinns immanent (Verstehen). Vom Standpunkt der Wissenschaft erfordert das ein Hineinversetzen in die Lebenslage und die Situation von Handelnden. Indem man ihren Handlungskontext und ihre persönliche Entwicklung einbezieht, kann man Typisierungen vornehmen und daraus Schlüsse auf den subjektiven Sinn ziehen (z.B. was Handelnde normalerweise in einer bestimmten Situation tun oder denken würden).
- Der *objektive* Sinn wiederum löst sich von den subjektiven Intentionen der Handelnden. Schütz (1981: 42ff., 186ff.) differenziert hier zwischen drei Möglichkeiten: (a) objektiver Sinn als intersubjektiv konstituiert, indem er auf der Kollektivität der Sinnhaftigkeit einer gemeinsamen äußeren Welt fußt und auf den Sinnzusammenhang der Deutenden verweist (z.B. die kollektive Überzeugung, dass man für einen Einkauf in einem Geschäft bezahlen muss). (b) Die zweite Variante ist auf Sachverhalte bezogen, die unabhängig von Subjekten und deren Urteilen bestehen (z.B. dass Granitfelsen hart sind). (c) Drittens kann er als jener Sinn verstanden werden, der allen Erzeugnissen zugrunde liegt, die einen fertig konstituierten Sinnzusammenhang repräsentieren, dessen Sinnhaftigkeit im Produktionsprozess jedoch unbeachtet bleibt (z.B. repräsentiert ein Computer einen solch objektiven Sinn, der sich von den Herstellungsintentionen völlig ablösen kann).
- Der *praktische* Sinn wiederum integriert die Sinnkonstitution in die Prozesse der alltäglichen Bewältigung von Anforderungen. Er wird daher in konkreten Lebenszusammenhän-

gen sozial konstituiert und hilft, Situationen und Handlungsanforderungen relativ unabhängig von rein subjektiven Intentionalitäten zu bewältigen. Deutlich wird diese Konzeption eines praktischen Sinns, der sich vom Subjekt abkoppelt, ohne gleichzeitig Objektivität zu unterstellen, an den Bedingungen für lebensweltliches Handeln, weil „die Subjekte im eigentlichen Sinn nicht wissen, was sie tun, weil das, was sie tun, mehr Sinn aufweist, als sie wissen" (Bourdieu 1979: 179). In diesem Kontext ist auch die Entwicklung des ‚Alltagsverstandes' zu sehen, der auf dem allgemeinen Konsens über den Sinn von Praktiken und der Harmonisierung von Erfahrungen beruht, die wiederum Praktiken unmittelbar verständlich und erwartbar machen (Bourdieu 1987).

All diesen Sinnverständnissen ist gemeinsam, dass sie als sozial konstituiert verstanden werden: Selbst der gemeinte Sinn ist Resultat einer orientierungsstiftenden kommunikativen Auseinandersetzung mit unserer Umwelt. Sie alle sind Konstruktionen, deren man sich auf verschiedenen Abstraktionsniveaus im Alltag und in der Wissenschaft bedienen kann, und fungieren analytisch als Heuristiken der Annäherung an die Logik von Handlungsweisen. In anderen Worten: Man hat es hier mit Varianten von Relationierungen vor *verschiedenen Verweisungshorizonten* zu tun. Der gemeinte Sinn zentriert die Relationen um das beobachtende und handelnde Subjekt, während der subjektive Sinn bereits Typisierungen aufnimmt, die von außen den Handelnden als Normalfall unterstellt werden. Der objektive Sinn wiederum koppelt die Verweisungsstruktur von den Handelnden ab und bestimmt diese als Deutung, welche die Subjektunabhängigkeit als konstitutives Merkmal betont. Der praktische Sinn löst sich aus der impliziten Dualität der vorgenannten Sinnformen, indem er die gesellschaftliche Totalität der Welterzeugung reflektiert.

Methodologisch ist jedoch ein zweiter Aspekt im Verständnis solcher an der Lebenspraxis orientierten strukturierenden Zuschreibungen relevant: Zwar können Phänomene *Sinn ausdrücken,* wenn BeobachterInnen unterstellen, dass der Genese eines Phänomens ein spezifischer Ordnungszusammenhang als Sinn zugrunde liegen muss. Aber dieser Sinn lässt sich nur durch

Rückgriff auf den vorgängig mit dem Phänomen verknüpften Sinn erschließen, was auf direktem Weg nicht möglich ist. Für eine interpretative Sozialforschung ist daher entscheidend, inwiefern Phänomene *Sinn machen*. Beide Varianten gehen im wissenschaftlichen Analyseprozess ineinander über, weil Phänomene erst Sinn machen, wenn man ihnen die Ausdrucksgestalt von Sinn unterstellt. Für interpretative Sozialforschung kann es daher nur Nebensache sein, welchen spezifischen Sinn Erkenntnisobjekte ausdrücken. Im Vordergrund steht vielmehr die Frage, welchen Sinn sie in einem je konkreten Lebenszusammenhang machen – und dieser Sinn bezieht sich auf den Charakter der Prozessstruktur einer Ordnungsleistung.

d) Die Strukturierung des Feldes bildet den Erkenntnisgegenstand

Die Funktion von Sinn besteht in der Reduktion von Komplexität und im Aufbau von Möglichkeiten im Rahmen lebensweltlicher Orientierung. Das erleichtert den Alltag und erspart konfliktreiche Zusammenstöße. Menschen finden auf dieser Basis Chancen, Möglichkeiten, Plausibilitäten und Begrenzungen in der Interpretation der Welt, in der sie leben. Diese aus einem kontingenten Weltzusammenhang sinnhaft reduzierte Komplexität lässt sich nun als Strukturierung fassen, auf die interpretative Analysen in ihren (re-)konstruktiven Bestrebungen abzielen. An dieser Stelle ist die Frage aufzugreifen, was in den folgenden Ausführungen unter dem Strukturierungsbegriff gemeint ist. Daher sollen kurz die verschiedenen Teilkomponenten dieses Begriffs erläutert werden:

- Die Bedeutung von Strukturierungen liegt in ihrer selektiven *Bearbeitung von Komplexität*, indem sie selbst Komplexität aufbauen, um die auf sie treffende Komplexität der Umwelt beobachten und handhaben zu können. Komplexität ist, so gesehen, primär kein Phänomen des Gegenstandes, sondern eines der Beobachtung und Beschreibung (vgl. Luhmann 1997: 136). Auf diese Weise ermöglichen etwa Hierarchien (und damit verbundene Entscheidungsbefugnisse) sowie arbeitsteilige Differenzierungen (z.B. Verwaltung, Produktion, Vertrieb) es Organisationen, vielfältige Chancen und Risiken wahrzunehmen (z.B. Erschließung neuer Märkte, Einführung neuer Technologien) und in interne Handlungsstrategien mit Bezug auf die Umwelt umzusetzen (z.B. elaborierte Marketingaktivitäten, professionelle Finanzverhandlungen mit Banken). Strukturierung bildet also eine *eigene Komplexität* aus (wie verschiedene Spezialisierungen, professionelle Behördenkontakte), um diese selbst zur Wahrnehmung von Komplexität und deren (instrumenteller) Reduktion zu nutzen (etwa im Rahmen einer Unternehmensstrategie, Umsetzung von Qualitätserfordernissen). Aus diesem Grund muss man erst den Aufbau der *internen Strukturierung* berücksichtigen, nämlich inwiefern die spezifische Eigenkomplexität der Komplexitätsreduktion dienen kann.

- Strukturierungsleistungen sind als solche nur über materiale Ausdrucksträger (wie etwa AkteurInnen, Handlungen oder verwendete Gegenstände) beobachtbar, betreffen aber selektive Relationierungen *zwischen* diesen beobachtbaren Phänomenen und *zwischen* den diesen zugemessenen Merkmalen. So lässt sich etwa das Vermeiden von Parkanlagen, die von Flüchtlingen frequentiert werden, durch die einheimische Bevölkerung als sozialräumliches Segregationsphänomen identifizieren, indem man die Veränderung der beobachtbaren sozialräumlichen Verteilung von Aktivitäten beider Bevölkerungsgruppen (und deren Veränderung) in einer bestimmten Weise in Beziehung zueinander bringt. Die Analyse von Strukturierungsaktivitäten besteht daher in Schlussfolgerungen aus den beobachteten aktualisierten Selektionen der Handelnden (z.B. Aufsuchen bzw. Nichtaufsuchen der Parkanlage durch bestimmte Personengruppen, Begründungen für dieses Verhalten). Sozialwissenschaftlich besonders interessant ist dabei der Bereich zwischen dem Notwendigen bzw. dem Unvermeidlichen) und dem Unmöglichen (bzw. dem Nichtdenkbaren), weil sich genau in diesem kontingent verfügbaren Horizont die Besonderheit von Strukturierungen offenbart (Hierarchien können so nach höchst unterschiedlichen Kriterien aufgebaut sein, wie etwa Kompetenz, Loyalität, Alter oder Reichtum). In diesem Sinne fungiert Strukturierung als *Regulierung der Beziehungsselektivität.*

- Solche Strukturierungsprozesse sind keineswegs stabile Gefüge, sondern zeichnen sich durch ein *dialektisches Wechselspiel* zwischen *Stabilität* und *Emergenz* aus. Gerade die flexiblen Möglichkeiten der Strukturierung, selbst die Bereiche zu definieren, aus denen sie Anforderungen entgegennimmt und wie sie auf Anforderungen inhaltlich reagiert, erzeugt aufgrund der Rückkoppelungsprozesse eine dynamische Entwicklung. Wenn sich etwa ein Unternehmen entscheidet, ein neues Marktsegment zu bearbeiten (Emergenz), muss es sich intern für die Merkmale dieses Marktsegments sensibel machen. Indem es dieses Marktsegment bearbeitet (als stabiles Element der Strukturierung; etwa Entwicklung und Verkauf eines maßgeschneiderten Produkts), verändert sich diese Umwelt (z.B. durch Gegenstrategien der Konkurrenz oder Sättigung des Marktes), die nunmehr veränderte Marktbearbeitungsaktivitäten erfordert (Emergenz; z.B. Weiterentwicklung des Produkts, neue Marketingstrategien).
- Hinter diesen Strukturierungsleistungen verbergen sich (im Sinne der intern notwendigen Komplexität) *virtuelle Strukturen*. Virtuell sind sie deshalb, weil sie niemals selbst Phänomene realisieren, sondern Ausdrucks*optionen* von Phänomenen repräsentieren. Strukturen definieren somit topologische und relationale Ordnungen, in die konkrete Subjekte oder Gegenstände eingebunden sind: „Kurz, die Orte in einem rein strukturalen Raum sind im Verhältnis zu den realen Dingen und Lebewesen, welche sie eingenommen haben, vorrangig, vorrangig auch im Verhältnis zu den ein wenig imaginären Rollen und Ereignissen, die notwendig in Erscheinung treten, wenn sie eingenommen sind.“ (Deleuze 1992: 15f.) Beispielsweise sind die Positionen ‚Eltern‘ und ‚Kinder‘ Orte einer relationalen Struktur (die einer Familie), für die nicht einzelne Personen ausschlaggebend sind, sondern das spezifische Abstammungsgefüge (oder auch das Gefüge einer Rechtsordnung – etwa im Rahmen von Adoption), das entsprechende Positionen vorsieht.
- Strukturen sind insofern *symbolisch*, als sie sich nur als Relation definieren, in der die einzelnen Plätze verschieden besetzbar sind und nur zueinander definiert werden können.

Diese symbolische Struktur bestimmt auch die Notwendigkeit, Strukturelemente im Rahmen der Totalität gesellschaftlicher Praxis kontextuell zu analysieren, wobei Strukturen ein Prinzip begrifflicher Definition zugrunde liegt, die einer gesellschaftlichen Praxis entspricht. Im Fall des Familienbegriffs ist dies die Bestimmung eines Abstammungsnetzes (etwa mittels der Positionen Großeltern, Eltern, Kinder, Enkelkinder), das unabhängig von Einzelpersonen gilt und sozial definiert ist. Dabei mögen die begrifflichen Vorstellungen der Wissenschaft und der untersuchten Menschen differieren; aber beide Bestimmungen geben symbolische Strukturen an, die für spezifische Sozietätsvorstellungen stehen und damit selbst Ausdruck einer je spezifischen sozialen Praxis sind.

- Während man Handlungen oder Personen wahrnehmen kann, bleibt die Struktur verborgen, auch wenn ihre Wirkung über die Zeit hinweg erhalten bleiben kann *(Latenz)*. Die Bedeutung dieser Latenz merkt man deutlich bei Klassentreffen, bei denen sich oft die viele Jahre zurückliegenden sozialen Beziehungen zu den SchulkameradInnen reaktivieren.

Genau genommen hat man es in der sozialen Welt nicht mit einer Struktur zu tun, sondern mit *multiplen* Strukturen, die als Strukturierungsnetzwerk ineinandergreifen und in die verschiedene Zentren als interpretationsleitende Instanzen eingefügt sind. So kann man die berufliche Arbeit nicht nur aus dem Kontext der Arbeitsorganisation, sondern genauso aus der familiären Strukturierung heraus betrachten. Wissenschaft muss im Rahmen der Sinn-(Re-)Konstruktion solche Zentrierungen vornehmen, die angeben, aus welcher Perspektive bzw. kontextuellen Relationierung heraus ein Phänomen analysiert wird.

Strukturierungsprozesse sind jedoch nicht nur Untersuchungsgegenstand, sondern Wissenschaft selbst beruht darauf: In diesem Sinne baut das Wissenschaftssystem seine *eigene Komplexität* auf, um die Kontingenzen in seinem Beobachtungsbereich in den Griff zu bekommen. Zu dieser Komplexität gehören etwa methodologische Basisüberlegungen, aber auch spezialisierte methodische Verfahren, die es im Rahmen interpretativer Sozialforschung erlauben, möglichst auch Neues, bislang Unerkanntes in den Blick zu rücken. Gerade das Interesse an Neuem verhindert im Rahmen einer interpretativen Forschungsstrategie den Rückgriff auf Standardisierungen, weil diese Form der Komplexitätsreduktion nur mehr das Bekannte greifbar macht und alles andere ausschließt. Was sich im Rahmen der Strukturierungsanalyse herauskristallisiert, ist daher ein Produkt der Organisierung von Interessen, Erhebungen, Abstimmungsprozessen in Forschungsteams, Missverständnissen im Feld, Ignoranz oder Interpretationsverfahren und erhält so eine eigentümliche Existenz der Vermittlung zwischen Lebenswelt und Wissenschaft.

e) Die Welt lässt sich nur als historischer Entwicklungsprozess verstehen

Soziale Phänomene oder Strukturierungsleistungen sind nicht einfach gegeben; sie werden permanent geschaffen, fortgeführt, weiterentwickelt oder verschwinden von der Bildfläche. Was wir als Dauerhaftigkeit oder als Veränderung erleben, konstituieren wir durch wiederholte Beobachtungen im Zeitverlauf und durch eine spezifische Relationierung des Früher- oder Späterseins: Dauerhaftigkeit beruht auf *Kongruenz* (der Stein sieht noch immer gleich aus und liegt an derselben Stelle wie letztes Jahr), während Veränderungen auf *Differenz* zwischen Zeitpunkten aufbauen (das Papier ist zu Asche verbrannt). Eine solche Konstruktion von Zeitlichkeit hat daher immer etwas mit Ordnung zu tun, die sich auf Erwartbarkeit und damit auf innerhalb des Zeithorizonts prinzipiell Beobachtbares bezieht. Aber man sollte berücksichtigen, dass dabei Beobachtung immer eine zentrale Rolle spielt: Der genannte Stein könnte gegen einen anderen (gleich aussehenden) ausgetauscht worden sein (und auf atomarer Ebene haben sich jedenfalls Veränderungen ergeben); das Papier hatte vor dem Verbrennen einen langen Bestand.

Kontinuität und Wandel erscheinen in der Folge als eine Konsequenz der angelegten Beobachtungskriterien: die Fokussierung auf bestimmte Eigenschaften (Oberfläche) und Relationen (z.B. Ort) oder die Wahl der Beobachtungszeitpunkte bzw. der Distanz zwischen diesen. So ergibt ein Monat für die Beobachtung der Form eines Granitblocks keine Differenz, während sich für die Blumen in dessen Ritzen eine Menge ändern kann. Für manche BeobachterInnen mögen Gesprächspausen irrelevant sein, weil nichts geredet wird. Aber was tut man in diesem Nichts? Für andere sind sie daher als Bruchstellen, Momente des Sammelns oder als Anlässe zum Sprecherwechsel besonders wichtige Gelegenheiten zur Gesprächssteuerung, die den Impuls für eine Menge Änderungen bieten können. Es ist daher sinnvoll, einen kurzen Moment bei der Bedeutung von Zeit zu verweilen, die sich im vorliegenden Zusammenhang in ein Modell mit folgenden Schlüsselkomponenten gießen lässt (siehe auch Abb. 1):

- Die Beobachtung von Ereignissen bzw. die Analyse von Protokollen kann nur in der jeweiligen Gegenwart erfolgen, weshalb man sich in der Analyse primär an der permanent *entschwindenden Gegenwart* orientiert und andere Zeitbezüge in diese Gegenwart hereinholt. Die Gegenwart reduziert die Komplexität des Möglichen auf das faktische Ereignis, das im Möglichkeitsraum stattfindet bzw. als Notwendiges unausweichlich ist.
- Der *Sinnhorizont* trennt das Undenkbare vom Denkbaren, das sich wiederum auf Unmögliches und Mögliches hinsichtlich vergangener und künftiger Ereignisse bezieht. Dabei kann das vergangene Unmögliche als Unglaubwürdiges verstanden werden. Erfahrung und Wissen beziehen sich immer auf die Gegenwart, wobei hier der Zugriff auf Erinnerungen und Erwartungen erfolgt.
- Für die (Re-)Konstruktion von Vergangenheit bedeutet Zeitlichkeit die *Aktualisierung* von früheren Ereignissen in der Gegenwart. Vergangenheit ist prinzipiell *erinnerte* Vergangenheit bzw. eine Vergangenheit, die anhand von Spuren als solche gedacht werden kann. Vergessenes ist bestenfalls anhand von Spuren wieder aktualisierbar.
- Bezüglich der Zukunftsvorstellung hingegen bedeutet das Hereinholen in die Gegenwart die *imaginierte vorgezogene Aktualisierung* möglicher Ereignisse auf der Basis strukturell begrenzter antizipatorischer Erwartungen; Zukunft ist die antizipierte, aber kontingente Möglichkeit.

- Sowohl Vergangenheit als auch Zukunft sind daher keine Faktizitäten, sondern bilden in der *Fortsetzung der Gegenwart* retrospektiv (Re-)Konstruktionen und prospektiv Optionen bzw. Wahrscheinlichkeiten.

Abb. 1: **Das Verständnis von Zeit** (Lueger 2001: 149)

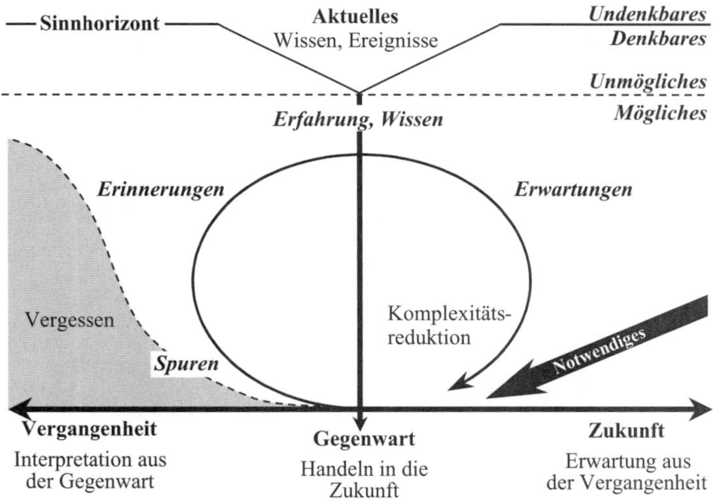

Die bestehende Welt ist daher immer nur die Welt des wahrgenommenen Augenblicks, der auf den Bedingungen der vorauslaufenden Ereignisse basiert und die Bedingungen für Ereignisse in der Zukunft konstituiert. In dieser Zeitlichkeit sind zwei Ebenen von Prozessualität zu berücksichtigen: die unmittelbare Prozesshaftigkeit (wie etwas abläuft; Differenz vorher–nachher) und die Metaebene der Entwicklung dieser Prozesshaftigkeit (als Logik der Entwicklung). Wenn in den folgenden Ausführungen daher von *Entwicklungsprozess* die Rede ist, so ist damit diese doppelte Struktur gemeint, nämlich der Verlauf und die Entwicklung jener Regeln, nach der sich dieser vollzieht und die Dynamik von Prozessen charakterisiert. Um soziale Dynamik zu verstehen, ist es wichtig, diese Entwicklungslogik zu verstehen, um eine rein deskriptive Bestimmung von Prozessen zu überwinden.

Die Berücksichtigung der Geschichtlichkeit sozialer Phänomene fordert eine radikale Konsequenz für empirische Forschung: Sie muss die *Zeitdimension* als Sequenzierung von Ereignissen bewusst einbeziehen und die Falle der Entzeitlichung meiden (weil dies Strukturen der Lebenswelt als ahistorische Relationierung von Elementen dieser Lebenswelt begreift und aus ihrer Verankerung im historisch-konkreten Ensemble der Gesellschaft herausreißt). Interpretative Analysen stellen daher die den Phänomenen, Strukturierungen oder Bedeutungen zugrunde liegende prozessuale Konstitution in Rechnung und bleiben nicht an der Oberfläche momentaner Erscheinung hängen. Worauf beispielsweise in einem Interview eine Aussage anschließt (etwa als Antwort, als Ergänzung oder als Widerspruch), weiß man nur, wenn man zum einen die Vorgeschichte der Aussage kennt (z.B. den vorauslaufenden Text oder die gestellte Frage; daher sind in Interviewanalysen die Fragen genauso interpretationsbedürftig wie die Antworten) und zum anderen die Sequenzierung der Antwort berücksichtigt (das Vorher und Nachher), weil diese die generative Struktur von Interaktionen transportiert. Und die Dynamik eines Interviews versteht man dann, wenn man nachvollziehen kann, wie sich die Interaktionsregeln im Gespräch stabilisieren und unter welchen Bedingungen sie sich verändern und wie sich dabei Bedeutungshorizonte verschieben.

Dies gilt genauso für die Wissenschaft, die auch kein ewig gültiges Wissen für sich reklamieren kann: Wissenschaftliches Wissen unterliegt ebenso den historischen Rahmenbedingungen ihrer Produktion und hat nur begrenzten Bestand. Aber dies bedeutet nicht, alte Theorien als überkommenes Wissen auf den Müll zu werfen; es erfordert vielmehr, sich nicht dauerhaft auf verfügbares Wissen zu verlassen, sondern es kritisch zu hinterfragen, aber gleichzeitig auch bei überkommenen Theorien aus den Besonderheiten ihres Entstehens und den Bedingungen ihrer Akzeptanz für künftige Wissensgewinnung zu lernen.

f) Gesellschaft beruht auf Kommunikation

Bisher war lange die Rede von sehr abstrakten Rahmenbedingungen, welche die Annäherung an einen Erkenntnisgegenstand beeinflussen. Aber dabei wurde einer der wichtigsten Aspekte noch ausgespart: Gesellschaft bzw. soziale Systeme können nicht ohne Kommunikation bestehen. Sie stellt die Verbindung zwischen den Menschen als *selektive Akkordierung* von Aktivitäten her. Was schon im aktiven Prozess der Wirklichkeitsproduktion angedeutet wurde, zeigt sich hier explizit: Die Abstimmung ist nur möglich, wenn wir die eigenen Selektionen so zum Ausdruck bringen, dass andere darauf reagieren können, und wenn wir Unterschiede in der Umwelt als Informationen behandeln.

Man muss hier vor einem Missverständnis warnen: Kommunikation wird im Folgenden *nicht* als Informationsübertragung verstanden, wonach ein Sender (z.B. Sprecher) eine Botschaft kodiert (z.B. als Sprache) über einen Kanal (z.B. Telefonleitung) einem Empfänger übermittelt, der diese Botschaft anschließend dekodiert. Konträr dazu wird sie als ein selektiver Prozess der Verständigung behandelt, in dem permanent Informationen generiert werden. Luhmann (1984: 166ff.) trifft diesen Punkt, wenn er Kommunikation als Zusammenspiel dreier Selektionen begreift, wonach sich Mitteilende für einen bestimmten Inhalt entscheiden (Information), der sich über Handeln an potenzielle oder reale andere AkteurInnen richtet (Mitteilung) und bei diesen Veränderungen im Sinne von Interpretationen bzw. Anschlusshandlungen provoziert (Verstehen), auf deren Grundlage die Mitteilenden erkennen können, was ihre Mitteilung ausgelöst hat. Kommunikation repräsentiert daher einen komplexen Prozess der Sinnproduktion in sozialen Kontexten, der drei Komponenten vereinigt:

- *Informationsselektion*: Jede Entscheidung für einen bestimmten Inhalt enthält gleichzeitig eine Entscheidung gegen alle anderen Möglichkeiten, wobei diese Entscheidung nicht eine beliebig offene ist, sondern durch den Kommunikationsprozess und durch das gewählte Thema bzw. den in einer Interaktionssituation möglichen Themenbereich beschränkt ist. Die Themen übernehmen dabei die Funktion, den Informationsfluss zu ordnen bzw. zu steuern. Themen sind daher überdauernde und übergeordnete Einrichtungen zu den Beiträgen, welche die Themen aktualisieren und in die Kommunikation einführen. Im Sinne des Pragmatizismus sind es jene Wirkungen, welche sich mit einem ausgewählten Objekt verbinden, die den Informationscharakter produzieren (Peirce 1991: 454). Wenn man nämlich nach Bateson (1985: 582) konzediert, dass Information ein Unterschied ist, der einen Unterschied macht, so sind es ausschließlich Wirkungen, welche die Information zu einer solchen machen, und nicht irgendein Aspekt der Realität. Informationen sind daher nie bloße Daten, sondern müssen erst in einen Kontext von Relevanzen eingebunden werden. In jeder Kommunikation entäußert sich dabei ein doppelter Bezug von Informationen mit Systemstrukturen: (a) die Einbindung in die Struktur der laufenden Interaktion (was ist momentan aktuell, welche Möglichkeiten zum Themenwechsel bestehen, für wen ist die Information relevant etc.); und (b) die Struktur relevanter Bezugssysteme (in welchem Kontext steht die Information, was soll damit zum Ausdruck gebracht werden und womit soll es in Bezug stehen).

- *Mitteilungsselektion*: Informationen bzw. Themen (und damit soziale Objekte) müssen erst in Beiträge (z.B. Sprache, Handlung) umgesetzt werden, weil die Information selbst nicht beobachtbar ist. Dafür braucht es eine Entscheidung, die gewählte Information zu einem Thema in eine bestimmte Form zu gießen, die durch andere beobachtbar ist. Die Mitteilung ist also die Übersetzung der Information (die selbst nicht beobachtbar ist) in Beobachtbares, wobei sich diese in der Regel am Interaktionskontext orientiert (z.B. sagt man seiner Chefin die Meinung über sie auf andere Weise als man sie seinen FreundInnen gegenüber mitteilt). Dadurch fließt die potenzielle Information (potenziell, weil die gewählte Information selbst nicht beobachtbar ist) in die stattfindende Interaktion ein, indem sie Reaktionen ermöglicht. Ein und dieselbe Information kann durch verschiedene Gesten, Zeichen, Symbole (oder eine Kombination davon) ausgedrückt werden. Umgekehrt können gleiche Ausdrucksformen oder

Kombinationen auf verschiedene Informationen verweisen. Die in der Mitteilung gewählte Ausdrucksform vermittelt Anhaltspunkte, wie mit einer gegebenen Information umgegangen werden soll, und stellt eine Voraussetzung zum Verstehen dar.

- *Verstehensselektion*: Da man die Information selbst nicht beobachten kann, muss sie aus der beobachteten Mitteilung erschlossen werden. Fuchs (1993: 38ff.) bezeichnet daher Kommunikation als lückenkonfiguriert: Entscheidend ist die Lücke zwischen der Information und der Mitteilung, die man nur durch Interpretation überbrücken kann. Folglich gibt es zwei Bedingungen für das Verstehen: (a) Man muss etwas beobachtet haben, was man als Mitteilung auffassen kann (z.B. kann ich auf eine Frage nur antworten, wenn ich etwas gehört habe und dies als Frage interpretiere – selbst wenn ich die Frage völlig anders als die fragende Person auffasse). (b) Da aber die Information (und damit Bedeutung und Sinn) nicht eindeutig mitgeliefert wird, muss ich die Mitteilung erst interpretieren, indem ich aus verschiedenen Bedeutungsmöglichkeiten auswähle (und damit eine Antwort formuliere, die mir im Zusammenhang mit meinem Verständnis der Frage sinnvoll vorkommt). Für diesen Verstehensprozess kommt es auf die Interpretation des in der Mitteilung Enthaltenen sowie dessen Form an: Daher kann man überaus freundlich Bosheiten austauschen, indem man den Inhalt, den Tonfall und die grammatische Konstruktion entsprechend der Situation modifiziert („Das haben Sie aber wieder gut hingebracht!" – wenn etwa klar ist, dass etwas misslungen ist). Umgekehrt können Mitteilende erst an der Reaktion erkennen (bzw. erschließen), was aus ihrer Information geworden ist (vgl. Weick 1995: 18). Damit schließt sich der kommunikative Kreislauf. Was die Information für jemanden ist, bestimmt daher nicht bloß die Informationsselektion, sondern wird im Verstehensprozess (re-)konstruktiv neu aufgebaut, was jede Menge Missverständnisse aufwerfen kann.

Die drei Selektionskomponenten stehen zueinander in einem *interdependenten* Verhältnis, weil letztlich ja Sinn erzeugt werden soll: So ist die Selektion einer Information vom gesamten erwarteten Verlauf einer Kommunikation abhängig (um nicht ständig missverstanden zu werden). In der Mitteilungsauswahl muss ein Verhalten gewählt werden, das diese Information für andere nachvollziehbar ausdrücken kann; es bemisst sich daher nach der Anschlussfähigkeit im Verstehensprozess. Letzterer wiederum benötigt das Anschlusspotenzial der Mitteilung: Sie muss eine Zustandsänderung auslösen, indem aus der Beobachtung die Information (re-)konstruiert wird (dies ist faktisch eine konstruktive Leistung). Das *Handlungselement* der Mitteilung stellt für die beteiligten AkteurInnen Sinnmaterial zur Verfügung. Mitteilungen sind also immer mehrdeutig und auslegungsbedürftig, was sehr gut auch im Kommunikationsquadrat von Schulz von Thun (2007) zum Ausdruck kommt: Demnach sagt jede Kommunikation etwas über einen Sachinhalt (Worüber informiere ich? Was sagt er/sie mir?) und über die Beziehung der Kommunikationsbeteiligten aus (Was halte ich von dir? Wie steht er/sie zu mir?), transportiert einen Appell (Was möchte ich bei dir erreichen? Was möchte er/sie von mir?) und stellt eine Form der Selbstoffenbarung dar (Was sage ich über mich selbst? Was ist er/sie für eine Person?). Damit ist klar: Jede Botschaft kann je nach Schwerpunktsetzung sehr verschieden ausgelegt werden – und nichts davon muss im Verstehensprozess mit der ursprünglich gemeinten Information zu tun haben. Insofern teilt man, ohne es zu wollen, immer mehr (bzw. anderes) mit, als man mitteilen möchte.

Will man sich verständlich machen, sollte man also überlegen, wie andere mit diesem Sinnmaterial umgehen könnten. Deshalb ist zu bedenken, für wen eine Information bestimmt ist (und wie sie daher verstanden werden könnte), vor welchem situativen Hintergrund eine Mitteilung gemacht wird (um inhaltliche Kohärenz zu erzeugen) und vor welchem zeitlichen Hintergrund sie formuliert wird (was ist vorher passiert, was erwartet man als Folgekommunikation). Insofern lassen sich an dieser Stelle verschiedene Sinndimensionen unterscheiden, die in jeder Kommunikation als Strukturierungsleistung enthalten sind (vgl. Luhmann 1984: 568ff.):

- *Soziale Dimension*: In der sozialen Dimension sagen die Kommunikationsbeteiligten etwas über sich selbst im Verhältnis zu anderen bzw. über ihr Verhältnis zur Gesellschaft als Ganzer und binden die Beteiligten in die Interaktion ein. Zugleich schaffen sie eine Distanzierungsmöglichkeit mit dem Verweis, dass sozial noch andere Beziehungen außerhalb der konkreten Interaktion bestehen. Aussagen und Handlungen haben in diesem Sinn die Funktion, die Haltung der Interagierenden zueinander und zu den angesprochenen Sachverhalten zu formen. Es macht daher einen Unterschied aus, ob eine Person in einem Gespräch mit „Chefin", „Frau Doktor Meyer" oder „die Susanne" bezeichnet wird. Darüber hinaus geben Mitteilungen Auskunft über mannigfaltige Beziehungsaspekte, wie Identifikationen, Gemeinsamkeiten, Abgrenzungen oder Konsensbereitschaften.
- *Sachliche Dimension*: Sie bezieht sich auf den inhaltlichen Aspekt eines Themas und stellt eine inhaltliche Anschlussfähigkeit zu anderen Themenbeiträgen dar. Inwiefern ein Gesprächsbeitrag zu anderen Aussagen kompatibel ist, ergibt sich aufgrund der zugrunde liegenden Bearbeitungsweise von Informationen im sachlichen Kontext, der ebenfalls nicht durch die Interaktion selbst, sondern durch die Relationierung zwischen Interaktion und Gesellschaft bestimmt ist. Interessant ist nunmehr die Bedeutung der Reihenfolgen von Themen und welche Rolle sie in bestimmen Kontexten bzw. bei der Koordination von Interaktionen spielen. Dies gilt auch für Artefakte als thematische Beiträge in einem sozialen oder gesellschaftlichen Zusammenhang, wenn etwa Türschilder angeben, wer dahinter residiert, Adressen die soziale Organisation der eindeutigen Lokalisierung von Individuen materialisieren oder die Innenarchitektur von Seminarräumen bestimmte didaktische Prinzipien ausdrückt.
- *Zeitliche Dimension*: Mitteilungen sind in einem fortlaufenden Prozess eingefügt und verweisen auf vergangene Beiträge wie künftige Anschlusskommunikation. Die Reihenfolge von Beiträgen (Sequenzierung) und die zeitliche Strukturierung von Kommunikation sind deshalb so wichtig, weil sie die Genese einer Struktur ersichtlich machen. Dies gilt

nicht nur für die Mikrostruktur der Kommunikation, sondern ebenso für den makrostrukturellen Kontext: Ob Kriegsdenkmäler an Opfer der Unmenschlichkeit mahnen oder an das künftige Heldentum der Verteidigung von Freiheit oder Heimat appellieren, hängt von der historisch-spezifischen Verankerung der Beziehungen zwischen verschiedenen gesellschaftlichen Gruppen oder Staaten ab und deutet auf zu einem Zeitpunkt geachtete Wertvorstellungen. Insgesamt repräsentieren sie die zeitliche Entwicklung eines kulturellen Zusammenhanges, der sich auch im Sturz von Denkmälern durch nachfolgende Generationen oder im Zuge der Veränderung von Herrschaftsverhältnissen manifestiert.

Interpretative Analysen rücken den Prozess und die Strukturierung sinnhafter Kommunikation in das Zentrum der Überlegungen, weil dadurch der Prozess der Wirklichkeitskonstruktion und der Formierung gesellschaftlicher Verhältnisse zum Ausdruck kommt. Kommunikation heißt aber nicht bloß reden, sondern meint den Verstehensprozess von Mitteilungen als Grundlage der Koordination sozialen Handelns – und das können auch Mitteilungen in Form von Architektur oder Bildern sein.

g) Forschungsgegenstände erlangen nur in ihrem Kontext Bedeutung

Bisher hat sich gezeigt, dass eine Vielzahl von Momenten die Bedeutung von Erkenntnisgegenständen bestimmt. Aber alles läuft letztlich darauf hinaus, dass die kontextuelle Einbettung der Phänomene die entscheidenden Hinweise auf deren Verständnis liefert. Auf erkenntnistheoretischer Ebene ist hier die Totalität von Wirklichkeit zu berücksichtigen. *Totalität* meint den Prozess der Selbstentwicklung der sozialen Welt, der sich durch die Handlungen der Menschen, die dadurch geschaffenen Produkte und ihre Verhältnisse zueinander realisiert. Eine äußere, von Menschen unabhängige Welt wird zur Wirklichkeit, wenn sie erlebt und interpretiert ist (dies kann auch durch Medien vermittelt sein). Dadurch wird sie für ein Subjekt existierend, während die nicht erfasste (d.h. nicht erlebte, nicht imaginierte und nicht beobachtete) Welt als solche für Menschen nicht existiert. Deshalb ist der Totalitätsbegriff nicht auf Erkenntnisobjekte gemünzt, sondern auf das Verhältnis zwischen Erkenntnisobjekten und erkennenden Subjekten im Prozess der Erkenntnistätigkeit.

Damit ist klar: Der Forschungskontext lässt sich *nicht* aus der Erkenntnistätigkeit wegdefinieren, weil das Erkenntnisprodukt immer durch diesen konstituiert und geformt wird (ForscherInnen bestimmen etwa, was relevant ist und wie sie ihre Themen erkunden; sie sind immer auch Beobachtungsinstrumente). Erst innerhalb dieser Totalität kann sich die Wissenschaft dem Gegenstand gleichsam als vereinnahmte Welt widmen. Diese innere Behandlung der Welt kann dabei in sich ausdifferenziert werden, indem man Widerspruchsverhältnisse aufstellt und die Entwicklung dieser wissenschaftlichen Weltauffassung der Kritik unterwirft (die ebenfalls intern produziert wird).

Die Kontextgebundenheit zeigt sich auch aus einem anderen Betrachtungswinkel: Goffman (1993) beschäftigt sich in seiner *Rahmenanalyse* damit, wie Menschen es schaffen, an alltäglichen sozialen Situationen überhaupt teilhaben zu können, wenn die Möglichkeiten von Missverständnissen nahezu unendlich sind. Der primäre Rahmen reduziert diese Möglichkeiten, indem er eine Szene zu etwas Sinnvollem macht. Er unterstellt dabei bestimmte Regeln, nach welchen ein Ereignis verläuft und dadurch eine Beschreibung ermöglicht. Ersucht man während der Forschungsarbeit eine Person um ein ‚Interview', so sind mit dieser Bezeichnung etwa eine Rollendifferenz und auch der Gesamtbezug des Gesprächs bestimmt. Dies bedeutet zwar nicht, dass die interviewende und die befragte Person in ihrem Verständnis über die Situation übereinstimmen (weil die befragte Person vielleicht das Muster journalistischen Verhaltens im Sinn hat oder aufgrund früherer Erfahrungen mit Meinungsforschungsinstituten standardisierte Fragen erwartet, die interviewende Person jedoch ein narratives Interview führen möchte), aber es schafft in der Regel eine Verständigungsbasis. Auf dieselbe Weise zeigt der Bilderrahmen, was zum Bild gehört. Wenn geklärt wird, um welches Ereignis es sich in einem Fall handelt, so handelt es sich um die Beschreibung innerhalb eines primären Rahmens.

Bestimmt wird der Kontext durch *Leitdifferenzierungen*, welche eine spezifische Ordnung der Welt gewährleisten. So lassen sich im Forschungsprozess solche Leitdifferenzen (etwa in Form von Theorien) anlegen, oder – was das Kennzeichen einer so definierten interpretativen Forschung ist – man beobachtet, welche Differenzen im Feld gehandhabt werden und welche Bedeutung diese für die verschiedenen Interpretationsmöglichkeiten von Phänomenen haben. Nehmen wir als Beispiel die Definition des ‚Erfolges' einer wissenschaftlichen Untersuchung, so lässt sich dieser anhand der Brauchbarkeit des Ergebnisses, der wissenschaftlichen Verbreitung, der Bedeutung für die Grundlagenforschung, der medialen Präsenz, der didaktischen Aufbereitung der Ergebnisse etc. bestimmen. Somit kann dieselbe Forschungsarbeit zugleich verdammt und hochgejubelt werden.

Diese Kontextualisierungen lassen sich beliebig verbreitern. Will man die Dynamik sozialer Prozesse verstehen, muss man die *Verschiedenartigkeit der Sichtweisen* berücksichtigen, mit der Menschen an Interaktionen herangehen. Und man muss berücksichtigen, dass AkteurInnen ihre Wirklichkeitserfahrungen in verschiedenen sozialen Räumen machen, die deshalb mit verschiedenen Strukturen, Lebensstilen, Milieuerfahrungen oder Funktionen untrennbar verknüpft sind. Auf diese Weise lässt sich leicht das Dilemma nachvollziehen, vor dem Betriebsräte stehen, wenn die Überlebenschancen des Betriebes nur mit einem drastischen Personalabbau gesichert werden können, denn egal was sie tun, sie agieren potenziell gleichzeitig für und gegen einen Teil der von ihnen vertretenen Belegschaft.

Genau diese Kontextualität ist es, was eine interpretative Sozialforschung heraushebt: Sie trennt wissenschaftliche Aussagen nicht von den Bedingungen des Auftretens der ihr zugrunde liegenden empirischen Korrelate. Es ist daher auch nicht so wichtig, wie häufig ein empirisches Phänomen auftaucht oder welche statistischen Beziehungen dabei identifizierbar sind. Vielmehr konzentriert sie sich in der Theoriekonstruktion auf den Kontext, indem sie untersucht, unter welchen Bedingungen sich welche Prozesse entfalten, wie diese das untersuchte Phänomen ermöglichen und wie ihre Entwicklung oder ihre

Abgrenzung von der relevanten Umwelt strukturiert sind. Das entspricht dem Gegenstandsbereich einer interpretativen Sozialforschung, nämlich der Erkundung sozialer Phänomene: Diese ergeben sich aus der Umweltbeobachtung und Umweltinterpretationen der involvierten AkteurInnen, auf deren Basis sie ihre Handlungen gestalten. Indem die Handelnden ihre Spielräume nutzen und dabei (ob sie wollen oder nicht) an der Herstellung sozialer Phänomene beteiligt sind, mit deren Folgen sie jedoch als äußerliche Bedingungen immer wieder konfrontiert sind, entwickeln soziale Prozesse eine Eigendynamik, die eine genaue Vorhersage verhindert. Insofern ähnelt dies der Generierung konnotativer Theorien, verstanden als prozessierende Symbolsysteme: „Nur durch dauerhaftes Durchspielen und ständige Rekreation, durch ständige Arbeit an den einzelnen Begriffen und an der Theorie wird Leistungsfähigkeit entwickelt und erhalten." (Schülein 2002: 153) Die Theorieentwicklung wird dabei zur Begriffsarbeit an den Beobachtungen, welche sich mit der Mehrdimensionalität und Prozessualität des Gegenstandes auseinandersetzt und die in einem Wechselspiel mit den laufenden theoretischen Überlegungen in diese integriert wird. Dabei müssen die neuen theoretischen Überlegungen permanent ihre Angemessenheit bezüglich der zu verstehenden empirischen Welt unter Beweis stellen.

2.2 Maximen interpretativer Analyse

Die Ausführungen des obigen Abschnitts machen deutlich, dass alle Individuen (ob sie wollen oder nicht) in unterschiedlicher Weise einen Beitrag zur gesellschaftlichen Entwicklung leisten. Dabei müssen sie ihre Lebenswelt nicht ständig neu erfinden, sondern können auf kulturell vorgefertigte und im Sozialisationsprozess erworbene Interpretationsschemata zurückgreifen. Das erzeugt eine gewisse Stabilität und Erwartungssicherheit und ermöglicht anschlussfähiges Handeln. Die auf diese Weise innerhalb eines kollektiven Sinnhorizonts erzeugten wechselseitigen Erfahrungen harmonisieren und vereinfachen den Alltag der Menschen, auch wenn immer wieder Brüche möglich sind (aufgrund von Handlungsfreiheit, die das Übertreten von Regeln jederzeit ermöglicht).

Jedoch kehrt diese durch individuelle Beiträge geschaffene Welt als Anforderungsstruktur zurück und konfrontiert die Menschen mit einer Situation, an der sie zwar aktiv partizipieren, die sie aber deshalb noch lange nicht kontrollieren. In diesem Sinne hat bereits Mead (1978: 186) festgestellt, dass die Analyse einzelner Individuen Gesellschaft nicht verständlich macht. Das Handeln einer Person kann nur in seiner Eingebundenheit in die Gesellschaft sinnvoll analysiert werden, weil sich die Struktur der Identität einzelner Personen in der Einheit und der Struktur des gesamten gesellschaftlichen Prozesses spiegelt. Dies gilt auch für einzelne Beiträge oder generell für Einzelphänomene im gesellschaftlichen Prozess. Für sich genommen sind sie sozialwissenschaftlich irrelevant (das Gesagte würde ungehört und ohne Sinnzusammenhang einfach verklingen). Ihre Bedeutung entfalten sie erst im Gesamtzusammenhang ihrer Rahmung, ihrer Begründung oder der davon betroffenen anderen Beiträge (z.B. warum man etwas sagt, wie man es sagt, woran man sich im Gesagten orientiert, was man damit andeuten oder erreichen möchte, wer sich angesprochen fühlt oder welche weiteren Beiträge damit provoziert werden). Sobald ein Beitrag geleistet ist, verselbstständigt er sich und entzieht sich der Kontrolle einzelner Personen. Das gilt nicht nur für das untersuchte Feld, sondern genauso für die ForscherInnen, deren Aktivitäten ebenso ihr Eigenleben entfalten.

Dahinter steht eine *dialektische* Betrachtungsweise, für die sich mehrere Eckpfeiler angeben lassen: (a) Wirklichkeit wird als konkrete *Totalität* aufgefasst, d.h., es macht wenig Sinn, einzelne Objekte zu isolieren oder von der Beobachtung zu trennen. Entscheidend ist der Gesamtzusammenhang von Erscheinungen in ihrem gesellschaftlichen Kontext. Zwar kommt der Welt eine eigenständige, subjektunabhängige Existenz zu, aber diese ist nicht äußerlich, sondern durch den Erkenntnisprozess an die Subjekte gebunden, weil nur diese sie zur Wirklichkeit machen (Lenk 1995: 101f.). (b) *Beziehungen* in dieser Totalität sind so zu verstehen, dass die Elemente zwar voneinander separiert sind und im Widerspruch zueinander stehen können (Beziehungen zwischen Eltern und Kindern oder Beziehungen zwischen den Kindern), aber dennoch eine Einheit bilden, in der die einzelnen Elemente voneinander wechselseitig abhängig sind (Israel 1979: 129). (c) Die Gesellschaft ist nicht als stabile Entität zu begreifen, sondern befindet sich in permanenter Bewegung, wobei sich die Beziehungen zueinander verändern und sich die in ihr vorfindbaren Phänomene immer wieder verwandeln *(Prozessualität)*. Da Menschen ihre soziale Welt immer neu herstellen und im Erkenntnisprozess sich selbst und ihre Erkenntnisobjekte umformen, bedarf das Wissen um die Wirklichkeit (d.h. auch wissenschaftliche Erkenntnis) permanenter Kritik.

Dialektische Analysen fokussieren die prozessuale gesellschaftliche Verankerung sozialer Phänomene und stellen die Praxis menschlicher Tätigkeit in den Vordergrund. Diese Art Forschung muss sich mit einer Reihe von Besonderheiten ihres Gegenstandsbereichs auseinandersetzen:

- Phänomene sind mit *AkteurInnen* verbunden. Jedoch ist ihr subjektives Erleben nur eine Komponente, weil dieses Erleben immer durch den kommunikativen Prozess der Vergesellschaftung überformt ist. Was Subjekte tun, ist nicht einfach Resultat subjektiver Überlegungen oder Planungen, die überdies Außenstehenden nicht zugänglich sind (gemeinter Sinn), sondern ist eingebettet in einen kollektiv geformten lebensweltlichen Horizont aus Relevanzstrukturen und Typisierungen.
- Die Praxis menschlichen Handelns weist eine *eigenständige Dynamik* auf und nutzt individuelle Spielräume. Jedoch schaffen die im sozialen Kontext produzierte Sinnhaftigkeit und die Orientierung des Handelns an anderen Menschen einen gemeinsamen Rahmen, der individuelle Handlungsstrategien durchdringt und in das Kollektiv integriert. Durch das miteinander verbundene Handeln vieler AkteurInnen entsteht ein gesellschaftliches Milieu, welches ihnen als äußerliche Rahmenbedingung entgegentritt und dem sie potenziell ausgeliefert sind. Auch soziale Aussteiger können sich nicht von der Gesellschaft absentieren – im besten Fall können sie sich in die Isolation begeben, deren Optionenraum aber wiederum gesellschaftlich vorgegeben ist.
- Soziale Phänomene unterliegen einer permanenten Fluktuation, in der sich die Reproduktionsstrategien von Kollektiven und die Lebensbedingungen aller Mitglieder einer Gesellschaft (langsam oder krisenhaft) verändern. Aus diesem Grund sind die Entwicklungsdynamik, die (Re-)Konstruktion der Logik und

die Entfaltung von Entwicklungskräften in jede Analyse einzubeziehen. Der Begriff der sozialen *‚Logik'* bezieht sich in den folgenden Ausführungen immer auf jene Regeln, die konkretes Handeln mit einer sinnhaft erlebbaren Ordnung versehen. Zum einen bezieht sich diese Ordnung auf die Beziehungen zwischen den Elementen eines Phänomens (Relationalität), andererseits auf die zeitliche Abfolge (Sequenzialität) von Interaktionen. Generell lassen sich drei Arten von Regeln unterscheiden: *Sinnzuweisungsregeln,* welche die Komplexität von Wahrnehmungen reduzieren (Beobachtungsschemata); *Handlungsregeln,* die als Routinebedingungen die flexible Weiterführung sozialer Beziehungen steuern (Reproduktionsbedingungen); *generative Regeln,* die jene Bedingungen definieren, unter denen sich Sinnzuweisungs- oder Handlungsregeln verändern (Transformationen). Folglich widmet sich die Analyse der Logik sozialer Phänomene der Strukturierung sozialer Prozesse.

- Interpretative Analyse steht vor dem Problem, sich mit Gegenstandsbereichen (z.B. Strukturen, Beziehungen) zu befassen, die sich einer Beobachtung nicht unmittelbar präsentieren, sondern sich nur *erschließen* lassen. Erkenntnisse sind daher Konstruktionen aus einer spezifisch wissenschaftlichen Perspektive, die den Erkenntnisgegenstand theoretisierend dem Verständnis zugänglich machen.

Als Konsequenz der obigen Annahmen lassen sich Richtlinien interpretativer Sozialforschung formulieren; aber diesen kommt kein normativer Anspruch zu, wenn man die Eingebundenheit von Wissenschaft in den gesellschaftlichen Entwicklungsprozess ernst nimmt. Aus diesem Grund werden sie zurückhaltend als Maximen formuliert, um auszudrücken, dass sie: (a) wählbar sind und folglich immer ein *gewisses Maß an Beliebigkeit* enthalten; (b) nicht auf Sachzwängen basieren, aber aufgrund von Erfahrungen und plausiblen Gründen sich als sinnvolle und *brauchbare Maßstäbe* wissenschaftlicher Analyse erweisen könnten; (c) *veränderbar* sind, weil die Ergebnisse wissenschaftlicher Forschung auf die theoretischen Grundlagen interpretativer Sozialforschung zurückwirken und damit langfristig deren methodische Voraussetzungen mitverändern; (d) ihnen ein *hoher Generalisierungsgrad* zukommt und sie singuläre bzw. spezifische Forschungssituationen übersteigen, wobei sie die

Situationsdeutung so lenken, dass sie forscherisches Handeln immer als Anwendungsfall einer praktischen Maxime deuten.

Die methodologischen Maximen interpretativer Sozialforschung verdichten die obigen Ausführungen zu wenigen Grundsätzen, die auf methodologischer Ebene von der Formulierung von Forschungsfragen, der Gestaltung des Forschungsdesigns, der Organisierung des Forschungsprozesses, der Art der Materialerhebung und der entsprechenden Analyseformen bis hin zur Darstellung der Ergebnisse die gesamte Forschungsarbeit durchdringen.

a) Wissenschaft als Spezialfall konstruktiver alltäglicher Interpretation

Als Prämisse der Maxime der Wissenschaft als Spezialfall konstruktiver alltäglicher Interpretation lässt sich formulieren, dass niemand in einer neutralen, objektiv existierenden Welt lebt, sondern in einer immer schon vorinterpretierten und sozial konstituierten. Diese zu erschließen und verfügbar zu machen ist Aufgabe interpretativer Sozialforschung. In forschungspragmatischer Hinsicht fordert diese Maxime zweierlei: (a) die Anwendung der Prinzipien *alltagshermeneutischer Interpretation* im Sinne der Konstitution (Nach welchen Kriterien beobachten wir?), Rekonstruktion (Was beobachten wir diesen Kriterien entsprechend?) und Interpretation (Wie legen wir das Beobachtete aus?); und (b) die systematische Produktion des *Zweifels* an Althergebrachtem, indem das wissenschaftlich zu erkundende Material zerstückelt wird, um die Möglichkeit zu schaffen, im Zuge der (re-)konstruierenden Interpretation ohne weitreichende Vorannahmen über den konkreten Erkenntnisgegenstand die fallspezifischen Besonderheiten und die allgemeine Dynamik der dahinter stehenden sozialen Welt zu erkunden (Dekonstruktion).

Erkenntnisprozesse strukturieren und formieren unsere Bilder der Welt, indem sie sich diesen zuwenden und sie verarbeiten. Dadurch entsteht jene Ordnung in der Welt, die uns Orientierung ermöglicht. Diese permanenten strukturierenden Interpretationen werden nicht von Menschen als autonome Subjekte durchgeführt, sondern in diesen schwingt ihre Teilhabe an der sozialen Praxis mit. Weder können sich Menschen aus ihrer gesellschaftlichen Praxis lösen, noch können sie die Interpretation verweigern. Wissenschaft bedient sich zwar unvermeidlich dieser alltäglichen menschlichen Verstehensleistung, distanziert sich jedoch *methodisch* von den sie umgebenden Lebensbedingungen und etabliert solcherart einen eigenen Sinnbereich. Dieser Rückgriff auf den Alltag relativiert Ansprüche wie ‚Objektivität' oder ‚Rationalität' der Wissenschaft: „Objektivität und Rationalität nach Menschenmaß; sie sind besser als nichts." (Putnam 1982: 82)

Die zentrale Stellung des Interpretierens macht es sinnvoll, sich mit diesem Vorgang genauer auseinanderzusetzen. Dabei lassen sich drei Stufen unterscheiden:

- *Konstitutionsprozesse*: Sie umfassen die Entwicklung, Differenzierung und Stabilisierung von Beobachtungsschemata. Erst dadurch gewinnen beobachtende Systeme die Basis zur Entfaltung einer Vorstellung der Welt und ihrer Ordnung.
- *Rekonstruktionsprozesse*: Auf dieser Stufe werden die im Konstitutionsprozess entwickelten Schemata angewandt und auf das Beobachtete als Organisierung und Integration einer lebensweltlichen Vorstellung umgelegt.
- *Interpretationsprozesse*: In diesem Schritt können nun diese rekonstruierten Vorstellungen reflexiv auf die Integration von Handlungsprozessen oder Ereignissen in einen Gesamtzusammenhang unabhängig von den ursprünglichen Sinnkontexten zu einer neuen Einheit zusammengefügt werden. Diese Abstraktion vom ursprünglichen Entstehungszusammenhang schafft durch Rückkoppelung neue Voraussetzungen für die laufenden Konstitutions- und Rekonstruktionsprozesse und ermöglicht die Weiterentwicklung der Beobachtungsbedingungen (etwa durch Komplexitätsaufbau) und in der Folge den Aufbau neuen Wissens.

In der Praxis kann man sich das so vorstellen, dass man als ForscherIn im Zuge einer Erhebung beispielsweise bemerkt, dass eine Person offenkundig ‚fälschlich' als ‚fremd' identifiziert wird. Dies ist möglich, weil man erstens gelernt hat, wie man Menschen bei ihrer Beobachtung anderer Menschen beobachten kann und welche Regeln der Zuordnung von Fremdheit (etwa Aussehen, Kleidung, Sprache) diese benutzen. Auf dieser Stufe lernen ForscherInnen, die Kategorisierungsregeln des untersuchten Feldes zu benutzen *(Konstruktion)*. Diese Kriterien bieten zwar keine Sicherheit der Identifikation, aber man kann das Beobachtete einmal einordnen. Wenn man nun eine Person dabei beobachtet, wie sie andere einschätzt und die Regeln der Fremdheitszuweisung zur Anwendung bringt, fällt dieses Ereignis erst als ‚falsche' Identifikation auf – sonst würde man es übersehen oder als irrelevant erachten *(Rekonstruktion)*. Im Prozess der Rekonstruktion wendet man aber nicht nur selbst die Kategorisierungen an, sondern man kann auch feststellen, wie andere Menschen die Schematisierung im Sinne der Differenz bekannt/unbekannt anwenden (etwa welche Kriterien dominieren) und welche Folgen sich daraus ergeben (etwa Problem von Falschzuweisungen). Der *Interpretationsschritt* geht noch weiter, indem man nun vielerlei andere Frage aufwerfen kann: Weshalb trifft jemand oder eine Gruppe überhaupt diese Unterscheidung? Welchen Regeln folgen Fremdheitszuweisungen und wie werden sie im Alltag angewandt? Welche Funktionen erfüllen sie (und für wen)? Gibt es andere Unterscheidungskriterien? Unter welchen Bedingungen treten Irrtümer auf und welche Bedeutung haben diese? Erst in diesem Schritt kommt die wissenschaftliche Leistung zum Tragen, indem sie sich zunehmend vom konkreten Ereignis abwendet und herauszufinden sucht, welche allgemeinen Prozessmerkmale sich an diesem Einzelfall entäußern. In der Folge kann sich herausstellen, dass man zu wenig genau auf die Rahmenbedingungen geachtet hat, und man kann im Anschluss sein Beobachtungsverhalten neu adaptieren, was wiederum in neue Formen der Beobachtungskonstitution eingeht. In diesem Sinne entwickeln sich sowohl die Basis der Erkenntnis wie auch die davon abhängigen Beobachtungen und somit die Rahmenbedingungen der Wissensgenerierung.

Vom Alltagsinterpretieren grenzt sich Wissenschaft nicht nur durch den höheren Grad an Distanzierung zum unmittelbar Beobachteten ab, sondern auch durch bestimmte Verfahrensweisen, welche die Tücken der Alltagshermeneutik vermeiden sollen: Im Alltag ist eine der wesentlichsten Rahmenbedingungen der Interpretation die Erlangung von Handlungsfähigkeit.

Und das erfordert die Unterdrückung des Zweifels bzw. das Vertrauen auf eine sichere Welt (vgl. Soeffner 2004: 45). Würde man in einem Gespräch immer erst hin und her überlegen, was denn jeweils gemeint sein könnte, ob man dies alles nicht anders betrachten könnte, welche Rahmenbedingungen die anderen dazu führten, eine bestimmte Bemerkung zu machen, oder was man alles im Moment berücksichtigen müsste, um nichts falsch zu machen – wir könnten nie an einem Gespräch teilnehmen, denn es würde entweder unendlich lange dauern oder immer schon wieder fortgeschritten sein, bevor man die früheren Überlegungen auch nur annähernd abgeschlossen hat. Aber die Wissenschaft braucht genau diese Zweifel, damit sie die Zuverlässigkeit der Erkenntnisse sicherstellen kann. Um daher eine vorschnelle (und möglicherweise irreführende) Zuversicht in eine Interpretation zu unterbinden und dadurch eine kritische Beobachtung des Interpretationsgegenstandes zu erlangen, bieten sich drei methodische Vorkehrungen an:

- Die *Entlastung* vom unmittelbaren *Handlungsdruck*, der zu verkürzten Sichtweisen zwingt, um an der Situation teilnehmen zu können (z.B. in einem Interview eine sinnvolle Frage zu stellen). Gerade deshalb ist es im Zuge von Beobachtungsaufenthalten so wichtig, sich immer wieder reflektierend von unmittelbarem Handlungsdruck zu befreien, indem man sich zurückzieht, um ohne Rücksicht auf die laufenden und künftigen Ereignisse den momentanen Wissensstand zu überdenken.
- Da diese Befreiung von den Anforderungen in einem konkreten Forschungsfeld bei hoher Involviertheit nur bedingt vollzogen werden kann (man kann nicht in jedem Fall eine Situation verlassen oder ein Gespräch unterbrechen), bietet sich die *Unterstützung* durch ein nicht in die Situation involviertes Forschungsteam oder durch an der konkreten Studie unbeteiligte Personen (z.B. Supervision) an. Desgleichen ist darauf zu achten, Dokumentationen anzulegen und Materialien zu sammeln (dazu gehören etwa Tonaufzeichnungen von Gesprächen, das Sammeln von Artefakten, eine ausführliche Dokumentation), damit diese unabhängig von der Erhebung einer Analyse unterzogen werden können.

- Um Selbstverständlichkeiten in der Auslegung zu umgehen, gibt es einen einfachen, wirkungsvollen Kunstgriff: die *systematische Dekonstruktion*. Dabei wird das Material so weit zerstückelt, dass der unmittelbare Sinnkontext verloren geht (etwa bei Texten in winzige Textbruchstücke, wie mehrere Worte) und die Bedeutung, der Kontext und die gesellschaftliche Einbettung erst mühsam neu entschlüsselt werden müssen. Der wissenschaftliche Wissensaufbau kann dann systematisch mit anderem Material kontrastiert und überprüft werden.

Man unterscheidet folglich zwischen dem im Feld produzierten *Handlungswissen* und dem wissenschaftlich distanzierten *Interpretationswissen*. Methodische Vorkehrungen sollen den schnellen Zugriff auf bereits verfügbares Vorwissen und so die einfache Übertragung bekannten Wissens auf den Erkenntnisgegenstand zumindest teilweise hintanhalten. Das Verfahren der Dekonstruktion ist eine Art systematische *Störung der (Re-)Konstruktion*, indem die voreilige Anwendung leicht verfügbarer Schemata verhindert wird. Es bedarf dafür eines quasidestruktiven Prozesses, der vordergründig die Bedingungen für den Interpretationsprozess erschwert, aber genau dadurch Chancen für alternative Sichtweisen eröffnet.

b) Die Orientierung an der Totalität sozialer Phänomene

Diese Maxime der Orientierung an der Totalität des Gegenstandsbereichs verweist auf das dialektische Grundprinzip, wonach der Erkenntnisgegenstand seine Sinnbezüge (als Ordnungsleistung) nur über die Einbettung in einen Kontext erschließen lässt. Das erfordert die Reflexion der Kontextbezüge bei der Erhebung und Interpretation von Material. Interpretation wird dadurch zu *Kontext-(Re-)Konstruktion*. Allgemein ist mit dieser Maxime eine Reihe von Forderungen verbunden, von denen die erste die wichtigste ist:

- Die Analyse muss, um der (Re-)Konstruktion der genetischen Voraussetzungen von (Prozess-)Strukturen gerecht zu werden, weitestgehend als *sequenzielle Analyse* durchgeführt werden, weil sich nur in dieser die Verknüpfungsregeln von Einzelhandlungen und damit die sinnlogische

Struktur sozialen Handelns darstellen. In dieser sequenziellen Verknüpfung werden zwei Parameter wirksam (Oevermann 2000, 2002): (a) Der erste bezieht sich auf die bedeutungserzeugende Verknüpfung von *Anschlussmöglichkeiten*. Im Zuge dessen werden gedankenexperimentell die in einem Interakt eröffneten objektiven Möglichkeiten und deren pragmatische Erfüllungsbedingungen ausgearbeitet. An jeder Sequenzstelle wird also der Spielraum an Optionen sichtbar, aus denen in der Handlungspraxis eine konkrete Auswahl getroffen werden muss. (b) Der zweite Parameter bestimmt, welche Auswahl daraus realisiert wird. Er repräsentiert jene *Auswahlkriterien*, welche die Entscheidung in einer konkreten Lebenspraxis anleiten. In diesem Schritt wird die Bedeutung der im nächsten Interakt tatsächlich gewählten Möglichkeit bestimmt. Dabei wird die Bedeutung nicht aus dem Kontext abgeleitet, sondern aus den Regeln der Interaktionsdynamik. Der Kontext wird erst anschließend herangezogen, um zu sehen, ob die pragmatischen *Erfüllungsbedingungen* auch tatsächlich eingehalten wurden. In die sequenzielle Analyse ist folglich ein strenger Falsifikationsmechanismus eingebaut, denn „an jeder nächsten Sequenzstelle kann grundsätzlich der Möglichkeit nach die bis dahin kumulativ aufgebaute Fallrekonstruktion sofort scheitern" (Oevermann 2002: 9). Dies lässt sich auch für die Analyse von Gegenständen oder Bildern anwenden, selbst wenn hier das Material keine temporalisierten Elemente mehr aufweist. In diesem Fall wird in synchronen Analysen analytisch die Zeit über die (Re-)Konstruktion des Entstehungs- und Verwendungszusammenhanges wieder zurückgeholt.

- Auf der sachlichen Sinndimension rückt neben der thematischen Abfolge die synchrone Analyse der *Differenzierung* und *Integration* sozialer Phänomene in den Vordergrund, welche die Umwelteinbettung erschließt.
- Aus der Perspektive der sozialen Sinndimension wiederum bezieht sich die interpretative Analyse auf die mit den Analysegegenständen verbundenen Normalformen optionaler Bedeutungs- und Sinnhorizonte. Diese machen soziale Be-

ziehungsgefüge erschließbar, wenn man die Analyse nach Bereichen durchführt, die durch *Konsens bzw. Dissens* gekennzeichnet sind.
- Letztlich ist die Erkenntnis *im Wissenschaftsprozess* reflexiv zu verankern und es ist zu bedenken, warum bestimmte Erkenntnisobjekte oder deren Merkmale überhaupt das Interesse auf sich ziehen und inwiefern die methodische Vorgangsweise die Analyseergebnisse mitbestimmt.

Die polykontextuelle Verankerung von Phänomenen macht es sinnvoll, zusätzlich verschiedene Kontextschichten zu differenzieren:
- Der *Kontext der Erkenntnisproduktion*, in dem drei Subkontexte zusammengefasst sind: (a) Der dem Erkenntnissystem *immanente* Kontext (wie etwa die Kompetenzen der beteiligten ForscherInnen) definiert das Beobachtungspotenzial, welches sich aus der räumlichen und physischen Situiertheit, der spezifischen psychischen Verfassung, den sensumotorischen Kompetenzen, der Wissensstruktur bzw. Wahrnehmungsverarbeitung und der zeitlichen Verankerung zusammensetzt. (b) Aus dem *sozialen* Kontext des Erkenntnissystems leiten sich die kollektiv in einem gesellschaftlichen Ensemble geteilten lebensweltlichen Interpretationsschemata für die Wirklichkeitsauffassung ab (dazu gehören etwa Denkstile und Denkkollektive – vgl. Fleck 1994 – oder auch wissenschaftliche Theorien). Hat man seine Sozialisation im Rahmen einer deduktiv-nomologischen und quantitativ orientierten Empirie genossen, so stellt man andere Fragen und geht an die Forschung mit anderen Vorstellungen und Verfahren heran, als wenn man sich in einem Kontext bewegt, der sich einer interpretativ orientierten Sozialforschung verschrieben hat. (c) Der *situative* Kontext der Erkenntnisgewinnung rahmt den Erkundungsprozess und präformiert die kognitiven Auffassungen der Beteiligten (indem etwa Auskunftspersonen den ForscherInnen besonders entgegenkommen wollen).
- Der *situative Phänomenkontext* bettet Ereignisse und Handlungen in konkrete Rahmenbedingungen ein. Hier werden die besonderen Umstände des beobachteten Phänomens be-

rücksichtigt (etwa die Betrunkenheit der Streitparteien in einem zu untersuchenden Konflikt und der konkrete Anlass).

- Der *transsituative Phänomenkontext* wiederum verknüpft die konkreten Phänomene mit einem Gesamtzusammenhang, der die typischen Elemente der Situation enthält und somit an die Beobachtung anderer Phänomene oder Ereignisse angegliedert ist (z.B. typische gesellschaftliche Differenzierungen und sensible Themen, die einen Streit wahrscheinlich machen).
- Der *alltagspraktische Phänomenkontext* betrifft die soziale Herstellung von Wirklichkeit im lebensweltlichen und wissenschaftlichen Erkenntniszusammenhang, indem nicht alle Ereignisse oder Phänomene wechselseitig anschlussfähig sind (im Wissenschaftssystem wären dies etwa allgemein akzeptierte Themen bzw. Fragestellungen, Methoden oder Argumentationsweisen; im Falle eines Streites wären das jene Besonderheiten der Organisierung des Alltags, die Konflikte herbeiführen).

Nach Wilson (1982) ergibt sich der Sinn von Einzelheiten nur aus dem Kontext anderer Einzelheiten, wobei der Kontext rekursiv seine Bedeutung durch jede Einzelheit gewinnt. Die Einzelheiten haben keinen eigenen Bestand ohne *andere Ereignisse*, die eine Einzelheit in einen Konstitutionsprozess sozialer Phänomene oder Situationen integrieren. Diese anderen Ereignisse sind aber keineswegs nur Hintergrund, sondern sie kommen durch die Einzelheit erst zum Vorschein, während sie selbst die Einzelheit bestimmen. Eine Geldbörse hat solcherart nur Bestand im Rahmen von Aufbewahrungshandlungen häufig gebrauchter Gegenstände und in einer Gesellschaft, die Tauschbeziehungen auf eine bestimmte Weise (d.h. mittels eines symbolischen Tauschmediums) regelt; sie macht nur Sinn im Rahmen einer bestimmten Gesellschafts- bzw. Wirtschaftsordnung, die sich in der Geldbörse entäußert und die gleichzeitig zu einem Teil dieser Ordnung wird. Die Herstellung einer Geldbörse wiederum offenbart die Bevorzugung von Materialien, ästhetische Orientierungen, die arbeitsteilige Koordinierung der Gesellschaft oder den Stand von Produktionsweisen. Im Zuge einer interpretativen Sozialforschung werden ständig Teilperspektiven erfasst, deren Umgebung erschlossen werden muss und die in einer Gesamtschau Bedeutung und Funktion wechseln können. Daher ist der Beginn solcher Analysen relativ beliebig, denn von jedem Ort aus kann die darin ausgedrückte Totalität in vielen Einzelschritten erfasst werden.

Schließlich umfasst der Totalitätsbegriff die kontextuelle Verortung der verschiedenen Darstellungsmöglichkeiten. Will man etwas erreichen, argumentiert man im Sinne der Anschlussfähigkeit anders, als wenn man sich als völlig unabhängig von möglichen Einflussnahmen deklariert (auch wenn dies faktisch unmöglich ist). Dies gilt auch für die Wissenschaft: Entsprechend dem Publikationsforum erscheinen jeweils verschiedene Aspekte der Darstellung als besonders berücksichtigungswürdig, während andere als vernachlässigbar gelten oder sich gar als Akzeptanzhemmnis erweisen. Die Publikationsstrategie ist daher Teil des wissenschaftlichen Produktionsprozesses. In ihr muss die Rezeption und kritische Diskussion in der Scientific Community mitgedacht werden, um die Ergebnisse einer Arbeit bzw. deren Akzeptanz einschätzen zu können. Produkte wissenschaftlicher Arbeit sind aus diesem Grund genauso wie ein beliebiges anderes Datenmaterial zu bearbeiten, wobei die Regeln des Wissenschaftssystems einiges an Vorleistungen (durch die intern angelegte Selektivität) erbringen und die Orientierung erleichtern.

c) *Tätige Beobachtung als Ausgangspunkt wissenschaftlicher Forschung*

Die obige Diskussion um die Äquilibration bei Piaget (1976; siehe Kap. 2.1) zeigte, dass Beobachten niemals ein passiver Akt der Wahrnehmung sein kann, sondern immer ein aktiver Prozess, der Denken und Handeln, aber auch Produktion und Reproduktion rekursiv miteinander verbindet. Forschung kann daher zumindest auf zweierlei Weise als aktiver Prozess verstanden werden:

- Als aktiver Prozess der *Positionierung* in einem sozialen Feld definiert die Forschungsstrategie den Kontingenzbereich der Sammlung und Produktion von Datenmaterial, indem sie Zugänge und Perspektiven zugleich eröffnet und verschließt.

Als solche sind die systematische Datenproduktion und der kontrollierte Einbezug von Datenmaterialien immer eine Folge von Forschungsaktivitäten und keine forschungsunabhängige, ‚objektive' Größe.

- Die spezifische Vorgangsweise konstituiert das analysierte Phänomen durch die selektive Ausgrenzung und *Bearbeitung* desselben. Unabhängig von der Feldposition besteht kein Phänomen für sich, sondern wird in einem interpretativen Akt in der Forschung fokussiert und durch die besondere Beobachtungsweise erst definiert. Obwohl dies bei einem reaktiven Material (z.B. Interviews) deutlich heraussticht, gilt das auch für nonreaktiv erhobenes (d.h. von ForscherInnen unbeeinflusstes) Material, das seine Merkmale aus sich heraus nur bedingt über jene Beobachtungsschemata preisgibt, die darauf angewandt werden.

Generell ergibt sich aus der Maxime der tätigen Beobachtung als Ausgangspunkt wissenschaftlicher Forschung eine Reihe von handlungspraktischen Forderungen:

- Der Forschungsprozess muss die *Variabilität der Perspektiven* reflektieren und solcherart die Möglichkeit alternativer Sichtweisen und Standorte auf Erhebungs- und Interpretationsseite schaffen. In diesem Sinne wird außerdem der Gegenstandsbereich im Forschungsprozess permanent manipuliert, um anhand der Wirkungen dieser Eingriffe die Kontexteinbindung und die jeweiligen Sinnhorizonte erschließen zu können.
- Wenn schon die Ergebnisse von der Strukturierung des Forschungsprozesses abhängen, so fordert diese Maxime, aktiv Vorkehrungen zu treffen, welche die Berücksichtigung der *Strukturierungsleistungen durch das Feld* fördern. Zwar stammen die primären Strukturierungen notwendig von den ForscherInnen (sonst könnten sie keinen Forschungsanfang finden), aber im Rahmen interpretativer Forschung sollten die Vorstrukturierungen die Möglichkeit für das Feld schaffen, diese durch sekundäre Strukturierungen zu überlagern, die in der Folge als primäre Strukturierungen in den Forschungsprozess zurückgespielt werden können. So kann man mit AkteurInnen des Feldes über mögliche Kontaktper-

sonen sprechen, wobei die Art der Vorschläge und deren Begründung die Feldstrukturierung sichtbar machen (z.B.: Wer ist warum besonders wichtig oder unwichtig? Wie werden Kompetenzverteilungen gesehen?) und zugleich Hinweise für die Forschungsorganisierung liefern.

- Um die Abwicklung der Erhebung und Interpretation in einem aufeinander abgestimmten Prozess zu ermöglichen, der diese Offenheit der Forschungsstrukturierung durch das Feld garantiert, sind bestimmte Rahmenbedingungen zu erfüllen: Für die Durchführung der Erhebung des Forschungsmaterials und den Zugang zum Forschungsfeld sind exakte Planungen völlig ungeeignet; vielmehr ist gefordert, die Vorgangsweise sensibel auf die verschiedenen Phasen der Forschungsabwicklung und die darin konkretisierten Anforderungen abzustimmen. Die Beachtung dieser Maxime lässt nur eine *Rahmenplanung* zu, die erst im Forschungsverlauf präzisiert wird und sich auf die Dynamik des Forschungsfeldes bzw. den jeweiligen Erkenntnisstand einlässt. Während der Interpretation ist insbesondere auf die Absenz von Ergebnisdruck zu achten, wobei sich die Interpretation iterativ durch Prüfen verschiedenster Interpretationsvarianten durch das Material bewegt.
- Generell ergibt sich aus dieser Maxime eine grundsätzliche *inhaltliche und methodische Flexibilität*: Weder ist es sinnvoll, vorschnell Erkenntnisse unter frühzeitig definierte Annahmen zu subsumieren, noch ist es angebracht, Methoden (auch wenn es sich um offene Verfahren handelt) unreflektiert als Standardverfahren einzusetzen.
- Die Forschung muss selbst einen für spezifische Intentionen geeigneten *Kontext* für die Rezeption schaffen, denn dieser definiert erst die Form der Anschlussfähigkeit über die konkrete Forschungsarbeit hinaus.

Der Forschungsgegenstand gibt seine Geheimnisse nicht freiwillig preis und man kann sich eben *nicht* darauf verlassen, dass man die Umwelt nur genau beobachten muss – man muss vielmehr seine eigene Handlungsweise so abstimmen, dass man dem Forschungsgegenstand möglichst viel von seinen Charakteristika entlockt. Forschung wird zur ‚kriminalistischen' Kleinarbeit, die nur sehr beschränkt im stillen Kämmerchen stattfinden kann: Der akribisch-dedektivischen Arbeit ähnlich sichern ForscherInnen Spuren (und sorgen dafür, dass diese nicht unachtsam zerstört werden), gehen auch marginalen Hinweisen nach, sprechen mit ZeitzeugInnen, befleißigen sich spezifischer Befragungsstrategien und wenden ausgefeilte Prüfverfahren an, um die Eigentümlichkeiten des gesammelten Materials zu erkunden. Die Organisation des Wissenschaftsbetriebs sorgt als übergeordnetes Prinzip für die Herstellung von Wissenschaftlichkeit, sodass im wissenschaftsbezogenen (re-)produktiven Sinn die methodologischen und methodischen Grundsätze der Seriosität des Vorgehens sichergestellt werden. Diese Standards einer Wissenschaftsgemeinschaft sichern bestimmte Kommunikations- und Handlungsmuster, welche sich in einzelnen Tätigkeiten niederschlagen. Dabei gilt für die Sozialforschung: Je sorgloser die Forschungsorganisierung stattfindet, desto schwieriger gestaltet sich die Produktion zuverlässiger Erkenntnisse. Aus diesem Grund wird im nächsten Kapitel gezeigt, wie auf Basis dieser methodologischen Ausführungen Feldforschung so organisiert werden kann, dass sie die Erkenntnisarbeit erleichtert, die innere Strukturierung des Gegenstandsbereichs ernst nimmt, zum Verlassen eingefahrener Bahnen ermuntert und vertrauenswürdige Ergebnisse verfügbar macht.

3 Organisierung interpretativer Sozialforschung

Lässt man die obigen methodologischen Vorannahmen Revue passieren, so geht daraus hervor, dass interpretative Forschung ein hohes Maß an flexibler Gegenstandsorientierung aufweist und daher *nicht im Voraus* in allen Einzelheiten planbar ist. Folglich sind auch Forschungsdesigns unbrauchbar, die von der Forschungsfrage über die Erhebung bis hin zur anschließenden Auswertung und Interpretation der Daten den Erkenntnisprozess vorweg festlegen – etwa zur Prüfung vorgefasster Annahmen oder Untersuchungen von Verteilungen im Rahmen von quantitativ orientierten Forschungsstrategien (zu solchen Vorgangsweisen siehe beispielsweise Diekmann 2008: 186ff. oder Kromrey 2006: 71ff.). Will man hingegen gesellschaftliche Phänomene in ihrer sozialen Dynamik und Logik verstehen und für Neues empfänglich sein, so muss man sich von den laufenden Ergebnissen der Untersuchung leiten lassen, weshalb sich häufig erst im Forschungsverlauf zeigt, welche Fragen überhaupt sinnvoll gestellt werden können und welche Vorgangsweise zu deren Bearbeitung zweckmäßig ist. Deshalb weiß man auch erst am Ende, auf welche Fragen eine Studie eine Antwort zu geben vermag. Das bedeutet keineswegs Beliebigkeit; vielmehr unterliegt eine solche Forschungsstrategie einem ständigen Begründungszwang bezüglich der laufend zu treffenden Entscheidungen und bedarf einer unentwegten Reflexion in Hinblick auf ihre Tragfähigkeit.

Das folgende Kapitel zeigt, wie ein genuin interpretativer Analyseprozess organisiert sein kann und welche Aspekte der Konzeption besonders zu berücksichtigen sind. Die Ausführungen sollen Hilfestellungen bei Schlüsselentscheidungen im Forschungsprozess bieten und zeigen, wie man flexibel und dennoch systematisch die Zuverlässigkeit der Ergebnisse erhöhen kann.

3.1 Zur zyklischen Organisierung der Forschungsaktivitäten

Versucht man den sozialwissenschaftlichen Forschungsprozess näher zu fassen, so lässt sich dieser als eine Verschachtelung verschiedener zyklischer Prozesse erläutern (siehe Abb. 2 und 3). Nur eine zyklische Forschungsorganisierung ermöglicht die permanente Hinterfragung des verfügbaren Wissens sowie die kritische Abstimmung und Modifikation der aus dem jeweiligen Wissensstand abgeleiteten Anforderungen an Fragestellungen und Analyseverfahren (Erhebung und Interpretation), die zu einem besseren Verständnis des Untersuchungsbereichs beitragen (vgl. Kap. 5.2). Unter zyklischer Struktur ist dabei gemeint, dass sich Wissenschaft nicht linear fortbewegt, sondern mit neuem Wissen immer wieder zu bestimmten Ausgangspunkten zurückkommt. Während also die Prozesse zirkulär angelegt sind (insofern kehren sie an den Anfang zurück), verändern sich die Inhalte in deren Verlauf (und verschieben dadurch den Ausgangspunkt thematisch). Insofern gelangen Forschungsarbeiten immer nur zu einem vorläufigen Abschluss, der dem aktuellen Stand der Wissenschaft entspricht und/oder diesen weiterführt (zumindest wäre das die Erwartung).

Gerade in den Sozialwissenschaften sind Erkenntnisse immer wieder von Neuem zu hinterfragen, weil sich im Zuge gesellschaftlichen Wandels auch soziale Phänomene verändern. So kann man nicht annehmen, dass die Erkenntnisse zur Logik von Berufswahlprozessen oder zur Dynamik geschlechtsspezifischer Ungleichheiten in den letzten 50 Jahren unverändert geblieben wären. Darüber hinaus gibt das zu einem Zeitpunkt verfügbare Wissen wichtige Hinweise, welche Theorien sich zum Verständnis eines sozialen Phänomens anbieten, wo Wissenslücken bestehen, wie mögliche Erkenntnisprobleme zu verorten sind, und es gibt Anlass für Überlegungen, auf welche Weise man diese methodisch bearbeiten könnte.

Ausgehend vom System der Wissenschaft lässt sich diese zyklische Struktur bis in die Feinregulierung der Forschung in folgende Einheiten zergliedern (siehe Abb. 2):

- *Wissenschaftszyklen* verknüpfen verschiedene Forschungsarbeiten zu einem Gesamtprozess, der das Forschungssystem antreibt. Vielfach bilden Forschungsdefizite oder Erkenntnisse aus früheren Untersuchungen einen Anlass für neue Studien, um die daraus gewonnenen Anregungen, die Verlässlichkeit früherer Arbeiten in verschiedenen Anwendungsgebieten und ihre Bedeutung oder Generalisierbarkeit für ein größeres oder ähnliches Fachgebiet näher zu erkunden oder einfach um ausgewählte Teilbereiche genauer zu erforschen. In der Folge animieren

Abb. 2: **Zyklische Organisierung im Wissenschaftsprozess**

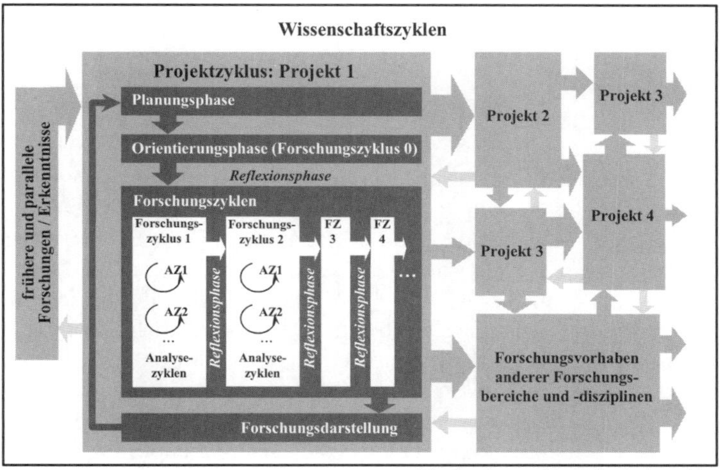

FZ = Forschungszyklus I AZ = Analysezyklus

solche Studien zu weiterführenden Überlegungen, decken blinde Flecke auf oder legen theoretische Schwachstellen offen, die einer ausführlicheren Analyse bedürfen. Somit bilden die Ergebnisse von Folgestudien selbst wiederum Anknüpfungspunkte für weitere Forschungsprojekte in ähnlichen oder in anderen Wissenschaftsdisziplinen. Umgekehrt wirken neue Erkenntnisse auf die Interpretation früherer Forschungsarbeiten zurück und lassen diese in einem neuen Licht erscheinen (in Abb. 2 ist der Prozess durch graue Pfeile dargestellt, wobei die rückwärts gewandten Pfeile heller dargestellt sind, weil sie nicht auf die Forschung selbst, sondern auf deren Einordnung in die Forschungslandschaft bzw. auf die Reinterpretation der Erkenntnisse zurückwirken). Einzelne Forschungsleistungen halten daher den Wissenschaftsprozess in Gang, indem sie neue oder schon früher bearbeitete Themen aufgreifen, überprüfen, modifizieren, erweitern, Sichtweisen verändern und sie dem jeweiligen historisch-konkreten Stand gesellschaftlicher und wissenschaftlicher Entwicklung anpassen. In diesem Prozess wird immer wieder von der Planung bis hin zur Analyse und publizistischen Einspeisung in das Wissenschaftssystems ein Prozess durchlaufen, in dem jede Forschungsarbeit als Teilzyklus (Projektzyklus) definiert ist.

- *Projektzyklen* bilden den Kernbereich wissenschaftlicher Forschungstätigkeit. In ihrem Verlauf bearbeitet man systematisch ein Thema und bringt es zu einem (vorläufigen) Abschluss. Dabei bahnt man sich auf mitunter verschlungenen und zyklischen Pfaden von der Planung bis zum Ergebnis den Weg durch den Forschungsprozess (in Abb. 2 durch die dunklen Pfeile repräsentiert; vgl. auch Abb. 3). Das auf diese Weise erlangte Wissen wird letztlich kritisch in Hinblick auf die Ausgangsposition der Forschung reflektiert. Ergebnisse des Projektzyklus beziehen sich also darauf, inwieweit die Forschungsarbeit den anfänglichen Erkenntnisstand weitergeführt, modifiziert oder vertieft hat, inwiefern die ursprünglichen Fragestellungen angemessen waren oder warum sie einer Adaption oder einer gänzlichen Umorientierung bedurften und welche Bedeutung dem erlangten Wissen für den Stand wissenschaftlicher Entwicklung in diesem Gebiet zukommt. Dadurch verknüpft der Projektzyklus die Forschungsergebnisse nicht nur mit dem Ausgangspunkt, sondern auch mit dem Stand der Forschung. Das wiederum eröffnet Anschlussoptionen für künftige Arbeiten im Rahmen der zyklischen Wissenschaftsorganisation (im Sinne der Verknüpfung von Einzelprojekten).
- *Forschungszyklen* repräsentieren die typische Form der Organisierung interpretativer Sozialforschung und bilden den Kern wissenschaftlicher Feldarbeit, indem sie den Prozess der Datenerhebung und der Analyse strukturieren. Um in diesem Prozess die Gegenstandsangemessenheit und die flexible Anpassung der methodischen Vorgangsweise an die laufend produzierten Erkenntnisse zu gewährleisten, unterteilt man die Forschungsarbeit in relativ abgeschlossene Einheiten, die jeweils mehrere Phasen der Planung, Erhebung und Interpretation (Analysezyklen) enthalten und durch *Reflexionsphasen* verbunden sind. Ein Ausgangszyklus zur Konkretisierung der Forschungsarbeit hilft bei der Organisierung des Einstiegs in das Forschungsfeld (Orientierungsphase). Danach werden immer wieder Teilschritte als einzelne, aufeinander aufbauende Forschungszyklen gesetzt,

die auf engem Raum den gesamten Forschungsprozess spiegeln (etwa Durchführung von Beobachtungen und Gesprächen und deren interpretierende Aufarbeitung in der zyklisch organisierten Hauptforschungsphase). Genauso wichtig wie diese Forschungszyklen sind die *Reflexionsphasen* zwischen diesen, welche die Funktion haben, jeweils die Erkenntnisse der vorhergehenden Schritte zusammenzufassen und kritisch auf die methodische Vorgangsweise, ihre inhaltliche Bedeutung, mögliche Lücken oder alternative Möglichkeiten zu hinterfragen. Diese umfassende Forschungskritik ist gleichzeitig der Planungsinput für den nächsten Forschungszyklus und ist im Rahmen einer prozeduralen Qualitätssicherung von besonderer Bedeutung. Auf diese Weise sind Forschungszyklen keineswegs bloße Wiederholungen zur Anhäufung von Wissen, sondern sind flexibel am jeweiligen Wissensstand des Projektes orientierte Weiterentwicklungen, in denen die interne Teamstruktur, die Feldzugänge sowie die angewandten Erhebungs- und Interpretationsverfahren variiert werden. Erst wenn sich durch weitere Variationen der Forschung keine neuen Erkenntnisse erwarten lassen und sich die bisherigen Erkenntnisse als redundant erweisen (theoretische Sättigung; vgl. Glaser/Strauss 1998: 68ff.; siehe Kap. 5.2), werden diese Forschungszyklen abgebrochen.

- *Analysezyklen* strukturieren innerhalb der Forschungszyklen den Interpretationsprozess und bilden auf der Ebene der konkreten Erhebung und Interpretation flexibel angepasste Einzelzyklen. Diese folgen jenen Richtlinien, die in der vorhergehenden Reflexions- bzw. Planungsphase festgelegt wurden, aber einer Feinabstimmung unterzogen werden. Dabei steuert die Interpretation – wie dies auch für die Forschungszyklen gilt – die Erhebung (und nicht umgekehrt). Im Zentrum eines Analysezyklus steht daher die systematische Abstimmung von einzelnen Erhebungen und Interpretationen. Zu diesen Analysezyklen zählen die Auswahl spezifischer Schwerpunkte bezüglich des zu erhebenden Materials, dessen Interpretation sowie explizite Prüfverfahren, um die Zuverlässigkeit der Erkenntnisse abzusichern.

Die folgenden Ausführungen beschäftigen sich mit den verschiedenen Phasen innerhalb eines *Projektzyklus*. Wie bereits erwähnt, bildet dieser das Zentrum jeder Forschungsarbeit und macht daher deutlich, wie sich der Prozess interpretativer Sozialforschung praktisch umsetzen lässt. Abbildung 3 zeigt dafür einen genaueren Überblick über die gesamte Forschungsorganisierung.

Abb. 3: **Der Forschungsprozess** (Froschauer/Lueger 2003: 32, geringfügig adaptiert)

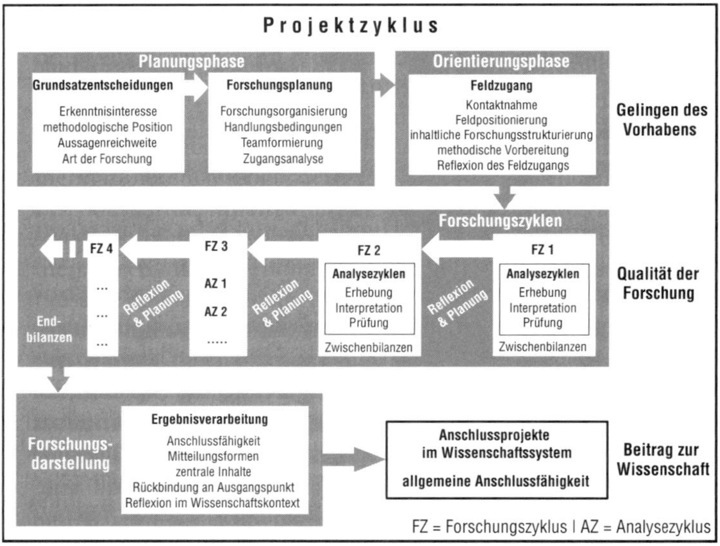

Nachfolgend werden die einzelnen Phasen des Forschungsprozesses und die dabei anfallenden Entscheidungen präzisiert und erläutert:

a) ***Planungsphase***

Diese erste Phase sorgt für die Konkretisierung des Forschungsvorhabens. Dabei erfüllt sie drei *Funktionen*: (a) Für die Forschungsumwelt thematisiert sie die Anschlussfähigkeit für die Wissenschaft bzw. die Gesellschaft (bzw. AuftraggeberInnen oder InteressentInnen), indem sie die wissenschaftliche Relevanz bzw. die Bedeutung der Klärung noch unzulänglich bearbeiteter Fragestellungen herausschält. (b) Darüber hinaus wird in dieser Phase über die Prinzipien der Forschungsarbeit entschieden, die aus dem Zusammenspiel von Erkenntnisinteresse und methodologischen Vorstellungen resultieren. (c) Letztlich sind die Erfordernisse für die praktische Durchführbarkeit einer Studie abzuwägen. Alle drei Aspekte spielen eine folgenschwere Rolle bei Projektbeschreibungen für Forschungsförderungseinrichtungen, Qualifizierungsarbeiten oder AuftraggeberInnen. Deshalb bedarf es einer für Außenstehende nachvollziehbaren Argumentation, warum eine Studie finanzierungswürdig ist, worin die Sinnhaftigkeit der Themenbearbeitung liegt und wie man an die Bewältigung des Vorhabens herangehen wird. Im Folgenden wird der Entscheidungsbedarf in zwei verschiedene Subphasen differenziert, nämlich erstens Grundsatzentscheidungen, welche die generelle Forschungsorientierung grob umreißen, und zweitens die Forschungsplanung, in der Rahmenbedingungen erarbeitet werden, die eine erfolgreiche Forschungsdurchführung ermöglichen sollen.

***Grundsatzentscheidungen*:**
Grundsatzentscheidungen betreffen die Art der Forschung, die im Rahmen eines Erkenntnisinteresses zu generierenden Forschungsprodukte und damit zusammenhängend die prinzipielle Frage der Organisierung eines Forschungsprojektes. Dabei dient der retrospektive Blick auf frühere Forschungen zur Klärung des Forschungsstandes und zur Erkundung möglicher bisheriger Forschungsdefizite, während der prospektive Blick auf die Erlangung potenzieller Erkenntnisse hilft, adäquate methodologische Entscheidungen zu treffen. Insgesamt lassen sich dabei folgende Komponenten unterscheiden:

- *Erkenntnisinteresse und methodologische Position*: Gerade die Bestimmung des Erkenntnisinteresses wird in der Literatur vielfach ignoriert, ist aber von entscheidender Bedeutung für eine interpretative Forschungsstrategie. Deshalb bedarf dieser Bereich einer etwas ausführlicheren Bestimmung: Interpretative Sozialforschung konzentriert sich auf das Verstehen der Dynamik sozialen Zusammenlebens. Dies umschließt die Logik der Sinnproduktion und des Handelns von Personen und Kollektiven in sozialen Kontexten. Dahinter steckt die Idee, jene Regeln zu verstehen, nach denen Personen handeln und die den Möglichkeitsraum ihres Handelns begrenzen und durch die Definition von Anschlussmöglichkeiten dessen konkreten sozialen Ablauf bestimmen. Diese Regeln müssen den Handelnden keineswegs bewusst sein (wie etwa Regeln des Grüßens, die wir im Alltag beherrschen, aber nicht unbedingt benennen können), sind daher nicht notwendig intentional gesteuert, aber strukturieren die konkrete Interaktion und in der Folge die Dynamik von komplexen sozialen Gebilden. In diesem Sinne wird Letzteren eine Eigendynamik unterstellt, was bedeutet, dass sie sich der Kontrolle einzelner Personen oder von Kollektiven entziehen. Der Grund liegt darin, dass Handlungen in ihren Auswirkungen (was also andere damit machen) als selbstständiger Prozess weiter existieren und in der Folge zu den Handelnden als äußere Rahmenbedingung zurückkehren. Anders ausgedrückt: Sobald eine Handlung gesetzt ist, entzieht sie sich der Kontrolle und erlangt im sozialen Gesamtzusammenhang ein Eigenleben.

Den Kern solcher Analysen bildet also das Verständnis jener Regeln, nach denen Personen und Kollektive ihre Wirklichkeit gestalten, wie sie diese mit Sinn versehen und auf welche Weise sie dadurch Ordnung in die Welt bringen und nach welcher Logik sie sich weiterentwickeln. Der Erkenntnisprozess strebt folglich weder die (Re-)Konstruktion einzelner Fakten oder subjektive Einschätzungen an, sondern hinterfragt das Beobachtete nach den *Bedingungen seiner Entfaltung* und seiner immanenten Dynamik im Rahmen eines plausiblen Sinnhorizonts. Das Ziel einer solchen Forschungsarbeit ist schließlich die Entwicklung eines theoretischen Verständnisses der untersuchten Phänomene, Handlungsbereiche oder Prozesse. Deshalb eignet sich interpretative Sozialforschung auch nicht für jeden Typus von Forschungsfrage (siehe auch Kap. 2).

Damit wird auch deutlich, was kein Ziel einer interpretativen Forschungsarbeit sein kann: nämlich reine Beschreibung, die Zusammenfassung von Beobachtungen oder Interviews, die Isolierung einzelner Phänomene oder ihre ahistorische Betrachtung. Auch spielen Häufigkeiten keine Rolle; es verhält sich vielmehr wie mit der Analyse des Radfahrens: Um zu verstehen, wie RadfahrerInnen es schaffen, nicht zu stürzen, und welche Art von Balanceproblemen beim Radfahren auftreten können (das wäre eine typische Fragestellung im Rahmen einer interpretativen Forschung), ist es nicht nötig zu wissen, wie viele RadfahrerInnen es gibt, wie viele davon Balanceprobleme haben oder ob das Gewicht mit der Häufigkeit von Balanceproblemen korreliert (das wären Fragestellungen einer quantitativen Sozialforschung). Hat man das Problem eines Radfahrers oder einer Radfahrerin verstanden, hat man zugleich das Problem aller RadfahrerInnen verstanden. Weitere Fälle braucht man, um die Tragfähigkeit der theoretischen Überlegungen zu prüfen bzw. diese zu präzisieren – aber auch hier ist die Zahl unerheblich. Entscheidend ist die sorgfältige Auswahl weiterer Fälle, die sich an potenziellen Schwachstellen der entwickelten Theorie orientiert.

Ein anderes Beispiel: Wenn man wissen will, wie man in einem Unternehmen mit Beinahe-Unfällen umgeht, spielt die Information über deren Häufigkeit eine nachrangige Rolle. Viel wichtiger hingegen ist es herauszufinden, welche Kriterien zur Definition eines solchen Ereignisses herangezogen werden (etwa was überhaupt als Beinahe-Unfall gilt), inwiefern und unter welchen Bedingungen es kommuniziert oder dokumentiert wird (oder eben nicht) und welche Handlungsweisen damit verbunden sind (etwa Sanktionen bei Nichtdokumentation, Beseitigung möglicher Unfallursachen, Demonstration von Sicherheit gegenüber anderen Institutionen); und allgemein: welcher soziale Kontext den spezifischen Umgang mit solchen Ereignissen beeinflusst, inwiefern damit verbundene Interpretationsweisen die Wahrnehmung und Handlungsweisen im Zusammenhang mit diesen formen und wie dieser Umgang auf den Kontext zurückwirkt.

Die häufig als Auslöser wissenschaftlicher Anstrengungen genannten ‚Problemlagen' sind ebenfalls nur bedingt als Ausgangspunkt einer interpretativen Forschungsarbeit geeignet, weil sie eine bereits vollzogene Bewertung von Sachverhalten (eben als ‚Problem') enthalten. Probleme haben zudem etwas Paradoxes an sich, denn ein wissenschaftliches Problem muss ein relevantes oder originelles sein, damit die daran anschließende Arbeit akzeptiert wird. Um aber relevant oder originell sein zu können, muss man zumindest eine Ahnung von ihrer Lösbarkeit haben. Damit setzen Probleme implizit bereits ihre Lösung voraus, weshalb die entsprechende Forschung kaum innovativ sein kann (vgl. Polanyi 1985: 28f., Weick 1989: 519). Aus diesem Grund ist es sinnvoller, einen Ausschnitt der Welt als vorläufigen Untersuchungsfokus grob zu umgrenzen. Dieser bildet den zentralen Anknüpfungspunkt für den Verstehensprozess, der die soziale Konstruktion von Wirklichkeit in das Zentrum der interpretativ orientierten Untersuchung stellt.

Nur wenn es gelingt, vorschnelle Festlegungen auf konkrete Fragestellungen hintanzuhalten, kann die methodologisch geforderte *Offenheit* für inhaltliche und methodische Modifikationen gewährleistet werden. Gerade deshalb ist es so wichtig, die Relevanz ‚naheliegender' Fragestellungen zu hinterfragen, um die Chance zu erhöhen, gängige Vorstellungen zu durchbrechen. Daher sind *generative Themenstellungen*, die sich mit der Frage der Konstitution von Wirklichkeit in einem sozialen Zusammenhang befassen und einen interessierenden Bereich grob abgrenzen bzw. ein Phänomen global umreißen, ohne den Inhalt zu präzisieren, für interpretative Forschungen geradezu prädestiniert. ‚Generativ' meint an dieser Stelle, dass am Beginn einer Studie nur grobe Vorannahmen über die Charakteristik eines Feldes oder eines Phänomens in einer Weise formuliert werden, dass sie zur Neugier auf Unbekanntes und alternative Sichtweisen anregen, einen breiten inhaltlichen Entwicklungsspielraum offerieren und die im Untersuchungsfeld verborgenen Relevanzen nicht prädeterminieren. Eine Präzisierung macht erst mit zunehmendem Wissen über das Erkenntnisobjekt (und das eigene Verhältnis zu diesem) Sinn.

- *Aussagenreichweite und Art der Forschung*: In dieser Phase ist es sinnvoll, sich über die angestrebte *Reichweite* der Aussagen Gedanken zu machen, wobei sich die Bandbreite erstreckt auf:

- *Dichte Beschreibungen*: Sie integrieren die Beschreibung der analysierten Phänomene in einen *kulturellen Sinnzusammenhang* (Geertz 1991). Dazu gehören etwa die kulturelle Bedeutung von Namensgebungen oder spezifischer Bauweisen von Wohnungen oder Kultstätten. Reine Deskription als ‚dünne Beschreibung' kann für interpretative Sozialforschung nur einen ersten Ansatz, aber nicht das Ergebnis bilden (ein Beispiel dafür wäre die Beschreibung von Wohngebäuden). Die Reichweite dichter Beschreibungen bezieht sich auf Phänomene in ihrem kulturellen Kontext, wobei solche Analysen den Ausgangspunkt für kulturvergleichende Studien bilden können (so würden hier die Besonderheiten von Wohngebäuden etwa mit Lebensgewohnheiten und kulturellen Orientierungen erläutert).
- *Gegenstandsorientierte Theorien*: Diese Aussagekomplexe systematisieren das Wissen in Hinblick auf einen *konkreten Untersuchungsbereich* (vgl. Glaser/Strauss 1998: 42ff.). Die theoretisierende Aufarbeitung der Interaktion zwischen Studierenden und Lehrenden an einer Universität wäre ein Fall einer solchen gegenstandsorientierten Theorie, deren Reichweite sich nur auf Phänomene bezieht, die sich innerhalb eines abgrenzbaren Kontextes (bestimmte Universität) ähneln. Diese begrenzte Generalisierbarkeit wird durch Vergleiche innerhalb des abgegrenzten Feldes erreicht (Interaktionen zwischen Lehrenden und Studierenden in Lehrveranstaltungen, bei Prüfungen, in informellen Kontexten etc.).
- *Formale Theorien*: In diesen werden konzeptionelle Bereiche sozialwissenschaftlicher Forschung mit *hohem Abstraktionsniveau und hohem Allgemeinheitsgrad* erarbeitet (vgl. Glaser/Strauss 1998: 42ff., 85ff.). Dazu gehören etwa Strukturen von Aushandlungsprozessen im Alltag oder Prozesse der Sozialisation, die über verschiedene Felder hinweg Gültigkeit beanspruchen. Dazu ist es nötig, Vergleiche zwischen unterschiedlichen materialen Feldern desselben konzeptionellen Bereichs anzustellen. In diesem Fall müssten etwa Sozialisationsprozesse in Fa-

milien, Organisationen, Peergroups oder in Schulen bzw. diese in verschiedenen Kulturen auf ihre gemeinsamen Prozessstrukturen hin analysiert werden. Gegenstandsnahe Theorien können hierfür einen wichtigen Ausgangspunkt bilden.

Darüber hinaus ist zu klären, welche *Art von Erkenntnis* man generieren möchte: Sind dies *Fallstudien*, die sich auf die verstehende Analyse der Besonderheiten im gesellschaftlichen Kontext des untersuchten Feldes beziehen, dann stehen die Entwicklungsstruktur eines Falles und die spezifischen Abgrenzungen zum Umfeld im Vordergrund. Oder sind es *Typen-(Re-)Konstruktionen*, welche einen untersuchten Fall oder die Analyse mehrerer Fälle zu einem idealisierten, von allen Abweichungen bereinigten Grundtypus verdichten, um die zentralen Eigenschaften modellhaft hervorzuheben. Im Zuge von Typen-(Re-)Konstruktionen stehen jene Eigenschaften des Falles im Zentrum der Aufmerksamkeit, die für diesen in bestimmter Hinsicht inhaltlich charakteristisch sind und seine Dynamik und Einbindung in einen Kontext ausmachen. Dafür ist aufgrund der Analyse zu bestimmen, was jeweils als Fall gilt (z.B.: Was gehört zu einer Familie? Oder: Was ist ein Fall abweichenden Verhaltens?). Auch hier steht die Bestimmung der Relevanz der Merkmale im Vordergrund, nicht ihre Häufigkeit. Folglich ist es im Rahmen interpretativer Feldforschung wenig sinnvoll, sich auf quantitative Verdichtungen (etwa gemeinsam auftretende Merkmalshäufigkeiten oder Clusteranalysen) zu konzentrieren, wie dies etwa bei Kluge (1999) im Vordergrund steht, weil damit die Besonderheiten interpretativer Analyse zugunsten der Bewältigung großer Datenmengen in den Hintergrund treten.

Fallbezogene Analysen, egal ob sie nur einen Einzelfall betrachten oder auf dieser Basis eine Typen-(Re-)Konstruktion vornehmen, ermöglichen die Erkenntnis von Neuem dadurch, dass sie analytisch nicht auf bereits Bekanntes (etwa vorgegebene Hypothesen) zurückgreifen, wie dies in der Subsumtion im Zuge von Fall- oder Typen*beschreibungen* geschieht (dabei ordnet man die identifizierten Eigenschaften einem vorweg definierten Fall oder Typus zu). Neue Erkenntnisse gewinnt man auf der Basis abduktiver Schlüsse (vgl. dazu Peirce 1991, Reichertz 2003). Im Zuge der Struktur-(Re-)Konstruktion werden über den vorliegenden Fall hinausgreifend andere Fälle bestimmt, die in einem spezifischen Milieu (als historisches, kulturelles und soziales Umfeld) grundsätzlich denkbar wären, sich aber nicht realisiert haben. Darüber hinaus legt die Fallrekonstruktion auch die Grundlage für eine weitere Verallgemeinerung, weil jeder konkrete Fall (etwa die Tätigkeiten einer Controllingabteilung) auf einer höher aggregierten Fallstrukturebene in eine allgemeinere Fallstruktur (etwa ein Unternehmen bzw. überhaupt in eine historisch-konkrete Gesellschaftsformation) eingebettet ist, über die er Erkenntnisse liefert. Fall-(Re-)Konstruktionen unterscheiden sich folglich grundsätzlich von Fallbeschreibungen, die einen konkreten Fall unter bekannte Allgemeinbegriffe subsumieren (vgl. Oevermann 2000, 2002).

***Forschungsplanung*:**
Sie dient der Herstellung von *Lernpotenzialen* und günstiger Rahmenbedingungen, um Lernchancen möglichst intensiv nutzen zu können. Als fiktives Probierstadium unterstützt sie die kognitive Strukturierung einer perspektivischen Wahrnehmungsorganisierung in der Forschung. Dabei ist zu überlegen, aus welchen (feldinternen oder -externen) Blickwinkeln ein Forschungsgegenstand betrachtet werden kann, welche Folgen sich aus bestimmten Zugängen in das Forschungsfeld ergeben könnten (etwa Blockierung der Forschung, einseitige Vereinnahmung, selektive Zugänge), wie man die eigene Arbeit in Hinblick auf die Anforderungen der Untersuchung organisieren könnte. Im Zuge dieser Phase sollte man vier richtungsweisende Entscheidungen berücksichtigen:

- *Forschungsorganisierung*: Erstens müssen die strukturellen und organisatorischen Voraussetzungen geschaffen werden, um ein Projekt sinnvoll realisieren zu können. Dazu gehören jedenfalls die zeitliche Strukturierung (etwa wie viel Zeit verfügbar ist und wann die Studie durchgeführt werden kann), die finanzielle Ausstattung (Sachmittel und personelle Ressourcen) oder die Verfügbarkeit von Kompetenzen (welche Spezialisierungen werden benötigt). Und auch institutionelle Karrieren können in die Forschungsarbeit hineinwirken, wenn beispielsweise eine Publikation vorgesehen ist oder mögliche negative Auswirkungen auf die Forschungsreputation befürchtet werden. Im Hintergrund steht immer die Frage, unter welchen Bedingungen die Forschung auf seriöser Basis durchführbar ist.

- *Handlungsbedingungen*: Der Forschungsanlass selbst ist in diesem Zusammenhang durchaus bedeutsam. So sollte man sich Klarheit über potenzielle Abhängigkeiten schaffen, welche den Erkenntnisraum eventuell begrenzen. GutachterInnen orientieren sich an unterschiedlichen Forschungsstandards, die nicht notwendigerweise mit interpretativer Sozialforschung kompatibel sein müssen (z.B. Anforderungen an die Repräsentativität einer Stichprobe). Mitunter droht bei einer Anpassung des Forschungsdesigns an deren Erwartungen das Problem, die Anforderungen an eine seriöse Forschung zu unterlaufen (weil etwa die Datenmenge eine tief greifende Analyse verhindert, der Forschungsfokus im Sinne der Prüfung vorgefasster Annahmen unzulässig verengt wird). Auftragsforschung wiederum orientiert sich an spezifischen Problemlagen, wie etwa die Untersuchung eines bestimmten Phänomens, um bessere Steuerungsmöglichkeiten zu erhalten. Damit droht die Gefahr einer einseitigen Vereinnahmung bzw. Instrumentalisierung der Forschung, wenn man sich nicht am Beginn einen entsprechenden Freiraum sichert. Aktionsforschung hingegen steht unter konkretem Handlungsdruck, der von vielen (möglicherweise rivalisierenden) Interessengruppen ausgeübt werden kann. Entscheidend ist auch hier, wie der erforderliche Handlungsfreiraum abgesichert werden kann.
- *Teamformierung*: Teamarbeit ist einer der wichtigsten Aspekte zur Hebung der Qualität und Verlässlichkeit interpretativer Feldforschung (zur Teamforschung siehe Erickson/Stull 1998). Die Vorteile sind nicht zu übersehen: Ein (heterogenes) Team erweitert die individuellen Kompetenzen, was

insbesondere in hochdifferenzierten Feldern oder im Fall restriktiver Zugänge wichtig ist. Solche Zugangsgrenzen finden sich etwa in Feldern mit hochselektiven Eintrittsregeln (wie Gefängnissen oder Frauen- bzw. Männergruppen), die entweder die Überwindung institutioneller bzw. behördlicher Barrieren erfordern oder schlicht bestimmte persönliche Merkmale voraussetzen. Die Teamzusammensetzung kann die Arbeit nachhaltig erleichtern, sofern die Andockmöglichkeiten an die fokussierten Untersuchungsbereiche berücksichtigt werden: So könnte es in Gemeindestudien sinnvoll sein, das Forschungsteam möglichst nach Alter, Geschlecht oder anderen sozial relevanten Merkmalen zu mischen. Dazu kommt die Möglichkeit, parallel verschiedene Zugänge zu erschließen, was die Annäherung an den Untersuchungsgegenstand von verschiedenen Seiten gewährt.

Ebenso schafft das Team die Voraussetzungen für vielfältige Vorkehrungen, um die *interne Komplexität* sowohl bezüglich inhaltlicher Voraussetzungen (etwa die Berücksichtigung verschiedener Disziplinen) als auch in Hinblick auf spezifische methodische Kompetenzen (z.B. methodische Spezialisierungen oder außergewöhnliche Kenntnisse) zu *steigern*. Dies fördert einerseits die Sensibilität und Wahrnehmungsbreite, andererseits erhöht sich das interne kritische Potenzial, weil heterogene Sichtweisen den internen Legitimationsbedarf von Auslegungen verstärken. Dabei ist es weder notwendig noch sinnvoll, dass alle Teammitglieder in gleicher Weise im Forschungsprozess tätig sind, sondern nur eine durchdachte Teamstruktur macht das kreative Potenzial einer Forschungsgruppe realisierbar: Ein Teammitglied, das analytisch hervorragend mit Material umgehen kann, aber Schwierigkeiten in der Herstellung von Kontakten hat, braucht man nicht in das Feld zwingen, wie auch kontaktfreudige SozialforscherInnen mit wenig analytischer Ausdauer sich nicht notwendig tagelang mit spitzfindigen Protokollinterpretationen abquälen müssen.

Eine elaborierte Form der internen Differenzierung gibt sogar die Chance zur verstärkten internen Kontrolle und Reflexion der Arbeit, indem Teammitglieder wechselseitig

Supervisionsfunktionen übernehmen können. Generell ist jedoch zu beachten: Je mehr Material aktiv generiert werden muss und je intensiver der Feldkontakt ist, desto höher sind die Ansprüche an die *sozialen Kompetenzen* und die verfügbare Erfahrung mit Feldarbeit. Nicht zu vernachlässigen sind gruppendynamische Effekte (vgl. Neidhardt 1983, Levi 2001, Antons u.a. 2001), welche den Teammitgliedern ein hohes Maß an professioneller Kooperation abverlangen, um nicht permanent in Grundsatzdiskussionen zu versinken.
Falls die Arbeit nicht im Team erfolgen kann, so ist zumindest auf *externe Reflexionsunterstützung* zu achten: Dies können KollegInnen sein, die in Krisenphasen oder bei Schwierigkeiten im Forschungsprozess fachlichen, strategischen und emotionalen Beistand geben oder generell zur kritischen Reflexion anregen. Im Mindestfall hilft es schon, mit anderen Personen über die Arbeit zu sprechen, weil vielfach durch die eigene Erzählung neue Einfälle generiert werden oder argumentative Lücken auffallen. Auch Laien (deren Sicht nicht von den spezifischen blinden Flecken der Wissenschaft getrübt ist) bringen vielfach interessante Ideen ein, auf die man selbst nicht kommen würde, weil man schon zu sehr auf eine Interpretation fixiert ist.

- *Zugangsanalyse*: Generell ist eine Analyse möglicher Kontaktnahmen notwendig, welche hilft, jene Anforderungen zu bestimmen, die sich aus der vermuteten groben Charakteristik des Untersuchungsfeldes ergeben. Wolff (2000) betont den Prozesscharakter des Feldzugangs, weil es sich nicht um einen einmaligen Kontakt handelt, bei dem man plötzlich eine fixe Grenze überschreitet, sondern man verschiedenste Personen des untersuchten Feldes zur Mitwirkung bewegen soll und sich dafür selbst so positionieren muss, dass eine seriöse Forschungsdurchführung möglich wird. Auf diese Weise ist erst einmal zu klären, wodurch sich ein ausgewähltes Feld abgrenzt und welche Handlungsweisen zu erwarten sind. Diese erste Analyse aus einer Außenperspektive soll helfen, sich über die *eigenen* Erwartungen und Vorannahmen Klarheit zu verschaffen, und zudem Möglichkeiten der ersten Orientierungsphase ausloten, weil gerade in selektiven

Feldern die ersten Schritte im Feld weitere Tore öffnen oder verschließen können. Selbst bei unproblematischen Feldern ist es sinnvoll, die soziale Zusammensetzung, die Zeitstruktur und mögliche methodische Zugangsweisen in Hinblick auf die Eröffnung eines *maximalen Spielraumes* zu explorieren, um sich möglichst wenig Forschungsoptionen zu zerstören. Wählt man etwa die Form einer verdeckten Beobachtung, so könnte diese Rolle (abgesehen von mitunter gravierenden forschungsethischen Bedenken) es verhindern, bestimmte Materialien zu erheben, wenn diese nicht mit der eingenommenen verdeckten Rolle kompatibel sind. Dazu kommt die Gefahr der Aufdeckung, welche in vielen Fällen den Aufbau eines Vertrauensverhältnisses verhindert oder ein bestehendes empfindlich stört. Aus diesen Gründen ist eine verdeckte Beobachtung nur in *Ausnahmefällen* sinnvoll und forschungsethisch vertretbar.

b) Orientierungsphase

Während die Planungsphase die Funktion hat, die organisatorischen Rahmenbedingungen hinsichtlich eines angestrebten Erkenntnisinteresses zu formieren, bildet die Orientierungsphase den ersten Schritt zur *Realisierung* des Vorhabens. Dazu gehören die Kontaktaufnahme mit relevanten AkteurInnen, eine erste Positionierung im Untersuchungsfeld, Erhebungen und Interpretationen zur groben Sondierung der Struktur des Feldes sowie die Erprobung der methodischen Vorgangsweise. Im Zentrum steht der Aufbau tragfähiger Beziehungen zum Untersuchungsfeld, um eine Basis für eine erfolgreiche Kooperation zwischen Forschung und Untersuchungsbereich in der anschließenden Hauptforschungsphase zu schaffen.

In vielen Fällen ist dies auch eine Testphase für die Abstimmung und Normalisierung der *internen* Arbeitsbeziehungen im Forschungsteam unter den Bedingungen konkreter Forschungsaktivitäten (etwa die Entwicklung gemeinsamer Sichtweisen, die Koordinierung der Aktivitäten gegenüber dem Untersuchungsfeld, die Erfahrung gemeinsamer Interpretation, die Bewältigung von internen Konflikten). *Teamorganisatorisch* muss darüber hinaus der Auftritt gegenüber dem Feld gestaltet werden, um nicht unbeabsichtigt durch widersprüchliche oder doppelgleisige Darstellungen den Beziehungsaufbau zu torpedieren. In heiklen Feldern (etwa im Fall von Zugangsrestriktionen) und im Fall von teilnehmender Beobachtung (Lueger 2010) ist die Aufnahme erster Beziehungen besonders folgenreich, weil sie vielfach den Rahmen für Kontaktmöglichkeiten absteckt und spezifische Zuschreibungen auslöst. All dies kann den Zugang zu Kontaktstellen oder -personen verändern und somit die weitere Vorgangsweise nachhaltig beeinflussen. In manchen Feldern ist daher auch das für die ForscherInnen verbundene Risiko auszuloten und zu begrenzen (etwa die Analyse krimineller Vereinigungen; zur Forschung in gefährlichen Feldern vgl. Wolf 1991, Lee 1995, Tourigny 2004).

- *Kontaktnahme*: Der Feldzugang bringt es in der Regel mit sich, den zu beobachtenden oder zu befragenden Menschen etwas über sich und seine Aktivitäten zu erzählen. Selbst im Fall einer verdeckten Beobachtung muss die eigene *Anwesenheit* plausibel erklärt werden können (oder zumindest plausibel erscheinen). Generell ist dies die Frage der Selbstdarstellung bzw. der Forschungspräsentation, die nicht nur den Menschen die Forschungsmotive erläutern soll, sondern auch Erwartungen an das Feld bzw. mögliche Konsequenzen für dieses vermittelt. Eine erfolgreiche Präsentation kann den Informationsfluss deutlich erhöhen und Zugänge zu eher verborgenen Bereichen erleichtern, sofern ein entsprechendes Vertrauensverhältnis aufgebaut werden kann. Dabei ist nicht sosehr die Ausführlichkeit der Darstellung wichtig, sondern deren *Plausibilität*. In einem überaus lesenswerten Buch aus der frühen Zeit soziologischer Feldforschung, „Die Street Corner Society“ (Whyte 1996; das Buch erschien 1943, wurde als Dissertation an der soziologischen Fakultät der Universität von Chicago vorgelegt und gilt heute als ein Klassiker der Feldforschung), beschreibt William F. Whyte, dass sich als plausibelster Grund zur Erklärung seiner forschenden Anwesenheit die Angabe herausstellte, ein Buch zu schreiben. Dass Erklärungsprobleme manchmal auch nur Probleme von ForscherInnen sein können, zeigen Erfahrungen aus ethnologischen Studien: Menschen in entlegenen

Gebieten sind nicht unbedingt am Forschungsinteresse von EthnologInnen oder deren Reisegründen interessiert (weil ihnen irgendwelche Forschungsnormen ohnehin abstrus erscheinen), aber sie möchten mitunter etwas über die ferne Welt erfahren. Und Reisende (wie EthnologInnen) sind diesbezüglich hervorragende InformantInnen (vgl. Fischer 1985b: 45f.).

In vielen Fällen gewähren erst *Kontaktpersonen* oder Kontaktgruppen Einlass in das Feld (vgl. Bailey 1996, Burgess 1991): Dies können amtliche Stellen oder Schnittstellen des Feldes nach außen sein, die als Gatekeeper fungieren; es können auch Schlüsselpersonen im Feld sein, die zentrale Rollen einnehmen und Kontakte zu anderen erst ermöglichen oder zumindest erleichtern. Ein berühmter Fall ist Doc, der Whyte in der oben genannten Studie zur Street Corner Society nach mehreren fehlgeschlagenen Versuchen den Zugang zu den Corner Boys ermöglichte (Whyte 1996). Zur Bedeutung solcher Schlüsselpersonen meint Blumer: "One should sedulously seek participants in the sphere of life who are acute observers and who are well informed. One such person is worth a hundred other observers who are merely unobservant participants." (Blumer 1969: 41) Allerdings ist Vorsicht geboten: Solche BeobachterInnen erklären die Welt aus ihrem je spezifisch-selektiven Blickwinkel und orientieren sich möglicherweise an den von ihnen unterstellten Erwartungen der ForscherInnen. Deshalb dürfen diese Informationen, so plausibel und brillant sie sein mögen, *nicht* ungeprüft als ‚gültige Versionen' der Weltsicht übernommen werden, sondern müssen – wie alle anderen Informationen und Daten – einer Interpretation unterzogen werden. Es ist daher empfehlenswert, sich ethnologische Berichte über Erstkontakte zu Gemüte zu führen, weil sich die Frage der Kontaktwahl in vielen Fällen auf die Frage reduziert, mit wem man überhaupt Kontakt aufnehmen kann (aus sprachlichen oder sozialen Gründen; vgl. Fischer 1985b).

Manchmal fungieren institutionelle Zugänge (z.B. Unternehmensvorstand, eine vorgesetzte Behörde) als eine Art Prüfstelle der Vertrauenswürdigkeit von ForscherInnen. Solche

Einstiegsoptionen müssen – sofern sich Wahlmöglichkeiten ergeben – besonders überlegt erschlossen werden, weil beispielsweise Ablehnungen von amtlichen Stellen möglicherweise auch alternative Zutritte weitgehend versperren und eine Gegnerschaft mit Schlüsselpersonen die Arbeit massiv behindern kann. Darüber hinaus muss man damit rechnen, dass sich die Beziehung zu den Zugangsstellen auf die Arbeit im Feld übertragen kann und dies die Forschungsperspektive möglicherweise einseitig verzerrt. Nicht zuletzt besteht die Gefahr, in *Abhängigkeit* vom Wohlwollen solcher Stellen zu geraten und von diesen eventuell gleichzeitig instrumentalisiert, unterstützt und behindert zu werden (vgl. Fischer 1985b: 39f.; siehe auch Girtler 1988: 68f. über seine Erfahrungen mit Missionaren und Kolonialbeamten). Aufgrund der Kombination forschungsseitiger Auswahlstrategien und der spezifischen Außenkontakte seitens des Feldes hat man es bei Gatekeepern bisweilen mit einer starken Ähnlichkeit zur eigenen Kultur oder zur eigenen Tätigkeit zu tun, weshalb auch hier Vorsicht geboten ist: Wie EthnologInnen früher gerne ihre Kontakte über Missionsstellen organisierten, so organisieren ForscherInnen mitunter ihre Einführung in das Feld über Bekanntschaften oder Personen mit einem Naheverhältnis zur eigenen Institution oder auf einem ähnlichen sozialen Level (vgl. Bailey 1996: 49ff.).

Und noch etwas muss man berücksichtigen: Nicht immer entscheidet die Forschung über die Auswahl von InformantInnen (die ja auch zur Kooperation bereit sein müssen) – häufig sind es auch AkteurInnen des Feldes, die sich eigeninitiativ als InformantInnen anbieten oder Interesse an einer Forschung in ihrem Feld haben. Die Arbeit mit Schlüsselpersonen und InformantInnen gestaltet sich daher als komplexer sozialer Brückenschlag zwischen Insidern und Outsidern, der eines reflexiven Verständnisses der wechselseitigen Interaktionen bedarf (Davies 1999: 78ff.).

Generell ist zu entscheiden, mit welchen Vor- und Nachteilen ein konkreter Zugang verbunden ist und wie man den Forschungsprozess organisiert, um diese Effekte halbwegs kontrollierbar zu machen. Leider lässt sich die im

Zuge dessen ausgelöste Dynamik kaum prognostizieren und man findet keine eindeutigen oder besten Lösungen. Gerade deshalb ist es für eine wissenschaftlich konsequente Vorgangsweise unerlässlich, über den Zugang *wohlüberlegt* zu entscheiden, um mögliche oder wahrscheinliche Effekte, Vorzüge oder Nachteile zumindest grob abschätzen zu können. Nicht zu vergessen ist, dass auch die Reaktion auf einen ‚missglückten' Zutrittsversuch immer Informationen über die Umweltabgrenzung und die internen Prozesse verfügbar macht (wenn sich etwa die eigenen Vorüberlegungen als inadäquat erwiesen haben). Wenig hilft dies jedoch, wenn man sich dadurch in sensiblen Bereichen die weitere Arbeit verbaut, wie etwa Dostal (1985: 70f.) über seine misslungenen Zugangsversuche zu arabischen Stammesgesellschaften berichtet: Er versuchte in einem Fall den ersten Kontakt vom Regierungssitz eines Landes aus herzustellen, ohne zu wissen, dass sich die Regierung gerade in einer kriegerischen Auseinandersetzung mit dem angepeilten Stammesgebiet befand. Die Wahl eines Einganges zum Feld bemisst sich also *nicht* an der Mühelosigkeit eines sofortigen Kontaktes, sondern am *Handlungsspielraum*, den ein Zugang für die weitere Arbeit verschafft. Daher bedarf es auch entsprechender Vorerkundungen über mögliche Folgen der Kontaktaufnahme.

- *Feldpositionierung*: In diesem Zusammenhang ist zu klären, in welcher *Rolle* man in das Feld einsteigen kann und in welcher Rolle man sich im Feld bewegt. Hier wird auch der Beziehungscharakter von Beobachtung unmittelbar spürbar, weil genau diese Positionierung von nicht kalkulierbaren Zurechnungen begleitet ist und den Handlungsspielraum deutlich verändern kann (siehe etwa Forsey 2004). Die Literatur ist voll von solchen typischen Feldrollen (Adler/Adler 1987), die häufig auf einem Kontinuum zwischen einer Nichtteilnahme und einer vollständigen Mitgliedschaft unter Mitwirkung an zentralen Aktivitäten des Untersuchungsfeldes liegen:
  - Die einfachste Version einer *nichtteilnehmenden Beobachtung* geht von einer vollständigen Distanz zum For-

schungsfeld aus. Diese Form der Beobachtung wäre etwa in einem öffentlich zugänglichen Bereich (wie einem Bahnhof) möglich und erfordert ein möglichst unauffälliges Verhalten, wobei man sich nicht an den Interaktionen im Feld beteiligt. Damit dies funktioniert, sollte die Anwesenheit plausibel erklärt werden können (damit man nicht vom Sicherheitspersonal des Bahnhofs als potenzieller Taschendieb zur Rede gestellt wird), weil sich kaum jemand offenbar grundlos über lange Zeit an einem solchen Ort aufhält.

- Im Fall einer *peripheren* Mitgliedschaft wahren ForscherInnen eine neutrale Distanz zum Feld, übernehmen keine zentralen Funktionen, partizipieren bewusst nicht an bestimmten Aktivitäten (etwa illegalen oder sexuellen) oder erhalten aufgrund spezifischer persönlicher Charakteristika (z.B. Geschlecht, Alter, Rasse oder Religionszugehörigkeit) keinen engeren Zutritt. Aus diesem Grund bleiben sie randständige und eher passive AkteurInnen im Forschungsfeld, die sich von der Dynamik treiben lassen, um aus dieser frei flottierenden Position möglichst vielfältige Aktivitäten zu beobachten.
- Eine *aktive* Mitgliedschaft verlangt von BeobachterInnen eine zentrale Positionierung und die Teilnahme an Schlüsselaktivitäten des Feldes. Indem sie sich als Personen stärker einbringen, haben sie die Möglichkeit, das Vertrauen der Menschen in höherem Maße als im Fall einer randständigen Teilnahme zu erringen. Um den bisweilen starken Zug in Richtung einer vollständigen Mitgliedschaft zu entrinnen, können mehrere Reflexionsmöglichkeiten praktiziert werden (Adler/Adler 1987: 51f.): (a) ein periodischer Rückzug, der immer wieder Distanz herstellt; (b) die kritische Analyse der Analyseperspektive mit Außenstehenden (etwa im Sinne einer Supervision); (c) die Betrachtung der Beobachtung als zeitlich begrenzt, wobei der zentrale Lebensfokus nicht im Feld gesehen wird; (d) die Wahl einer offenen Vorgangsweise, welche vor einer Überinvolviertheit schützen kann.

- Die *vollständige* Mitgliedschaft fordert eine umfassende Partizipation an den Aktivitäten der Menschen im Untersuchungsfeld, um sich der lebensweltlichen Perspektive der AkteurInnen maximal anzunähern. Hier wird der Prozess des ‚going native', nämlich die sukzessive Übernahme der Perspektive des Feldes, zum forschungsleitenden und positiv bewerteten Prinzip, welches jede Distanz zum Feld meidet. Diese vollständige Mitgliedschaft ist auch gegeben, wenn man Teammitglieder aus dem Untersuchungsfeld rekrutiert. Zu berücksichtigen ist hierbei, dass aufgrund der Heterogenität des Feldes gerade bei einer vollständigen Mitgliedschaft Rollenzuordnungen erfolgen, die den Aktivitätsspielraum nachhaltig begrenzen. Aufgrund dieser eindeutigen Positionierung ist eine vollständige Mitgliedschaft daher nicht mit einem umfassenden Zugang zu verwechseln.

In all den angeführten Fällen ist es nötig, sich zumindest partiell in das untersuchte Feld zu integrieren (im Fall der nichtteilnehmenden Beobachtung sollte zumindest die Anwesenheit plausibel erscheinen). Dies betrifft nicht nur die Einnahme einer bestimmten Rolle, sondern auch den Erwerb von Anstandsregeln oder der Sprache, wobei Letzteres auch für Untersuchungsgegenstände des eigenen Kulturraumes der ForscherInnen gilt: Die spezifische Terminologie von Obdachlosen oder von Krankenhauspersonal ist solcherart ein wichtiger Teil eines untersuchten Milieus und der darin vorfindlichen Sichtweisen. Den Übersetzungsleistungen von DolmetscherInnen ausgeliefert zu sein bedeutet, ein breites Spektrum an potenzieller Information nicht verfügbar zu haben und permanent mit den Transformationsregeln der sprachlichen, kulturellen sowie situativen Übertragung kämpfen zu müssen. Die oben genannte formale Unterscheidung zwischen den Mitgliedschaften kennzeichnet nur unzureichend die Komplexität der tatsächlichen Einbindung in das Forschungsfeld, weil dieses immer einen Balanceakt zwischen Nähe und Distanz, zwischen Engagement und Neutralität oder einfach als Frage des Hineinversetzens in die Rolle der Handelnden darstellt (siehe auch die Beiträge in Weigand/Hess 2007).

Darüber hinaus sollte bei der Teamorganisierung die interne Struktur des Forschungsteams berücksichtigt werden: Beispielsweise könnten sich Teammitglieder im Feld verschieden positionieren oder sich in zwei Gruppen aufspalten (ein Teil übernimmt die Analyse aus der Akteursperspektive, der andere aus einer feldunabhängigen Perspektive; oder: ein Teil nimmt an der Felderhebung teil, der andere analysiert das Material aus der Distanz). Zur Reflexion der eigenen Position im Forschungsfeld ist die Inanspruchnahme einer *Supervision* mitunter sinnvoll (besonders im Fall einer vollständigen Mitgliedschaft).

- *Inhaltliche Forschungsstrukturierung*: Neben dem Zugang in das Forschungsfeld sind die inhaltliche Vorstrukturierung des Gegenstandsbereiches und in weiterer Folge die erste Überprüfung der Angemessenheit der ursprünglichen Forschungsfrage die wichtigsten Funktionen der Orientierungsphase. In diesem Sinne können sich die ersten Analysen auf eine Reihe verschiedener Aspekte beziehen:
  - Einen Schwerpunkt bildet die Reflexion der *Resonanz der AkteurInnen* im Feld auf die Forschungsarbeit. Die im Rahmen der Forschung durchgeführten Aktivitäten lösen verschiedenste Reaktionsweisen der FeldakteurInnen aus (etwa Bedeutungszuschreibungen, miteinander über die Forschung reden, Erhebungen boykottieren), die zumeist als Formen des Umganges mit einer spezifischen Umwelt seitens einzelner AkteurInnen oder eines ganzen Handlungsfeldes gewertet werden können. Bereits ohne ‚offizielle' Erhebungen (wie Interviews) ergeben diese Reaktionsweisen eine Fülle von Informationen darüber, wie ein Feld agiert und wie es mit bestimmten Anforderungsstrukturen umgeht. Beispielsweise beschreiben Lau und Wolff (1983), wie Dienstleistungseinrichtungen der Sozialverwaltung ihre Verständigungs- und Kooperationsprozesse so strukturieren, dass sie die Forschungsaktivität in eine verwaltete Forschung verwandeln und dadurch für sie handhabbar machen. Indem sie im Zuge dessen typische Elemente des alltäglichen Umganges mit ihrer Umwelt auf die Forschung übertragen, machen sie

ihre eigenen Strukturierungsaktivitäten sichtbar. Aus diesem Grunde sollten Erfahrungen mit dem Feldzugang und die damit verbundenen Handlungsweisen genau dokumentiert und in Hinblick auf den Forschungsgegenstand untersucht werden.

- Als Gegenstück dazu sind die spezifischen *Handlungsweisen der ForscherInnen* zu reflektieren und auf ihre Bedeutung für den spezifischen Phänomenbereich zu untersuchen. Dies ist notwendig, wenn man sich einer dialektischen Sichtweise befleißigt, die annimmt, dass die Beobachtung nicht nur eine Frage des Beobachteten ist, sondern dass die BeobachterInnen selbst einen wesentlichen Beitrag zur Konstituierung des Beobachtungsgegenstandes leisten und diesen auch aktiv verändern. Mitunter setzen ForscherInnen Aktivitätsschwerpunkte, ohne sich über die Bedeutung ihrer eigenen Handlungsweise bewusst zu sein. Gute Video- oder Tondokumentationen von Forschungsaktivitäten sind zur Selbstreflexion hervorragend geeignet, besonders wenn sie auch die Aktivitäten der ForscherInnen erfassen: Deren Analyse macht vielfach die Beziehungsdynamik im Feld ersichtlich und lässt mögliche blinde Flecken oder Tabuisierungen, vermeintliche Rücksichtnahmen oder Rücksichtslosigkeiten erkennen. Eine sorgfältige Analyse kann hier über Faktoren Aufschluss geben, die etwa das bevorzugte Aufsuchen oder die Vermeidung bestimmter Handlungsfelder, die selektive Etablierung bzw. Störung von Beziehungsstrukturen oder gar die Entwicklung besonderer Sympathien oder Antipathien fördern (dazu gehört etwa die Vermeidung eines Kontaktes zu mächtigen Personen, die dazu neigen, andere für die eigenen Zwecke zu instrumentalisieren; oder umgekehrt die Suche nach einer Koalition mit mächtigen Personen, um die eigene Vorgangsweise abzusichern). Fatalerweise bleiben im Alltag der Feldarbeit viele Beweggründe sozialen Handelns dem Bewusstsein verborgen, reichen in die Kindheit der ForscherInnen zurück, sind mit Ängsten und Konflikten verbunden (Hunt 1989, Adler/Adler 1987, Devereux

1984) oder sind mit dem Wertesystem der eigenen Kultur erklärbar. Gerade hier kann eine differenzierte Analyse durch verschiedene ForscherInnen dieses Aufeinandertreffen sozialer Rollen und kultureller Symbole zum Forschungshandeln distanziert und damit zumindest partiell offenlegen. Das macht es leichter, Gegenstandsspezifisches von jenen Aspekten zu unterscheiden, die die Forschung in das Untersuchungsfeld hineinträgt. In diesem Sinne bringt Sozialforschung immer auch ein Stück *Selbsterkenntnis* mit sich.

- Ein weiterer Teil der Analyse in der Orientierungsphase bezieht sich auf die *Definitionsmerkmale* und *externen Abgrenzungskriterien* des untersuchten Phänomenbereichs. Hier taucht erstmals die Frage auf, womit man es aus der Perspektive des Feldes überhaupt zu tun hat und was die Besonderheit des untersuchten Phänomens ausmacht. Diese Frage ist immer zu behandeln, egal ob die Analyse den Gebrauch von Alltagsgegenständen (z.B. die Studie über die Sozialgeschichte der Körperhygiene von Vigarello 1992), Tischgespräche (etwa die Analysen von Keppler 1994) oder die Subkultur städtischer Straßenkrimineller (z.B. Fleisher 1995) in den Vordergrund stellt. Diese erste analytische Konfrontation mit dem Bedeutungshorizont erkundet den Gegenstandsbereich aus seinem unmittelbar zugänglichen Kontext heraus.
- Ein zusätzlicher, mit der Außenabgrenzung eng verschmolzener Analysebereich sind die Formen *interner Differenzierungen* und Beziehungen sowie die damit verbundenen Handlungstypen. Eine wichtige Beobachtungskategorie ist daher, was alles zu einem Phänomen gehören könnte, das nach obigen Kriterien abgegrenzt wurde. Die Analyse von Restaurants könnte etwa Aktivitäten wie Kochen, Bestellen, Servieren, Gästeaktivitäten, Bezahlen oder Aufräumen umfassen, aber auch Marketingaktivitäten im Außenbereich einbeziehen. Grenzen sind keineswegs nur felddeterminiert, sondern ebenso von der jeweiligen Beobachtungsperspektive abhängig: Ob etwa die Lieferketten eines Automobilkonzerns zur Organisa-

tion zählen oder als externe Beziehungen definiert werden, hängt unter anderem davon ab, inwiefern man eine Eigenständigkeit von Zulieferbetrieben unterstellt, oder ob man dieses Phänomen als einen zentralen Managementbereich definiert, der die Integration in einen Gesamtzusammenhang von Produktionskooperationen vornimmt. Diese Fokussierung verschiedener Ausschnitte zentriert die Erhebung und Interpretation auf die Struktur des Phänomenbereichs, macht diese als Relationsstruktur fassbar und thematisiert dadurch die Frage der Identitätsformierung des Gesamtphänomens. Solche Grenzziehungen sind letztlich Forschungsinterpretationen, die im Material zu begründen sind.

- Im Anschluss daran sind die Vielfalt von Bedeutungsmöglichkeiten und die Vielfalt der *Perspektiven* zu recherchieren, die sich mit einem Phänomen verbinden. So können beispielsweise einige Mitglieder der Marketingabteilung eines Unternehmens deren Organisierung als undurchschaubares Chaos beschreiben, andere wiederum als elaborierte Form flexibler und effizienter Arbeitsgestaltung. Je nach Perspektive gilt dann die Abteilungsleitung entweder als hoffnungslos inkompetent oder strategisch besonders geschickt. In diesem Fall sind daher die Wahrnehmungs- und Handlungsorientierungen der verschiedenen AkteurInnen (etwa ihre differenzierten Interessenlagen, milieuspezifischen Hintergründe oder alltäglichen Handlungsbedingungen) genauer zu untersuchen. Die Erforschung der Vielfalt der Perspektiven als analytische Schlüsselstelle orientiert sich dabei nicht an der Zahl der AkteurInnen, sondern an der internen Struktur der aktiv involvierten, passiv betroffenen oder auch nur interessierten AkteurInnen in ihren jeweiligen eigenen Aktivitätsbereichen. Nur ein Überblick über die Struktur impliziter und expliziter Sinnstrukturkonvergenzen oder -divergenzen gibt die Chance, Phänomenbereiche gezielt in ihrer Bewegungsdynamik und ihrem Optionenspielraum analysieren zu können.

- Im Laufe dieser Differenzierungsarbeit stellt sich die Frage der *Sinneinbettung* all dieser verschiedenen Teilaspekte, woraus sich Spekulationen in zwei Richtungen ergeben: (a) hinsichtlich der Relevanzstruktur der untersuchten Thematik; und (b) hinsichtlich der Kontextbedingungen, die einem Phänomen konkreten Sinn verleihen. In beiden Fällen ist zu prüfen, welche analytischen Ansatzpunkte sich anbieten und welche Milieubedingungen und lebensweltlichen Sichtweisen eine besondere Rolle spielen.
- Neben der Sondierung der Ansatzpunkte für das Studium der sozialen Struktur ist auch eine grobe *zeitliche Verankerung* vorzunehmen. Dies erfordert die Erkundung der spezifischen Konstitution von Zeitlichkeit als Form sozialer Ordnung. Diese Untersuchung soll es ermöglichen, später gezielt auf Besonderheiten zeitlicher Bezugnahmen (etwa die Relevanz von Vergangenheit für die Herstellung von Erwartbarkeit oder die Legitimierung von Handlungsweisen) oder für das Feld typische Rhythmen eingehen zu können und dadurch wichtige Abschnitte der Phänomengenese in den Blick zu bekommen. Dies setzt eine zeitlich breite erste Variation in der Analyse bzw. die Berücksichtigung dieses Aspektes in Erkundungsgesprächen voraus, um die nachfolgenden Haupterhebungen an diese Zeitlichkeit anpassen zu können.

Generell muss diese Phase das ursprüngliche wissenschaftliche *Erkenntnisinteresse* bzw. die konkrete Fragestellung einer Revision auf Grundlage der ersten Erkenntnisse unterziehen.

- *Methodische Vorbereitung und Reflexion des Feldzugangs*: Mit der Etablierung von Feldbeziehungen finden erste Erhebungen statt, wobei die Erfahrungen mit dem Feldzugang eine wichtige Materialbasis für die Analyse hervorbringen. Gerade in der Anfangsphase ist *jede* Aktivität und *jede* Beobachtung analyserelevant – und *auch Fehlschläge* sind interpretationsbedürftig, weil sich darin Umgangsformen des Feldes mit einer spezifischen Umwelt manifestieren und sich dadurch die Ordnung des Feldes entäußert (beispielsweise das Ausmaß der Durchlässigkeit gegenüber Außenstehenden). Analytisch lassen sich einige grobe methodische Richtlinien für diese Phase angeben:

- die Dokumentation und Analyse der Zugangsaktivitäten und der Erfahrungen während der Kontaktaufnahme;
- die Sammlung frei zugänglichen Materials sowie die Dokumentation und Analyse des physischen und sozialen Umfeldes des Untersuchungsgegenstandes;
- das Führen von Gesprächen, welche auch die Vorgangsweise thematisieren, um sich als Lernende in die neue Umgebung einführen zu lassen;
- die Verwendung extrem offener Verfahren (unstrukturierte Gespräche, unstrukturierte Beobachtungen), um sich von den Strukturierungsleistungen des Feldes anregen zu lassen.

Einige verfahrenstechnische Hinweise finden sich in Kapitel 3.4 (ausführlich: Lueger 2010). Als Richtschnur kann hier gelten: Erhebungsverfahren sind sinnvollerweise am Beginn extrem *offen* und Analyseverfahren konzentrieren sich auf die Bedeutung und die latenten Sinnstrukturen des Alltäglichen. Zusätzlich bedarf es der reflexiven Analyse der internen Teamarbeit hinsichtlich ihrer Eignung für die Projektabwicklung und ihrer Auswirkungen auf die Erkenntnisproduktion. Dies ermöglicht es (gerade im Sinne einer Testphase), bei Bedarf eine Restrukturierung der Teamarbeit vorzunehmen.

Speziell in der ersten Phase ist auf methodische Konsequenzen der Analyse zu achten (etwa verschiedene Zugänge zu einzelnen Akteursgruppen, unterschiedliche Erhebungsmethoden). So sind etwa die einzubeziehenden Materialien abzuwägen: Besteht beispielsweise ein Forschungsinteresse an der Analyse von Werbefotos, so könnten ausschließlich entsprechende Fotos herangezogen werden. Viele Studien befassen sich tatsächlich nur mit einer sehr engen Analyse der Ausdrucksgestalt von Werbefotografien und beziehen diese auf kulturelle Phänomene, ohne dazu den erweiterten Kontext einzubeziehen. Beispiele dafür sind etwa Goffman (1981) in seiner berühmten Auseinandersetzung mit dem

Bild der Geschlechter in den Reklamebildern oder die Beiträge im Sammelband von Hartmann und Haubl (1992) zur Analyse von Werbeanzeigen. Aus einer erweiterten Sicht könnten jedoch auch die Sichtweisen der FotografInnen, Auftragsfirmen oder auch RezipientInnen für deren Verständnis wichtig sein, weil sie Genaueres über die relationale Kontexteinbettung dieser spezifischen Artefakte verraten. Obgleich im Rahmen einer interpretativen Sozialforschung diese Kontextualisierungen immer von Interesse sind, weil sie Bestandteile eines gesellschaftlichen Rahmens bilden, vor dem etwa Werbefotos oder deren Gestaltung erst ihre spezifische Bedeutung erlangen, ist die Sinnhaftigkeit solcher Vorgangsweisen vom konkreten Interesse abhängig. Stößt man jedoch auf eine Unzulänglichkeit des ursprünglichen Forschungsfokus, so lässt sich dieser erweitern, um derartige Fotos in den damit verbundenen Handlungen im Rahmen der Ökonomie und Kultur eines Lebensraumes zu verankern.
Es soll hier nicht der Standpunkt vertreten werden, dass eine solche Ausweitung in jedem Fall sinnvoll oder notwendig ist. Jedoch ist eine Prüfung der ursprünglichen Untersuchungsstrategie hinsichtlich eines Phänomens und der angewandten Ergänzungs- und Prüfverfahren immer sinnvoll.
Die Reflexion der Orientierungsphase und der ersten Kontakte hat die Aufgabe, aus den bisherigen Forschungserfahrungen heraus die Aufmerksamkeit auf einige als besonders wichtig oder sensibel erachtete Aspekte des Forschungsprozesses zu lenken, sei dies die interne Koordination bei der Erhebung oder der Interpretation, sei dies der Einsatz von Forschungsverfahren oder seien es die inhaltlichen Schwierigkeiten bei der Interpretation. Daraus kann man frühzeitig Schwachstellen des Forschungsprozesses identifizieren und entscheiden, worauf sich die nächste Forschungsphase konzentrieren muss, um das Erkenntnisobjekt schrittweise und systematisch in den Griff zu bekommen.

Aufgrund seiner Bedeutung soll auf einen Aspekt nochmals hingewiesen werden: Ein Hauptproblem interpretativer Forschungsarbeit liegt häufig darin, das Material aufgrund seiner scheinbaren Banalität nicht genügend ernst zu nehmen oder einfach nichts Relevantes wahrzunehmen. Wenn etwa unerfahrene BeobachterInnen oder mit dem Bildungswesen vertraute Personen Prüfungssituationen in Schulen oder an Universitäten beobachten, so sehen sie meist nur die scheinbare Selbstverständlichkeit, dass eine Person Fragen stellt und eine andere versucht, darauf Antworten zu geben. Kaum jemand erkennt auf Anhieb die Struktur der situativen Eröffnung der Prüfung, bei öffentlichen Prüfungen die Formen indirekter Kommunikation mit den anwesenden ZuhörerInnen oder die Eigentümlichkeit der räumlichen Situierung. Noch weniger wird die Integration in einen institutionellen Ausbildungszusammenhang oder in eine pädagogische Handlungsweise bemerkt. Wichtig sind daher Fragen nach der Art der spezifischen Organisierung eines sozialen Feldes: So treffen sich die Menschen in einer Prüfungssituation nicht zufällig, der besondere Interaktionsverlauf (Fragen zu stellen, deren Antworten die fragende Person bereits kennt) wäre im Alltag so nicht vorstellbar; und ohne guten Grund würden sich die Beteiligten wohl nicht dieser Situation aussetzen.

Besonders in der Orientierungsphase ist auf die Bedeutung des methodologischen Grundprinzips hinzuweisen, dass die Normalität einer Situation zu ergründen ist, weshalb prinzipiell jede Kleinigkeit auf ihren Kontext hin abgefragt und zum Material sozialwissenschaftlicher Analyse werden kann. Gerade weil man im Vorfeld nicht genau weiß, welche Relevanzen im Feld bedeutsam sind, bilden *Belanglosigkeiten* einen Brennpunkt der Aufmerksamkeit, weil in diesen häufig die Routinen des Alltagslebens in komprimierter Form zum Ausdruck kommen. Ginzburg (1988) streicht in seinen Analysen des Spurensuchens heraus, dass es gerade die Unauffälligkeiten sind, hinter denen sich falltypische Merkmale verbergen, und nicht die großen, leicht erkennbaren Eigenschaften. Der entscheidende Vorzug dieser Banalitäten liegt in ihrer Unscheinbarkeit, die sie resistent gegen Täuschungen macht. Wenn etwa Einbrecher ihre Spuren verwischen, bedienen sie sich möglicherweise einer eigenen Handlungsweise, die als Verdeckungshandlung genauso aufschlussreich sein kann wie andere Spuren. Nur wenn man ansatzweise erkennt, dass auch Kleinigkeiten bedeutsam sind, lassen sich der makro- und der mikrostrukturelle Horizont kooperativen Handelns einer umfassenden Analyse zugänglich machen. Und nur dann können auch methodische und inhaltliche Perspektiven für die weitere Analyse generiert werden.

Aus diesem Grund beschränkt sich diese Phase *nicht* auf eine erste Deskription, sondern forciert eine genaue Interpretation. Diese Analyse hilft, die Anforderungen für den ersten Forschungszyklus in der Hauptforschungsphase zu bestimmen, wofür drei Fragen beantwortet werden müssen:

- Welche Teamorganisation wird gewählt?
- Auf welche inhaltlichen Bereiche möchte man sich in der nächsten Phase konzentrieren?
- Welche Analyseverfahren sollen bevorzugt zur Anwendung kommen?

c) Die zyklische Hauptforschungsphase

In der dritten Phase erfolgt der intensive, nunmehr explizit zyklisch angelegte Forschungsprozess, dessen einzelne Forschungszyklen das Hauptstück interpretativer Sozialforschung verkörpern und die *inhaltliche und methodische Entwicklung* des Forschungsprozesses vorantreiben. Das Grundprinzip ist hierbei, die Strukturierung der Forschung möglichst mit den Strukturierungsleistungen des Feldes zu verkoppeln, um sich zumindest temporär und partiell der Logik des Feldes auszusetzen. Gleichzeitig erfordert die Auslegung des Materials immer wieder ein Zurücktreten hinter die eigenen Erfahrungen und die distante Analyse des gesamten Forschungshandelns. Die Kernbestandteile dieser Phase reflektieren am deutlichsten die Maximen interpretativer Sozialforschung und die methodologischen Basisüberlegungen:

- das unentwegte Ineinandergreifen von Erhebung und Interpretation;
- die permanente Reflexion des Forschungsstandes auf inhaltlicher und methodischer Ebene;
- die Abgrenzung von klaren Lehrbuchmethoden zugunsten einer flexiblen und variablen Gestaltung der Erhebungs- und Interpretationsverfahren;

- die ständige Prüfung und Modifikation der vorläufigen Ergebnisse;
- die systematische Fortentwicklung der Erkenntnisse anhand vorläufiger Teilanalysen.

In einer solchen Forschungsorganisierung wäre es völlig unzulänglich, am Beginn bereits eine Fülle an Material zu sammeln bzw. zu erheben und dieses im Anschluss zu interpretieren: Es ist vielmehr gefordert, kleine Materialmengen zu erheben, diese rasch einer Interpretation zu unterziehen und auf der Grundlage der Ergebnisse immer wieder über die weitere Vorgangsweise zu entscheiden. Dafür ist es sinnvoll, das Potenzial der Bandbreite an verfügbaren Erhebungs- und Interpretationsverfahren zu nutzen, um die Erkenntnisse möglichst gut abzusichern. Aber genauso wichtig wie die Arbeit in den einzelnen Forschungszyklen ist die Kontrolle der Forschungsarbeit in den Reflexionsphasen zwischen den einzelnen Forschungszyklen: Sie sollen mittels einer theoretischen und methodischen Standortbestimmung helfen, die Forschungsorganisierung den nächsten Schritten anzupassen und dadurch die Reichweite und die Zuverlässigkeit der Erkenntnisse zu steuern. Um die Idee dieser Phase zu verdeutlichen, werden nachstehend ihre drei zentralen Elemente (Forschungszyklen, Reflexionsphasen und Zwischenbilanzen) näher charakterisiert:

- *Forschungszyklen*: Im Rahmen der einzelnen Forschungszyklen wird der Forschungsablauf so reguliert, dass sie neue Annahmen generieren, alternative Sichtweisen auf ihre Tragfähigkeit kontrollieren und insgesamt die so gewonnenen Erkenntnisse einer sorgfältigen Prüfung unterziehen. Die Forschungszyklen lassen sich nicht voneinander isolieren, sondern sind über die immer wieder eingeschalteten Reflexionsphasen miteinander verkoppelt. Deshalb hebt die Darstellung der Vorgangsweise Strategien der Erhebung bzw. Sammlung von Materialien und deren Verknüpfung mit der Interpretation, die Aktivierung von Strukturierungsleistungen sowie die Entscheidung über die systematische Erweiterung des Analysematerials besonders hervor. Darüber hinaus finden sich nähere Ausführungen zur Interpretation und zu den Besonderheiten verschiedener Materialformen in den Kapiteln 3.2 und 3.3.

Da nicht alles in einem Feld Anzutreffende einfach zusammengetragen werden kann, bedarf es Selektionskriterien der Sammlung, die in der Regel durch das Erkenntnisinteresse bestimmt sind. Hier gilt es, den Rahmen anfangs eher weit zu öffnen, weil eine unvoreingenommene Haltung die methodische Überwindung eventuell vorhandener Vormeinungen erleichtert. Der fortschreitende Erkenntnisprozess führt dann einerseits zu einer sukzessiven theoretischen Schließung und andererseits zu einer selektiven Erweiterung. Beides soll helfen, Wissenslücken zu füllen, einzelne Komponenten der sich ergebenden Theorie zu überprüfen oder fehlende Aspekte systematisch zu ergänzen. Dafür lassen sich zumindest teilweise und kontrolliert Forschungsentscheidungen an AkteurInnen des untersuchten Lebensbereiches auslagern, indem man sich an deren Sichtweisen orientiert. In diesem Sinne erkundet man beispielsweise, was *AkteurInnen* für sammelnswert halten, analysiert aber im ersten Schritt nicht dieses Material selbst, sondern die *Entscheidungen* über das Sammelnswerte im Sinne einer Forschungsbeobachtung zweiter Ordnung (man beobachtet, wie andere beobachten). Damit soll nicht der Irrglaube genährt werden, dass feldinterne AkteurInnen den Weg zu den entscheidenden Punkten der Forschungsarbeit weisen; aber sie verfügen über eine perspektivisch geformte Handlungserfahrung mit entsprechenden Präferenzen und blinden Flecken bzw. Tabuzonen. Diese Wahrnehmungsspezifika ermöglichen ein tieferes Verständnis über alltagsweltliche Methoden der Organisierung des Lebens unter den jeweils besonderen historisch-konkreten Bedingungen des gesellschaftlichen Ensembles. Es gelingt nur dann, ein Forschungsfeld zu verstehen, wenn man weiß, worauf Handelnde achten und warum sie das tun. Auf diese Weise lassen sich interne Differenzierungen in der Wahrnehmungs- und Handlungsorganisierung erschließen.

Die Anknüpfung interpretativer Sozialforschung an Wirklichkeitsvorstellungen auf Grundlage tätiger Beobachtung, der hohe Stellenwert von Bedeutungen und Sinnzuweisungen in Interaktionsprozessen, die kommunikative Produktion individueller und kollektiver Weltvorstellungen machen es vielfach unerlässlich, Material im Forschungsprozess für spezifische Aufgaben zu erzeugen bzw. AkteurInnen im Untersuchungsfeld dazu zu bringen, andere zu deren Erzeugung anzuregen. Wenn also Materialien nicht nur gesammelt, sondern auch aktiv erhoben werden, gibt es zwei Möglichkeiten, dies zu bewerkstelligen: (a) Man kann sich überlegen, was man wissen will, und nach diesen Kriterien die Erhebung durchführen. Die Gesprächsführung könnte dann vorüberlegten Fragebereichen folgen und die Analyse könnte sich auf die gegebenen Antworten beziehen. (2) Man kann aber auch versuchen, die *Dynamik des Feldes* zur Datengenerierung zu vereinnahmen. In einem solchen Fall könnte man etwa die Gesprächszusammensetzung in Kooperation mit den AkteurInnen im Feld entscheiden, wobei man die Gesprächsführung auf diese Struktur abstimmen müsste. Die Analyse dürfte dann nicht nur die Antworten fokussieren, sondern müsste die Relevanzstruktur einbeziehen, die sich im Zusammenhang mit dieser Form der Organisierung ergibt (z.B. die feldinterne Regelung der Teilnahme, die Bedeutung der internen Gesprächsdynamik).

Der Vorzug einer solchen Erhebungsstrategie liegt darin, aktuelle Handlungsweisen mit Erklärungen im sozialen Kontext (nämlich einer Gesprächsrunde) zu verbinden, wodurch die soziale Dimension und die kollektive Abstimmung von Handlungsweisen in den Vordergrund treten (z.B. aufgrund von sozialem Druck). Dies ist auch der Grund, weshalb im Rahmen einer interpretativen Forschungsstrategie die zweite Variante passender ist. Das Grundprinzip ist banal, reicht aber über das von Hoffmann-Riem (1980: 343ff.) formulierte Offenheitsprinzip hinaus: Wenn man schon in die Prozesse des Untersuchungsbereiches eingreifen muss, kann man dies auf eine Weise tun, welche die *Gestaltungsleistungen des Feldes* aktiviert und dadurch im Material die Strukturierung der untersuchten Lebenswelt zur Darstellung bringt (vgl. Lueger 1999: 41f.). Dafür ist es zu wenig, auf vorweg formulierte Hypothesen zu verzichten; entscheidend sind vielmehr die partielle Übertragung der Steuerung der Erhebung durch die ForscherInnen an das Feld und die anschließende Analyse dieser spezifischen feldinternen Organisierung der Erhebung.

Zur Verdeutlichung sei dies am Beispiel einer Organisationsanalyse erläutert: Vielfach orientieren sich solche Untersuchungen an der Durchführung von Interviews, wobei man die Auswahl der InterviewpartnerInnen nach forschungstechnisch sinnvollen Kriterien (z.B. verschiedene Bereiche, verschiedene Ebenen, Gruppengespräche mit KooperationspartnerInnen, Kunden- und Lieferantengespräche zur Analyse des externen Umfeldes) zusammensetzt und die Form einer offenen Gesprächsführung wählt. Aber diese Vorgangsweise drängt jene Leistungen der Organisierung in den Hintergrund, die eine Organisation charakterisieren. Die Forschung entlastet dadurch das Feld zwar von Entscheidungen, nimmt sich aber selbst die Chance, über das Interview hinaus die internen Kommunikationsstrukturen auf Handlungsebene zu erforschen. Da über die Organisierung nur mehr geredet wird, müssen diese Leistungen wieder mühsam aus den Gesprächen erschlossen werden.

Will man diese reflexiven Umwege zumindest teilweise vermeiden, kann man eine alternative Erhebungstechnik wählen, nämlich in der Organisation den Erhebungsprozess erst auszuhandeln und Strategien zu ermitteln, was man nach Meinung der Organisationsmitglieder benötigt, um die Organisation verstehen zu können. Ausschlaggebend ist nicht die Umsetzung dieser Vorschläge, sondern die Diskussion der verschiedenen Möglichkeiten und Varianten, um anschließend gemeinsam sinnvolle erste Auswahlkriterien festzulegen. Gerade die Argumente für oder wider bestimmte Kriterien legen vielfach die Sichtweisen der Organisation offen, weshalb generell Aushandlungen im Forschungsprozess ein wichtiges Material zur Analyse von Differenzierungsleistungen anbieten. In diesem Fall liefert der Aushandlungsprozess selbst (und nicht das Produkt dieser Aushandlung) das zentrale Analysematerial.

Darüber hinaus kann man Organisationsmitglieder in die Lage versetzen, selbst Strukturierungsleistungen zu erbringen: die Organisierung von Gesprächsrunden, die Herstellung einer Fotodokumentation, Betriebsführungen für das Forschungsteam. Insofern widmet sich die Interpretation dem *Prozess der Forschungsorganisierung* (und nicht bloß dessen inhaltlichen Konsequenzen). Auf diese Art sind organisationsinterne Präferenzen und Entscheidungen über den Einbezug von Organisationsmitgliedern oder die Berücksichtigung von Arbeitsbereichen, das Zustandekommen von Gesprächsrunden, der Blickwinkel von Fotodokumentationen, d.h. die Selektivität des diesem Prozess zugrunde liegenden internen Weltbildes und die Folgen für die Erschaffung der eigenen Realität analytische Bezugspunkte. Dies hat erhebliche Folgen für die konkreten Erhebungsverfahren: Ein Gespräch würde man demgemäß nicht in narrativem Sinn mit einer erzählgenerierenden inhaltlichen Frage beginnen, sondern mit der Erkundung danach, wie diese Runde überhaupt zustande gekommen ist. Zusammen mit den Vorfeldaktivitäten erfährt man auf diese Weise einiges über Kommunikations- und Handlungsstrukturen in der Organisation, ohne explizit danach gefragt zu haben. Fotodokumentationen, die durch Mitglieder des untersuchten Lebensbereiches erstellt werden, können eine hervorragende Quelle für Gespräche über die Auswahl der Fotos, das Abgebildete und deren Selektivität schaffen, wobei sich die Organisation weitgehend selbst veranschaulicht. Die begleitenden Geschichten wiederum offerieren jede Menge Anschlussoptionen zur Erkundung der Organisationswelt.

Die Umsetzung einer solchen Forschungsstrategie macht es unerlässlich, die AkteurInnen im Feld immer wieder für eine aktive Kooperation mit dem Forschungsteam zu gewinnen. Die Aufrechterhaltung einer für alle Beteiligten (besonders aber für die von der Forschung adressierten Personen) positiven Beziehung stellt daher ein Fundament der Erkenntnisgewinnung dar, erleichtert nachhaltig die Forschungsarbeit und macht verschlungene Täuschungsmanöver erst gar nicht nötig. Generell spielt hier die Kooperation mit Kontaktpersonen im untersuchten Lebensbereich eine tragende Rolle, weil diese häufig nicht bloß als InformantInnen fungieren, sondern eine Art Bündnis mit den ForscherInnen eingehen (vgl. Whyte 1984: 72ff.). All das gilt besonders für teilnehmende Beobachtungsverfahren, deren Gelingen auf längerfristigen sozialen Beziehungen und der Zusammenarbeit mit den Menschen im Untersuchungsbereich aufbaut. Whyte (1984: 78ff.) erwähnt hierbei die Schwierigkeiten, die sich aus wechselseitigen Erwartungen, der Einbindung in soziale Verpflichtungen im Rahmen freundschaftlicher Beziehungen oder aus den mit der Forschungspartizipation verbundenen möglichen Statusveränderungen der KooperationspartnerInnen im Feld ergeben können.

Eine solche Vorgangsweise erfordert immer wieder Anpassungen an die Dynamik der aktuellen Forschungsaktivitäten und an die laufend generierten Erkenntnisse. Insofern bietet sich die Unterteilung in kleine *Analysezyklen* an, in denen die Materialanalyse aufgrund der forschungssteuernden Funktion die Schlüsselstellung einnimmt. Typischerweise setzt sich ein Analysezyklus aus der Sammlung bzw. Erhebung von Materialien auf der Basis bisheriger Erkenntnisse, der Interpretation von spezifischen Ausschnitten daraus sowie der Überlegung möglicher Prüfstrategien zur Absicherung der Erkenntnisse zusammen. Dabei müssen nicht in jedem Analysezyklus Erhebungen stattfinden, sondern man kann bereits verfügbares Material zu weiteren Interpretationen heranziehen. Dies hängt damit zusammen, dass man in der Regel über deutlich mehr Materialien verfügt, als einer eingehenden Interpretation unterzogen werden kann, wobei sich die Überfülle an Materialien meist gut zur Prüfung der jeweils gewonnenen Erkenntnisse eignet.

An dieser Stelle taucht die Frage auf, nach welchen Kriterien Material in die Analyse einbezogen wird. Glaser und Strauss (1998) formulierten im Zusammenhang mit der Grounded Theory (vgl. auch Charmaz 2006, Clarke 2005, Strübing 2004) eine Strategie, wonach die Auswahl der in die Analyse einbezogenen Fälle vom Entwicklungsstand der Theorie abhängt. Das führt konsequenterweise in eine fortlaufend vergleichende Analyse, wobei man aus den laufend gewonnenen Erkenntnissen Kriterien für deren Prüfung, aber auch für Modifikationen ableitet. Dieses ‚theoretische Sampling' setzt daher grundsätzlich an den Analyseergebnissen an, die einen konzeptuellen Bezugsrahmen abgeben, was man im nächsten Schritt weiter erheben bzw. genauer interpretieren sollte (siehe auch Kap. 5.2). Die dafür zugrunde gelegten Kriterien orientieren sich an (Glaser/Strauss 1998):

- der *Relevanz* für die theoretische Weiterentwicklung;
- der Logik einer fortschreitenden Inklusion ähnlicher Fälle *(Unterschiedsminimierung)*, um die Zuverlässigkeit der entstehenden Theorie zu steigern;
- der Logik einer fortschreitenden Inklusion von Fällen auf der Basis *maximaler struktureller Variation*, um die Reichweite und damit die Generalisierbarkeit der Theorie zu kontrollieren.

Theoretisches Sampling hat also die Funktion, die konzeptionelle Dichte der entstehenden Theorie zu erhöhen sowie deren Zuverlässigkeit und Reichweite zu kontrollieren.

Da sich jedoch durch die intensive Befassung mit einer Thematik die Distanz zu dieser verringert, ist es immer wieder nötig, die eigene Position zu den Erkenntnissen sowie die Folgen der methodischen Vorgangsweise zu reflektieren. Innerhalb der Forschungszyklen sollten daher immer die eigenen Forschungsstrategien in die Analyse einbezogen werden (indem man etwa den Gesprächsstil und damit auch die Fragen in Interviews untersucht). Dies ist gleichzeitig nicht nur ein wichtiges Feedback über die eigenen Aktivitäten, sondern kann auch als Trainingsinstrument für noch nicht so erfahrene ForscherInnen dienen.

- *Reflexionsphasen*: Da nur die Reflexion der Erfahrungen aus einem Zyklus permanentes Lernen und die systematische Planung des anschließenden Zyklus auf der Grundlage der jeweiligen Erkenntnisse ermöglicht, kommt dem Übergang zwischen den Phasen eine kritische Steuerungsfunktion zu. Dieser Übergang hat die Aufgabe, den Forschungsprozess von seinem unmittelbaren Gegenstandsbezug zu distanzieren und umgekehrt in der Planung die Möglichkeiten der Herstellung von Nähe auszuloten. In jeder dieser Reflexionsphasen bilden die Relationierung der Forschung zu ihrem Gegenstandsbereich, die Analyse der methodischen Besonderheiten der Forschung in ihren Auswirkungen, die Identifikation von perspektivischen Einseitigkeiten, die Suche nach Lücken im Verständnis des Gegenstandsbereiches oder die Überwindung von Lernbarrieren, welche den Erkenntnisfortschritt systematisch behindern, wichtige Komponenten.

Gefragt ist nicht eine statische Bestandsaufnahme, sondern im Sinne *formativer Evaluierung* die Reflexion der Prozessdynamik. In diesen Nachdenkphasen ist es wichtig zu eruieren, warum bestimmte Forschungsaktivitäten erfolgreich bzw. erfolglos waren und worin dieser Erfolg bzw. Misserfolg begründet sein könnte. Je mehr die *Vertrautheit* oder das Engagement im Untersuchungsbereich zunehmen, desto wichtiger sind die kritische Hinterfragung fester Überzeugungen und die Beachtung der möglichen Entwicklung blinder Flecken. Letzteres macht die Konsultation forschungsexterner KollegInnen oder SupervisorInnen empfehlenswert, um ein Feedback aus einer unabhängigen bzw. unbeteiligten Perspektive zu bekommen und um möglichen blockierenden Verstrickungen oder einseitigen Vereinnahmungen zu entkommen. Zu bedenken ist dabei, inwieweit der Untersuchungskontext bereits für die ForscherInnen zur ‚Normalität' geworden ist und sich auf diese Weise der Aufmerksamkeit entzieht.

Generell lassen sich inhaltliche und methodische Reflexionen unterscheiden:

- *Inhaltliche Reflexion*: Diese fokussiert in erster Linie das Verhältnis der Mitglieder eines Forschungsteams (bzw. deren Sichtweise) zu ihrer Umwelt (respektive ihrem Forschungsgegenstand). Insofern bedarf das erlangte Wissen sowohl in Hinblick auf die verfügbaren bzw. entwickelten kognitiven Schemata der ForscherInnen als auch ihren Umgang mit der Widerständigkeit des Gegenstandsbereichs (und den daraus gezogenen Konsequenzen) einer Untersuchung. Die *Selbstbeobachtung* des

Forschungsteams betrifft folglich die Wechselseitigkeit von sich ändernden Beobachtungen und die Verschiebung der eigenen Beobachtungsperspektiven, um diese Bewegung in Hinblick auf ihre Bedeutung für die daraus gezogenen Schlüsse zu verstehen. Daher stellt sich die Frage, ob die Interpretationen auf Besonderheiten bzw. Veränderungen des Gegenstandes oder Veränderungen der Beobachtungsweise zurückzuführen sind und wie man diese Neuinterpretation bewertet.

Darüber hinaus ist darauf Bedacht zu nehmen, inwiefern die produzierten Ergebnisse den ursprünglichen Annahmen entsprechen. Gerade eine Entsprechung bedarf der kritischen Prüfung, ob diese nicht durch eine bevorzugte Sinnzuordnung aufgrund des eigenen Alltagsverständnisses der InterpretInnen zurückzuführen ist, oder ob sich dafür Belege finden, die einem Diskurs standhalten. Folgende Aspekte fallen bei dieser kritischen Recherche besonders ins Gewicht: (a) Die basale Frage bezieht sich immer darauf, inwiefern die Einheit in der Vielfalt *(Identität)* der Phänomene bereits benannt werden kann, in welcher Weise sich der fokussierte Bereich von der Umwelt abgrenzt und welche Komponenten zur abgrenzbaren Identifikation beitragen. Erst wenn die Besonderheit des Bereiches, seine interne Differenziertheit und das Zusammenspiel der Teilkomponenten benannt werden können, ist der Gegenstandsbereich zumindest grob analytisch umgrenzt. (b) In Hinblick auf die *Prozessualität* von Phänomenen ist zu beachten, inwiefern die Dynamik dieser Phänomene so weit erforscht wurde, sodass die historisch spezifische Genese in ihrer Besonderheit verstehbar ist. (c) Generell stellt sich hier das Problem der *Perspektivität* einer Analyse, die mit einer Reihe von Fragen assoziiert ist: Wie produzieren AkteurInnen in einem Untersuchungsfeld Dissens oder Konsens? Worauf beruht die Gemeinsamkeit kommunikativer Verständigung? Wodurch unterscheiden sich verschiedene Sicht- und Handlungsweisen und in welchem Verhältnis stehen sie zueinander? Was sind relevante Beobachtungskriteri-

en und wodurch erlangen diese ihre Bedeutung? Welche Bedeutung haben parallele Wirklichkeitsebenen und die subjektunabhängig zu (re-)konstruierende latente Sinnstruktur, die sich hinter der selektiven Ein- und Ausblendung von Kontexten verbirgt?
Aufgrund der Fülle an Möglichkeiten, die Welt aus verschiedenen Perspektiven zu beobachten, besteht auf der Seite des Forschungsteams die Notwendigkeit, sorgfältig zu überwachen, worauf die Analyse bislang bevorzugt Rücksicht nahm und welche systematischen Ausblendungen sich möglicherweise hinter relevanten Teilergebnissen verbergen. Inhaltlich geht es daher um den aus der Beziehung der ForscherInnen zum Feld resultierenden *Stand* der Forschung und der momentanen *Defizite* oder Widersprüche.

- *Methodische Reflexion*: Methodische Entscheidungen orientieren sich an zwei Gesichtspunkten: (a) Der erste betrifft die Sicherung der Forschungsqualität (siehe dazu auch Kap. 5) und orientiert sich an den methodischen Anforderungen bezüglich der *Interpretierbarkeit* des Materials sowie an den spezifischen technischen Hilfsverfahren zur Gestaltung der Erhebung und Interpretation, um intersubjektiv verlässliche Ergebnisse zu generieren, die einem kritischen Diskurs standhalten. (b) Der *forschungsökonomische* Aspekt hingegen richtet sich danach, die Erhebung möglichst so zu gestalten, dass Materialien mit einem tunlichst geringen Erhebungs- und Interpretationsaufwand gesammelt und generiert werden, aber dennoch umfassende und abgesicherte Erkenntnisse ermöglichen. Aus dem Blickwinkel der Forschungsökonomie kann bereits die Erhöhung der Aufzeichnungsqualität durch den Einsatz hochwertiger technischer Geräte den Transkriptionsaufwand beträchtlich reduzieren und das Problem von Fehlverständnissen reduzieren. Jedoch muss es nicht unbedingt sinnvoll sein, alle Gespräche zu transkribieren oder alle mit derselben Qualität zu übertragen, wenn dies für das Interpretationsverfahren nicht erforderlich ist. Mitunter lohnt es sich, beiläufig anfallendes Material genauer zu analysieren, sofern dieses ansonsten nur mühsam erschließbare Perspektiven eröffnet. Verschiedene Interpretationsvarianten lassen sich *experimentierend explorieren,* wenn sich bestimmte Bereiche als mehrdeutig oder schwer zugänglich erweisen, wobei suggestive Methoden, die Provokation von Widerstand oder die Ignoranz gegenüber Offenkundigem durchaus hilfreich sein können, die Forschungsdynamik zu verändern.

Um die Analyse verstärkt im Team diskursfähig zu machen, sind die Aufzeichnungsverfahren bzw. die *Protokollierung* immer wieder auf ihre Tauglichkeit für eine spätere Interpretation zu prüfen. Dies gilt besonders für die teilnehmende Beobachtung in sensiblen Feldern. Unentbehrlich dafür sind die Zwischenbilanzen als systematische Unterstützung projektinterner Kommunikation und als Schaffung eines gemeinsam verfügbaren Pools an Erfahrungen, Erkenntnissen oder Ideen, der gleichzeitig den Forschungsgang dokumentiert (zu Aufzeichnungsverfahren siehe nächster Punkt). Dieser Prozess strukturiert Wissen und macht es weiteren Analysen zugänglich. Darüber hinaus bietet sich im Zuge der fortschreitenden Analyse die Berücksichtigung einer Reihe von Aspekten an, die für methodische Entscheidungen relevant sind: (a) die Analyse der *Rollenverteilung* im Forschungsteam sowie der Wahl der Beobachtungspositionen und der Rolleneinnahme im Feld, wobei insbesondere die Möglichkeit zur Beobachtung des unmittelbar interessierenden Bereiches sowie des Kontextes zu berücksichtigen ist; (b) die Wahl der *Beobachtungszeitpunkte* und der für die Feldarbeit gewählten Aufenthaltsperioden, um die zeitliche Dynamik entsprechend der Analyse zugänglich zu machen; (c) die Erfahrungen mit *sozialen Kontakten* und Formen der Materialsammlung, welche Aufschlüsse über die Möglichkeit informeller Gespräche geben und die Möglichkeit bereithalten, persönliche Beziehungen aufzubauen und zu stabilisieren; (d) die Erfahrungen mit den gewählten *Dokumentationsformen* unter Bedachtnahme auf die auserkorenen Interpretationsverfahren und die Einsatzmöglichkeiten alternativer Protokollierungen; (e) die spezifischen, an die ForscherInnen herangetragenen *Zuschreibungen* und ihre Bedeutung für die Struktur der im Rahmen der Forschungsarbeit etablierten sozialen Beziehungen sowie deren Effekte auf die inhaltliche Interpretation im Studienverlauf; (f) die Bedeutung von möglichen Rollenkonflikten, Bewährungsproben oder der Nähe bzw. Distanz in der *Beziehungsarbeit*; (g) die Bewältigung von *Emotionalität* während der Feldarbeit durch die ForscherInnen im Umgang mit AkteurInnen oder Ereignissen im Feld; (h) das Funktionieren der *Kooperation im Forschungsteam* hinsichtlich des Auftretens gegenüber den AkteurInnen (zur sozialen Dynamik der Beobachtung siehe auch die Beiträge in Hume/Mulcock 2004).

Als zusätzliches Element ist der Kontext des Untersuchungsbereichs so weit zu explizieren, dass sich aus diesem die Spezifika seiner Dynamik ableiten lassen. Wichtig ist hierbei die Verankerung der theoretischen Erkenntnisse im kontextuell definierten Sinnhorizont. Dazu gehören etwa im Fall der Konkretisierung der Lebensbedingungen die biografische Situiertheit, die in einem Lebensbereich wirkenden Kräftefelder und deren Situiertheit sowie Entwicklungsbedingungen auf der Ebene abgrenzbarer Kollektive. Zur Schwachstellenidentifikation bieten sich als Indizien Lücken in der theoretischen Aufarbeitung des Phänomenbereichs an.

Prozessualität als eine methodologische Basiskomponente macht es erforderlich, den Untersuchungsstand bezüglich der untersuchten Phänomendynamik darauf zu kontrollieren, inwiefern die historisch spezifische Genese und die Reproduktions- bzw. Veränderungsdynamik in ihrer Besonderheit bereits verstehbar sind. Statische Deskriptionen von Strukturen sind häufig erste Annäherungen an den Gegenstandsbereich. Für die Erkundung der Dynamik bietet sich in vielen Fällen die Analyse der (Re-)Produktion kleiner, abgeschlossener Ereigniszyklen als ein Hebel an, während die Erfassung der Geschichte als eine deutlich andere Analysestrategie zu konzipieren ist, weil diese im fokussierten Feld meist Veränderungen und Uminterpretationen im Zeitverlauf unterliegt. Insgesamt betrifft das die spezifische Zeitlichkeit des Gegenstandsbereichs, den Umgang mit Zeithorizonten sowie die Bedeutung von Vergangenheit und Zukunft. Die Zeitstruktur bildet somit den Hintergrund zur Analyse der Stabilität (auch in einem sich verändernden Umfeld) und Veränderlichkeit des fokussierten Objektbereichs bzw. von Auslösern und Konditionen von Veränderungen und Transformationen im sozialen Feld. All dies führt auf die Spur von Alltagsroutinen und des Zusammenspiels verschiedener Teilaspekte, welche die Besonderheiten des Untersuchungsobjektes charakterisieren.

Im Verlauf der Forschung ist auch der soziale Kontext zu berücksichtigen, in dem sie stattfindet. Vielfach erweist sich etwa das *Feedback* an in die Forschung involvierte Personen als methodisch besonders heikel: In Feldforschungsprozessen kommt es häufig zu Situationen, in denen ForscherInnen über den bisherigen Stand ihrer Arbeit oder einfach um ihre Eindrücke oder auch um Ratschläge gefragt werden. Im Vorfeld ist hier abzuwägen, welche Effekte man dadurch auslöst, welche Verpflichtungen gegenüber dem Feld bestehen und auf welche Weise man diese Rückkommunikation systematisch und anschlussfähig so gestalten kann, dass AkteurInnen wie ForscherInnen davon profitieren können. Diese Rückkommunikation kann die Beziehung des Forschungssystems zu seinem Feld nachhaltig stärken. Die Ignoranz gegenüber den Interessen der AkteurInnen hingegen könnte die Beziehung zum Feld massiv stören und ließe sich von AkteurInnen im Feld als asymmetrisches ‚Ausbeutungsverhältnis' interpretieren.

Darüber hinaus verändern sich im Zuge der Forschung mitunter die Handlungsbedingungen: Beispielsweise wirkt mit der *Forschungsdauer* eine naive Haltung gegenüber dem Feld unglaubwürdig. In vielen Fällen erlangen ForscherInnen im Verlauf der Untersuchung eine ExpertInnenposition, in welcher sie Wissen generieren, das interne Grenzen des Feldes überschreitet. Für die AkteurInnen im Feld fungieren

ForscherInnen häufig als eine Verbindungsstelle zwischen verschiedenen Lebenswelten; bei Geheimhaltung des Forschungsstandes können sie sich jedoch das Misstrauen beider Seiten einhandeln. In solchen Fällen weiß niemand, was der anderen (möglicherweise gegnerischen) Seite vermittelt wird. Wenn man daher während einer Studie in eine Konfliktsituation gerät, ist die Etablierung einer Umgangsform notwendig, welche auf seriöse Weise das Vertrauen beider Seiten gewinnen lässt. Insgesamt muss aus der Analyse der Rezeptionskontext für Ergebnisse erschlossen werden, um diesen methodisch im nächsten Forschungszyklus berücksichtigen zu können. Dabei lässt die Art der Rezeption Rückschlüsse auf die Strukturierung des Forschungsbereiches zu. Bezüglich der *Kooperation* im Forschungsteam sind nicht nur die Rahmenbedingungen für die Arbeit im nächsten Zyklus auf die bestimmte Form der Teamarbeit abzustimmen, sondern auch eine mögliche Restrukturierung der Teamstruktur und die Übernahme spezifischer Funktionen für den nächsten Arbeitsschritt stehen zur Disposition. Im Zentrum steht das methodische Prinzip des kritischen Einbezugs vieler Perspektiven, weshalb alle Teammitglieder aufgefordert sind, unabhängig von ihrer professionellen oder disziplinären Ausrichtung konstruktive Beiträge zu liefern und sich am Diskurs zu beteiligen. Für Entscheidungen über die Teamkoordinierung bieten sich methodisch drei Kriterien an: (a) das Kriterium interner Kooperation, weil sich das Team als Deutungsgemeinschaft formiert und daher interne Strukturen ausbildet, welche aufgrund ihrer Auswirkung auf die Ergebnisse mitunter der Veränderung bedürfen; (b) das Kriterium der verfügbaren Kompetenzen und die Möglichkeiten der Ausweitung dieser Kompetenzstruktur, um das methodisch verfügbare Potenzial optimal nutzen zu können; (c) das Kriterium der externen Anschlussfähigkeit, um die Besonderheiten der durch Teammitglieder im Feld ausgelösten Effekte für die Forschung produktiv nutzen zu können.

- *Zwischenbilanzen* der Forschungsarbeit: Für die Kontrolle, die kritische Reflexion und die flexible Entwicklung des Forschungsfortganges sind Zwischenbilanzen ein wichtiges

Hilfsinstrument, weil diese die ForscherInnen zwingen, ihre Erkenntnisse in eine schriftliche Ausarbeitung zu kondensieren. Ähnlich den Darstellungszwängen einer Erzählung (Schütze 1982: 571ff.) muss im Zuge der Berichterstellung das Ergebnis in einen für andere nachvollziehbaren und plausiblen Sinnzusammenhang gestellt werden. Entscheidend sind hierbei die Gestalterschließung (Worum geht es?), die Kondensierung (Heraushebung der wichtigsten Argumente) und Detaillierung (hinreichende Präzision der Argumentation).

Darüber hinaus machen solche Zwischenbilanzen die Interpretationen im Team wechselseitig verfügbar, fungieren als Gedächtnisstütze (Dokumentation des Forschungsverlaufes und der Entfaltung von Erkenntnis) und ermöglichen dadurch jederzeit Rückgriffe auf und Reflexionen von Partialergebnissen der Forschungsarbeit. Aus diesem Grund sind sie ein wesentlicher Rückhalt für die periodische Reorganisierung der Forschung. Primär dienen Zwischenbilanzen dem Selbstanzeigen und der Selbstversicherung von Erkenntnissen, welche zugleich die jeweiligen Unzulänglichkeiten des Forschungsstandes ans Tageslicht bringen.

In der Literatur finden sich viele Möglichkeiten solcher kommunikativen Systematisierungen (z.B. Huff 1990, Miles/Huberman 1984, Strauss 1991), die sich für die eigenen Zwecke adaptieren lassen. Folgende Aufzeichnungsverfahren sind besonders vielfältig einsetzbar:

- Zur Protokollierung gehören *Lage-* und *Bewegungsskizzen,* um sich bestimmte Gegebenheiten und räumliche Ablaufstrukturen (etwa Bewegungsmuster in Wohnräumen) zu vergegenwärtigen. Solche Skizzen lassen sich auch zur Darstellung von Kommunikationsmustern in Gruppen oder Familien verwenden. Sie bedürfen allerdings der Erläuterung von Bedeutungen der abgebildeten Muster, um sie analytisch verfügbar zu machen.
- Die einfachste Form der Analysedarstellung sind schriftliche *Memos* zu den Ergebnissen von Teilaspekten des Untersuchungsfeldes, wofür sich vielgestaltige Varianten anbieten, die über ihre Funktion als Zwischenbe-

richte hinaus als analytisch strukturierende Hilfsmittel zu neuen Einfällen inspirieren: *Ideenmemos* können an interessante Anregungen erinnern, die nicht nur dem vorliegenden Material entspringen, und dienen der Vorbereitung späterer Analysezyklen. Wenn Anomalien den Weg zu neuen Erkenntnissen bereiten, ist es sinnvoll, solche noch wenig einsortierbaren Erscheinungen zumindest zur Kenntnis zu nehmen und für die weitere Analyse aufzubereiten. Dafür ist es zweckmäßig, sie ins Gedächtnis einer Zwischenbilanz zu heben und vielleicht vorerst nur spekulativ abzuhandeln. Besonders wichtig sind *Analysezusammenfassungen*, welche die Interpretationsergebnisse vorläufig verdichten und den jeweiligen Erkenntnisstand dokumentieren. Hier ist zu beachten, dass sich im Forschungsverlauf Interpretationen vielfach verändern, zuletzt als immer schon präsent erscheinen und dadurch ihren eigenen Entwicklungsprozess verdecken. Daher sollte jedes Ergebnis einer Interpretationssitzung in seinen Kernaussagen zusammengefasst werden. Etwas weiter gehen *Partialanalysen*, die einen zusammenhängenden Themenbereich umfassend (und vorläufig) ausarbeiten. Solche Analysen fungieren als erste Versatzstücke für die Gesamtanalyse.

- Als hilfreich kann sich die Verwendung von *Ordnungsrastern* erweisen, welche eine besonders strenge Strukturierung erfordern. Dazu zählt etwa die Konditionalmatrix (vgl. Corbin/Strauss 1996, Corbin/ Strauss 2008: 90ff.): Die Kernidee liegt in der Strukturierung der Interpretation nach verschiedenen Ebenen von Bedingungen, die als Ursache, Konsequenz oder moderierender Faktor auf ein Phänomen bzw. einen Prozess wirken können, wobei das Bedingungsgefüge oder allgemein der Kontext eines Phänomens relational erschlossen wird. Darüber hinaus könnte man in einer konzentrischen Anordnung den Ausgangspunkt der Analyse in Form von Handlungen und Interaktionen in den Mittelpunkt rücken. Um diese ordnet man die mit diesen verknüpften Gruppen bzw. sozialen Kollektive. Dies kann man nach außen fortsetzen, indem man um diese Substrukturen von Organisationen und Institutionen, Organisationen und Institutionen, Gemeinden, die Ebene der Nation und letztlich den internationalen Bereich (als verschiedene Ebenen solcher Bedingungsgefüge) gruppiert.

- Eine andere Variante wären *Kontrastschemata*, welche Unterscheidungskriterien fixieren und die Bedeutung von Gegensätzlichkeiten analytisch hervorheben. In diesem Fall lassen sich Vergleiche in ein Mehrfelderschema einordnen, wobei man diese nach relevanten Kriterien inhaltlich strukturieren kann (z.B. Wahrnehmungsdifferenzen von Männern und Frauen hinsichtlich verschiedener Beobachtungsdimensionen). Die gesonderte Kennzeichnung und Analyse von expliziten (von AkteurInnen benannten bzw. bewusst gehandhabten) und impliziten Unterscheidungen (die offenkundig mitwirken, aber nicht genannt werden) verdeutlicht die Differenz von manifesten und latenten Strukturmomenten des Feldes, die sich in den feststellbaren Beobachtungsweisen der AkteurInnen und in der nicht intendierten oder der verborgenen Dynamik des Feldes entäußert.
- *Verlaufsdarstellungen* eignen sich wiederum für Prozessanalysen. Auch hier ergeben sich vielfältige Grundstrukturen, die keineswegs immer als Ursache-Wirkungs-Diagramme verfertigt werden müssen, sondern verschiedene Aspekte berücksichtigen können: etwa die Definition des fokussierten Objekts, die Regeln der Stabilisierung bzw. Veränderung und die Kräfte, die Kontinuität gewährleisten bzw. Veränderung ermöglichen.
- Zur Analyse von Relationen und/oder Themen eignen sich wiederum *Relationaldiagramme*, indem man netzwerkartig die einzelnen Komponenten in eine Beziehung zueinander stellt und versucht, die Art der Beziehung näher zu bestimmen. Mehrere Arten solcher Relationaldiagramme können eingesetzt werden:
  Soziogramme definieren die Art der Beziehungen der AkteurInnen in einem Untersuchungsfeld (wobei die ForscherInnen durchaus Teil dieser Beziehungsstruk-

turen sein können). Zu diesem Zweck listet man zuerst die relevanten AkteurInnen auf, zeichnet dann die Beziehungen als Verbindungen ein und gibt dazu im einfachsten Fall die Richtung bzw. die Bewertung (z.B. positiv, negativ oder neutral) an. Aus solchen Diagrammen lassen sich anschließend mögliche Konstellationen, wie Nähe und Distanz, Koalitionen, Feindschaften etc., herausfiltern, die die vorfindbaren Beziehungen charakterisieren.

Ähnliches lässt sich auch im Sinne von *Interdependenzdiagrammen* durchführen: Zuerst umgrenzt man die fokussierte Situation oder ein Ereignis; danach definiert man jene Faktoren, die in einer Situation oder in einem Feld zentrale Bedeutung haben; anschließend trägt man paarweise für jede mögliche Wirkungsbeziehung (in Form von Pfeilen) ein, ob und in welcher Richtung eine Beziehung besteht und ob sie positiv (verstärkend) oder negativ (abschwächend) ist. Die Analyse der so erstellten Grafik bietet Hinweise auf interdependente (Faktor ist Ausgangs- und Endpunkt von Beziehungspfeilen), abhängige (nur Endpunkt), unabhängige (nur Ausgangspunkt) oder irrelevante (weder Ausgangs- noch Endpunkt) Faktoren und lässt Kausalschleifen mit sich ausweitender (ungerade Zahl negativer Beziehungen) oder begrenzender Dynamik (gerade Zahl negativer Beziehungen) bestimmen. Ein solches Diagramm bietet sich daher als *Heuristik* für *Interdependenzanalysen* an (vgl. Weick 1985: 102ff.).

Um die Zuschreibungsstrukturen sozialer Phänomene in den Griff zu bekommen, bieten sich *Bedeutungsdiagramme* an, wobei zentrale Begriffe, Problemlagen, Personen oder Strukturmomente mit den sie jeweils bestimmenden Charakteristika verbunden werden. Auch hier legt man zuerst den Zuschreibungsfokus fest (z.B. verwendete Begriffe wie „wir“, „unser“ etc. oder Abgrenzungen wie „die“, „sie“ etc.), um danach zu bestimmen, wer auf welche Art diesem Fokus bestimmte Merkmale zuordnet und welche Distinktionen sich daraus ergeben. Daraus lässt sich die differenzierte Struktur und Logik von Beobachtungsformen genauer bestimmen; dies regt zum Nachdenken über die Bedeutung und die mögliche Genese von Zuschreibungslogiken an. Hierbei kann man auch vergleichen, inwiefern bezüglich bestimmter Begriffe etwa verschiedene Zuschreibungscharakteristika auftauchen (etwa der Begriff ‚Flüchtling' seitens verschiedener AkteurInnen).

Die enttäuschungsfeste Regulierung sozialer Handlungsweisen und Beziehungen lässt sich mittels *Normstrukturdiagrammen* bearbeiten, indem man die Beziehungsstrukturen nach den Basiskomponenten der Normierung (Popitz 1980) nachkonstruiert: Man definiert für soziale Bereiche zuerst die geltenden Regeln und bestimmt für jede Regel die interne Struktur (dazu gehören der Geltungsbereich und die Frage der Reziprozität), wodurch sie gesetzt wird (Normsetzung), wer bzw. was in welcher Form davon betroffen ist oder davon profitiert (Adressierung, Benefiziare), wie die Einhaltung garantiert wird (Normhütung) sowie inwiefern und welche Sanktionsverfahren bestehen (wie etwa Sanktionsrechte und -pflichten, Sanktionsinhalte).

Ähnliches gilt für *Rollenstrukturdiagramme*, wobei für einzelne Positionen im Feld in einem ersten Schritt die relevanten Bezugsgruppen bestimmt werden, die jeweils (mehr oder weniger normierte) Erwartungen an eine Position hegen. In der Folge versucht man, die spezifischen Erwartungen dieser Bezugsgruppen und deren Verbindlichkeit herauszuschälen, was die Identifikation von Konflikten als Erwartungsdiskrepanzen zwischen den Bezugsgruppen ermöglicht. Anschließend kann man analysieren, welche anderen Rollen die fokussierten RollenträgerInnen einnehmen und inwiefern hier Konflikte zwischen verschiedenen Rollenanforderungen auftreten (zur Rollentheorie vgl. Dreitzel 1980). Das Gefüge solcher Rollen kann Aufschlüsse über die Koordinierung sozialer Aktivitäten und die damit verbundenen Spannungszonen geben. Rollenstrukturdiagramme lassen sich analytisch ausweiten, indem man die Art der Rollenübernahme durch die AkteurInnen untersucht. Dies erfordert die Berücksichtigung der sozialisatorischen Kraft von Bezugsgruppen und die Reflexion jener Voraussetzungen, die erfüllt sein müssen, damit PositionsinhaberInnen ihre Rolle auch spielen können. Dazu kommen beanspruchte Spielräume bei der Realisierung der Rolle als balancierende Regulierung des Verhältnisses zwischen dem sozialen Selbst als Anforderungen der Umwelt und der Verwirklichung des individuellen Selbst als Variabilität der Rollengestaltung sowie die potenzielle Distanzierung von Anforderungen durch Bezugsgruppen.

- Zwischenbilanzen können als *Literaturvergleich* bestimmte Erklärungsansätze der Literatur aufgreifen und mit den bislang verfügbaren Ergebnissen kontrastieren, um die Angemessenheit dieser Konzepte für die Bearbeitung der Thematik zu prüfen und mögliche Unzulänglichkeiten oder auch Vorzüge zu identifizieren. Gerade zur Herstellung der Anschlussfähigkeit im Wissenschaftssystem ist die Reflexion des Standes wissenschaftlicher Diskussion elementar, wobei entsprechende Memos die Diskussion für die abschließende Forschungsdarstellung vorbereiten.
- Ein eigener Typus von Memos beschäftigt sich mit den *Ergebnissen von Teamsitzungen*, die insofern besonders produktiv sind, weil sie in kollektiver Arbeit und in unmittelbarer Auseinandersetzung mit verschiedenen Arbeitsweisen und der Debatte verschiedener Erkenntnisse entstehen, in die unterschiedliche Sichtweisen des Datenmaterials einfließen. Darüber hinaus reflektieren solche Memos den gemeinsamen (mitunter auch kontroversen) Diskussionsstand.
- Für die Entscheidung über geeignete Forschungsstrategien bieten sich *Methodenmemos* an, welche die forschungsstrategische Vorgangsweise zumindest in entscheidenden Phasen dokumentieren, wobei insbesondere auf die Schwierigkeiten bei der Materialerhebung und der Analyse zu achten ist.

Manche dieser Aufzeichnungshilfen lassen sich hervorragend im Rahmen der Erhebung einsetzen: So ist es möglich, bei der Erhebung des historischen Prozesses von den AkteurInnen selbst ein Verlaufsdiagramm erstellen zu lassen. Ein solches Diagramm kann eine ausgezeichnete Gesprächsbasis darüber bilden, welche Höhen und Tiefen die dargestellte Entwicklung charakterisieren, welche Ereignisse mit Auffälligkeiten der Entwicklungslinie korrespondieren, welche Gründe diese Entwicklung provozierten, welche Dimensionen bei der Erstellung einer oder auch verschiedener Verlaufsdarstellungen in den Vordergrund traten oder welche Zeithorizonte dadurch abgesteckt wurden. Darüber hinaus ist die Besonderheit der Darstellung (oder konkurrierender Darstellungen) selbst Gegenstand nachfolgender interpretativer Analysen.

Da sich die fortschreitende Analyse gleichsam einem Grenzwert im Sinne einer brauchbaren und hinsichtlich der Prüfverfahren robusten Argumentation annähert, ist forschungslogisch kein exakter Endpunkt definierbar. Grundsätzlich könnte der Analyseprozess unendlich weitergeführt werden. Daher braucht es ein heuristisches Entscheidungskriterium, das angibt, wann man diese Forschungszyklen abschließt und zur Berichterstellung und Präsentation übergeht. Im Sinne des theoretischen Samplings bietet sich hier ein Kriterium an, das der Begriff „theoretische Sättigung“ treffend umschreibt: Man beendet die Analyse, wenn nicht mehr zu erwarten ist, dass die Untersuchung neuer Daten noch etwas zur Weiterentwicklung der Theorie beitragen könnte (Glaser/Strauss 1998; siehe Kap 5.2).

d) Zur Ergebnisdarstellung

Ohne Kommunikation der Erkenntnis leistet auch die brillanteste Untersuchung weder einen Beitrag zur Wissenschaft noch einen zur gesellschaftlichen Entwicklung. Sozialwissenschaftliche Feldforschung muss daher anschlussfähig zu relevanten Bezugskollektiven gehalten werden, wobei Berichte nicht nur eine allgemeine Verfügbarkeit des Wissens für die Gesellschaft herstellen und den Pseudozyklus eines Forschungsprojektes abschließen, sondern das Wissenschaftssystem insgesamt ankurbeln. Die Darstellung von Ergebnissen macht diese zugänglich und unterwirft die Forschung einer kritischen Rezeption (zur Forschungsdarstellung siehe außerdem Kap. 5.3).

Zumindest drei *AdressatInnengruppen* mit verschiedenen Rezeptionsmustern lassen sich unterscheiden:

- Die *Wissenschaft*, die sich durch ihr spezifisches (und intern nach verschiedenen Fachrichtungen und methodologischen Strömungen differenziertes) Erkenntnisinteresse auszeichnet und besondere Ansprüche an die Vertrauenswürdigkeit der Daten erhebt. In diesem Sinne stellt sich die Aufgabe, die Thematik, die Vorgangsweise und das erlangte Wissen nachvollziehbar zu erläutern und zugleich Hinweise zu geben, die künftige Forschungsarbeiten auf ähnlichen Gebieten erleichtern. Das aus dem Produkt erwachsende Verständnis des Untersuchungsbereichs und die Anregung des Wissenschaftssystems sind die substantiellen wissenschaftlichen Leistungen. In Frage kommen dafür einerseits Fachvorträge auf wissenschaftlichen Tagungen (häufig nach Einreichung und Begutachtung im Vorfeld) oder Beiträge in wissenschaftlichen Zeitschriften (meist über Einreichung und Begutachtung sowie eventueller Überarbeitung), Sammelbänden (oft über Einladung) und Büchern sowie in letzter Zeit auch Veröffentlichungen im Internet (z.B. in Online-Journalen). Fachzeitschriften akzeptieren häufig Beiträge erst nach Überarbeitung anhand von Vorschlägen von GutachterInnen. Diese orientieren sich in der Regel an den Standards der Zeitschrift und einer Disziplin, wodurch sie die Forschungslandschaft ein Stück weit homogenisieren (aber auch der Innovativität von Beiträgen Grenzen setzen). Bücher unterliegen (sofern man einen Verlag findet) diesen Beschränkungen in geringerem Maße und eignen sich für umfassendere Darstellungen von empirischen Forschungen in ihrem theoretischen Kontext.
- Die *Gesellschaft* bzw. die untersuchten Lebensbereiche dagegen sind als Koproduzenten der Erkenntnisse Ansprechpartner für Ergebnisse, weil sie von möglichen Konsequenzen potenziell betroffen sind und durch ihre Beiträge solche Studien erst ermöglichen. Ein Feedback an das Untersu-

chungsfeld kann somit eine kleine Gegenleistung für die Mitwirkung an einer Forschungsarbeit bilden. Interpretative Feldforschung legt durch die Kommunikation von Modellen des Weltverstehens Verständnisweisen von Phänomenen in der sozialen Welt dar und leistet in diesem Sinne einen Beitrag zur reflexiven Aufklärung. Auch wenn die Forschung selbst keine Lösungen zur Handhabung damit verbundener Problemlagen anbietet, sondern vorrangig deren Verständnis im Auge hat, ergeben sich daraus in vielen Fällen auch Hinweise auf unterschiedliche Handlungsoptionen im Lichte der Forschungserkenntnis. Generell orientieren sich solche Veröffentlichungen an einer allgemein verständlichen Sprache, die es den RezipientInnen auch ohne weitreichende Fachkenntnis ermöglicht, die Ergebnisse nachzuvollziehen. Allerdings ist Vorsicht vor unzulässigen Vereinfachungen angebracht, die insbesondere auch durch den Druck der Medien auf medienwirksame Darstellung gefördert werden. Geeignete Medien sind etwa populärwissenschaftliche Bücher und Vorträge (auch Beiträge für Rundfunk und Fernsehen), seriöse Zeitungen und Magazine sowie Beiträge im Internet.

- Für *AuftraggeberInnen* haben wissenschaftliche Studien meist einen instrumentellen Charakter und werden zur Lösung von Problemen oder für strategische Zwecke (z.B. Interessendurchsetzung, Legitimation) eingesetzt. Aus diesem Grund orientieren sie sich häufig an Anwendungen und konfrontieren Forschung mit (aus der Perspektive der Wissenschaft) durchaus problematischen Erwartungen: So ist die Erwartung unmittelbarer Umsetzung deshalb nicht einlösbar, weil interpretative Studien keine Problemlösungen anbieten, sondern eine spezifische Perspektive der Beobachtung zum Verständnis von Ereignissen und Prozessen vermitteln. Darüber hinaus wird oft die Hoffnung von AuftraggeberInnen auf Bestätigung der eigenen Vermutungen enttäuscht. Um die Verbreitung unerwünschter Ergebnisse zu verhindern, legen AuftraggeberInnen mit der Auftragserteilung eine vertrauliche Behandlung der Forschungsarbeit fest. Vorweg unbedachte Momente einer Forschungsarbeit finden oft nur dann Zuspruch, wenn sie zu den Auftragsinteressen kompatibel sind, was mitunter zu einer engen Auftragsdefinition führt, um den wissenschaftlichen Spielraum (d.h. die Ungewissheit der Ergebnisse) bereits im Vorfeld zu begrenzen. Damit ist die Forschungsarbeit im Zweifelsfall einer breiteren Diskussion entzogen und geht der Wissenschaft verloren. Deshalb ist im Vorfeld einer Auftragsannahme zu prüfen, inwieweit eine seriöse Durchführung einer Studie überhaupt möglich ist. Entsprechende Darstellungsmedien sind hier häufig Präsentationen und Workshops, Forschungsberichte oder Veröffentlichungen im Rahmen betrieblicher Informationsmedien (wie Rundmail oder Betriebszeitung). Häufig ist dies mit einer Diskussion der Umsetzung der Erkenntnisse verbunden.

Betrachtet man daher die kommunikative Funktion von Forschungsberichten (egal ob mündlich, schriftlich oder in anderer Form aufbereitet), so sind die drei bereits oben (Kap. 2.1) besprochenen Elemente der Kommunikation zu berücksichtigen, wobei man den Selektionsprozess sinnvollerweise nun von hinten aufrollt:

- *Verstehen*: Will man bei den potenziellen RezipientInnen einen seriösen (und möglichst den intendierten) Eindruck hinterlassen, bedarf es Erwägungen über die *Anschlussfähigkeit* an AdressatInnen. Unangenehmerweise erfährt man immer erst *nach* der Mitteilung, welche Reaktionen diese auslöst, und erhält dadurch verspätet eine Vorstellung darüber, was die eigenen Ergebnisse für andere bedeuten. LeserInnen oder ZuhörerInnen interpretieren eine Präsentation nicht vor einem einheitlichen, homogenen Wissenshintergrund oder einem identischen lebensweltlichen Kontext: Für LaiInnen ist anderes wichtig, interessant oder überraschend als für SpezialistInnen auf einem Fachgebiet; VertreterInnen unterschiedlicher Disziplinen bzw. methodologischer Positionen bewerten nach differenten Kriterien von Wissenschaftlichkeit. Becker (1994: 36ff.) empfiehlt daher, den verfassten Text bereits frühzeitig ausgewählten Personen aus dem angepeilten Leserkreis zu überlassen. Auf diese Weise erhält man einen Eindruck davon, welche Schlüsse andere aus den Forschungsdarstellungen ziehen. Aber weder lassen sich alle Unklarheiten beseitigen, noch lassen sich alle Interessen gleichermaßen befriedigen; vielmehr ist darüber zu entscheiden, von wem man vorzugsweise auf die intendierte Weise verstanden werden will, und zu überlegen, wie sich die Anschlussfähigkeit verbreitern lässt.

- *Mitteilungsform*: Wissenschaftliche Darstellungen lassen sich nicht vom Kontext ihrer Präsentation trennen. In die Darstellungsformen fließen nicht nur argumentative Brillanz und Sprachgefühl ein, sondern auch die Anordnung der Präsentation nach settingspezifischen Regeln, indem man etwa einem Wissenschaftsverständnis entsprechend die Bedeutung der Thematik, die Vorgangsweise, das Datenmaterial, die Auswertung und die Schlüsse daraus Revue passieren lässt und dadurch die Seriosität der Arbeit unterstreicht. Die gewählte Struktur, die verwendete Sprache, die Unterstützung durch vereinfachende Grafiken – all dies findet im antizipierten Verständnis der AdressatInnen (in Fachzeitschriften vorerst der GutachterInnen) seinen Niederschlag.
- *Informationsauswahl*: In jedem Bericht sind Entscheidungen über die Relevanz einzelner Informationen erforderlich. Wissenschaftliche Darstellung ist eine hochselektive Angelegenheit, weil nicht alles Diskutierte, nicht alle Imponderabilien und nicht alle Ideen und kritischen Einwände genannt werden (können). Deshalb ist festzulegen, ob man nur global über die Vorgangsweise berichtet – Protokolle oder Ausschnitte daraus als Belegmaterial beifügt – oder einfach die wichtigsten Schlüsse aus der Arbeit zieht. Alles in allem muss man die Relevanz der einzelnen möglichen methodischen und thematischen Beiträge für das Gesamtverständnis des Dargestellten abwägen.

Präsentationen sind wie *Theaterstücke* (vgl. Goffman 1985), die durch ihren Aufbau Spannung erzeugen und durch den Einsatz von Stilmitteln faszinieren: Passivkonstruktionen vermitteln eine Distanz zu klaren Kausalzuschreibungen; mit Umschreibungen und Distanzierungsformen lässt sich eine Festlegung vermeiden (so lassen sich mögliche Einwände leichter entkräften); institutionalisierte Praktiken wissenschaftlicher, mit Fachtermini gespickter und verschlungener Ausdrucksweisen demonstrieren argumentative Elaboriertheit und Seriosität; implizite Metaphern wecken Assoziationen. Es handelt sich um das rhetorische Spiel, BeobachterInnen Respekt und Zustimmung abzunötigen, in dem die Balance zwischen Wissenschaftlichkeit und Lesbarkeit ein gewichtiges Element bildet.

Wissenschaftliche Ergebnisse müssen das Kunststück vollbringen, die Komplexität der interpretativen Analyse auf zentrale Komponenten zu kondensieren und zugleich die Plausibilität der Analyse herzustellen (vgl. auch Golden-Biddle/Locke 2007). Speziell für Publikationen in Fachzeitschriften und Sammelbänden steht nur eine beschränkte Seitenzahl zur Verfügung, und Vorträge auf Kongressen reduzieren sich meist ebenfalls auf Kurzpräsentationen. Abgesehen von der inhaltlichen Darstellung lässt sich die Entscheidung über die Angaben zur Vorgangsweise als allgemeine Verortung einer Studie nicht umgehen. Da sich in der Regel das Forschungsmaterial nicht vollständig offenlegen lässt (z.B. Beobachtungen) und die Erhebungs- und Interpretationsverfahren konsequenterweise dem Forschungsverlauf angepasst werden, ist es unabdingbar, die forschungsleitenden Prinzipien herauszustreichen. Diesbezüglich lassen sich jedoch (abhängig von der Form der Publikation) allenfalls grobe Richtlinien angeben:

- der Verweis auf methodologische Basisüberlegungen, welche die Entscheidungen über die wichtigsten Konstruktionselemente der Forschungsorganisierung begründen;
- die Beschreibung der grundsätzlichen Forschungsorganisierung, um die Art des gewählten Zuganges zum Forschungsgegenstand, die Berücksichtigung der Perspektivität und die Herstellung von Verlässlichkeit transparent zu machen;
- die Darstellung der verfahrenstechnischen Elemente von Erhebung und Interpretation, um die Besonderheit der Erkenntnisgewinnung offenzulegen.
- Eventuell fördert die exemplarische Darlegung wichtiger bzw. typischer Elemente der Forschungsorganisierung oder der angewandten Verfahrensweisen (bzw. deren Besonderheiten) die Nachvollziehbarkeit der Vorgangsweise.

Über die Plausibilisierung der methodischen Vorgangsweise und die inhaltliche Darstellung hinaus geht es auch um die Rückbindung der Erkenntnisse an den Ausgangspunkt der Forschungsarbeit sowie die Verortung in der wissenschaftlichen Landschaft. So macht die Darstellung der Entwicklung der Forschungsperspektive deutlich, wie sich das Verständnis des Forschungsgegenstandes gewandelt hat und was diesen Wandel notwendig gemacht hat. Dies ist zugleich ein Hinweis auf die Tragfähigkeit impliziter alltagsweltlicher Unterstellungen oder von theoretischen Vorannahmen. Die Einordnung der Forschung in bereits verfügbare theoretische und empirische Erkenntnisse ist der Schlüssel zur Weiterentwicklung der Wissenschaft. Erst diese eröffnet die Argumentation hinsichtlich der wissenschaftlichen Relevanz eines Beitrags. Der Bezug zur Wissenschaft eröffnet dabei verschiedene Optionen, die sich vielfach auf folgende konzentrieren: (a) Inwiefern wird ein möglicherweise bisher noch nicht beachtetes, aber dennoch sozialwissenschaftlich relevantes Phänomen einem theoretisierenden Verständnis zugänglich macht (Eindringen in eine wissenschaftliche Lücke)? (b) Inwiefern wird eine neue theoretische Perspektive in Hinblick auf einen Forschungsgegenstand eröffnet und worin liegt deren Stärke im Vergleich mit anderen Perspektiven (Vorstellung einer alternativen Theorie)? (c) Inwiefern ergänzt oder modifiziert der Beitrag bisherige Vorstellungen über einen Gegenstandsbereich und welche Theoriefolgen sind damit verbunden (Modifikation theoretischer Vorstellungen)? (d) Inwiefern machen die Erkenntnisse eine Neuinterpretation verfügbarer empirischer Befunde erforderlich (theoretisches Reframing der Empirie)? (e) Inwiefern macht es sozialer Wandel nötig, bisherige Erkenntnisse neu zu hinterfragen (Adaption etablierter Annahmen)? (f) Inwiefern ergeben sich aus den Erkenntnissen Hinweise auf eine veränderte empirische Praxis in Hinblick auf vergleichbare Thematiken (methodologische Entwicklung)?

3.2 Interpretation als zentrale Komponente der Forschungsarbeit

Soziale Phänomene sind überaus komplexe Gebilde, deren regulierende Komponenten und Kontextbedingungen gewöhnlich nicht genau bekannt sind. Darüber hinaus sind die Beziehungen zwischen den einzelnen relevanten Faktoren kontingent und weitgehend intransparent. Dörner hat dies in seiner „Logik des Misslingens“ (Dörner 1992) eindrucksvoll demonstriert, indem er zeigte, wie unter Druck in komplexen, intransparenten und dynamischen Situationen problematische Entscheidungen getroffen werden, die auf unzureichenden und kurzschlüssigen Hypothesen über solche Systeme beruhen. Weick (1985) zeigte wiederum, wie man die (Re-) Konstruktion von Interdependenzschleifen zum besseren Verständnis organisationaler Dynamik nutzen kann. Auch wenn die beiden Autoren sich aus einer verschiedenen erkenntnistheoretischen Perspektive der Analyse komplexer sozialer Phänomene annähern, so greifen sie ein Grundproblem auf: Wie kann man es schaffen, sich nicht durch die Komplexität des Systems überwältigen zu lassen, wie verhindert man die Fixierung auf inadäquate Annahmen und wie kann man ein vereinfachendes Denken in linearen, eindimensionalen Beziehungen überwinden.

Die interpretative Sozialforschung steht vor einem ähnlichen Problem, wobei ein Teil der Bewältigungsstrategien bereits in der Forschungsorganisierung angegangen wird, ein anderer Teil aber in methodischen Vorkehrungen für die Interpretation ihren Niederschlag findet. Nimmt man die methodologischen Anforderungen und Prämissen einer interpretativen Sozialforschung ernst, so lassen sich einige Richtlinien nennen, auf die jede Materialinterpretation zurückgreifen kann und welchen man in vielen methodischen Vorgangsweisen begegnet (siehe auch Lueger 2010). Es sind dies Verfahrenskomponenten, die sicherstellen sollen, dass die eigenen Vorannahmen nicht ungeprüft auf die Materialauslegung durchschlagen. Sie sollten sicherstellen, dass man sukzessive ein differenziertes und gut geprüftes Wissen generiert, welches sich für das Verständnis der alltäglichen Erscheinungsform eines Phänomens als brauchbar erweist. Fünf solcher Basiskomponenten werden daher näher beschrieben:

- *Dekonstruktion*: Jeder Prozess der Erkenntnisgewinnung muss sich erst einmal von der gerade in alltäglichen Dingen immer schon prioritären Sinnhaftigkeit der Welt, der ursprünglichen Glaubwürdigkeit der Erscheinungen als typisierte Erfahrung trennen. Nur wenn man Vertrautes anzweifelt und Dissens provoziert, stellt man eine Frage, die über bereits Bekanntes hinausführen kann. Bekanntes wird hingegen verortet, identifiziert und bietet keinen Anlass für weitere genauere Betrachtungen. Um daher die Sinnzuweisungskapazität eines Interpretationssystems zu erweitern, bieten sich methodische Kunstgriffe an, die eine rasche Bezeichnung und Identifikation von Phänomenen blockieren und dadurch zur Kritik alltäglicher Weltauffassung und zur Neustrukturierung von Wissen nötigen.

Methodisch lassen sich dafür zumindest zwei Basisverfahren angeben: (a) Das radikale Verfahren besteht in einer weitestgehenden *Zerstückelung und Dekontextualisierung* des Materials, sodass der ursprüngliche Zusammenhang nicht mehr erkenntlich ist. Auf diese Weise werden Texte in kleinste Sinneinheiten zerlegt (etwa einige Worte, eine Pause etc.), wie dies etwa in der objektiven Hermeneutik (Oevermann u.a. 1979, Froschauer/Lueger 2003) geschieht, Handlungen zerteilt man in minimalistische Teilhandlungen, Artefakte löst man in einzelne Bruchstücke auf. Dies hat den Vorteil, dass man unbelastet durch naheliegende Vorannahmen über den Gesamtzusammenhang diesen erst (re-)konstruieren muss, was die Chance auf die Entdeckung von Neuem erhöht. Diese Vorgangsweise zwingt dazu, die eigenen Annahmen und die Selektivität der Bezugnahmen immer wieder zu begründen und systematisch zu erweitern. Benutzt man die so aufgebaute Argumentation zur Ableitung daraus folgender Annahmen, so können diese als Prüfkriterien für die nachfolgenden Stellen dienen. Darüber hinaus erhält man Anhaltspunkte, welches zusätzliche Material für eine intensive Prüfung erforderlich ist. Die Analyse des jeweils nachfolgenden (oder ergänzend erhobenen) Materials zeigt dann, inwieweit der eingeschlagene Argumentationsgang tragfähig, zu modifizieren oder überhaupt zu verwerfen ist. (b) Das zweite Verfahren ist etwas abgemildert und besteht in einer systematischen *Ausblendung des äußeren Materialkontextes*. In diesem Fall bleibt für die Analyse die Handlungssituation verborgen und muss daher aus dem vorhandenen Material schrittweise wiederhergestellt werden und lässt sich danach mit dem faktischen Rahmen der Handlung vergleichen. Ausschlaggebend ist folglich, dass die Überlegungen zum Kontext die Beziehung zwischen dem analysierten Material und seinem Kontext begründen müssen, was zu einer Expli-

kation der Relationierung zwischen den internen Bedingungen des Materials und den Faktoren ihrer Existenz (Entstehung und Gebrauch) zwingt.
Im Hintergrund steht hier das dialektische Prinzip, dass man, um etwas als Besonderes auffassen zu können, es erst aus seinem Zusammenhang herauslösen muss (Israel 1979: 101ff.), wobei diesem Zusammenhang paradoxerweise analytische Priorität eingeräumt wird. Methodisch erzeugt man im Interpretationsprozess einen permanenten Vergleich, indem man mit zunehmender Kontext-(Re-)Konstruktion fortwährend die Prüfinstanz der Interpretation aufbaut. Der innere selektive Zusammenhang des Materials (d.h. seine am Anfang nicht bekannte Erscheinungsform) wird in der Analyse sukzessive aufgedeckt und bildet die Vergleichsbasis für die jeweils getroffenen Annahmen, die im Analyseprozess immer wieder modifiziert werden müssen.

- *Komparative Differenzierung*: Damit gelangt man zur komparativen Differenzierung, wobei die nach dem oben beschriebenen Verfahren dekontextualisierten Bestandteile wieder (re-)konstruktiv so aufgebaut werden, dass sie im Vergleich mit möglichen Alternativen und den faktischen Selektionen das Verständnis über den Gesamtprozess eines untersuchten Gegenstandes erweitern können. In diesem Differenzierungsverfahren kann man sich dreier Analysevarianten bedienen: (a) Die Spekulation über verschiedene Kontexte, in welchen das Material sinnvollerweise in der gegebenen Form auftauchen könnte; aus dem *Vergleich dieser Kontexte* werden Gemeinsamkeiten herausgefiltert, die als Hinweis für allgemeine Merkmale genommen und dem Material für die weitere Analyse zur Ausarbeitung und Konkretisierung unterstellt werden (vgl. Oevermann 1984: 236f.). (b) Indem der Kontext als Sinnstiftung die Entwicklungspotenziale von Prozessen strukturiert, lässt sich für die *Explikation von Bedeutungszusammenhängen* die Relation von wahrscheinlich im Untersuchungsbereich vorhandenen Erwartungen zu den möglichen Folgen heranziehen, um Hinweise auf die soziale Entwicklungsdynamik zu erhalten. (c) Während im vorigen Abschnitt bereits auf die Prüfung der hypothetischen Kontextalternativen mit dem beobachteten inneren und äußeren Kontext aufmerksam gemacht wurde, bekommt in der komparativen Differenzierung die *Rekombination* der Teile in Hinblick auf Fehlendes noch eine zusätzliche Bedeutung. Hier lässt sich etwa unter der Prämisse vollständiger Totalität, abgeleitet aus Normalitätsfolien alltäglichen Handelns, danach fragen, inwiefern sich im Material Unvollständigkeiten abzeichnen, und diese können auf mögliche Anomalien untersucht werden.

In all diesen Fällen stehen Spekulationen über wahrscheinliche Varianten von ‚Normalität' im Untersuchungsbereich im Mittelpunkt. Solche *‚Normalitätsfolien'* kennzeichnen zwei Formen von Unterstellungen über das Untersuchungsfeld: (a) typisierte Annahmen darüber, wie alltagskompetent handelnde Personen sich in einer konkreten gesellschaftlichen Lage und in einer spezifischen Situation aller Wahrscheinlichkeit nach verhalten; (b) jene Begleitumstände, die im Kontext vergleichbarer Phänomene typischerweise auftreten und somit einen wahrscheinlichen Rahmen des fokussierten Phänomens abgeben. Diese Annahmen sind – und das sei hier nochmals betont – hypothetische Spekulationen über typische oder wahrscheinliche Erklärungszusammenhänge und fungieren als Kontrastfolie zu den empirisch feststellbaren Phänomenen.

Ein solcher Vergleich ist unter drei Bedingungen besonders ergiebig: (a) wenn im Vorhinein der konkrete empirische Zusammenhang, auf den sich die Mutmaßungen beziehen, nicht bekannt ist (dies verstärkt zugleich die Bedeutung der Dekonstruktion); (b) wenn alternative Konstruktionen von Normalitätsfolien verfügbar sind, sodass die weitere Analyse die Entscheidung für eine Variante und die Analyse ihrer Geltungsbedingungen vorantreibt und präzisieren hilft; (c) wenn sich im Analyseverlauf Abweichungen zur konkreten Entwicklung des Falles konstatieren lassen, weil nur Anomalien die Erkenntnis vorantreiben und Irritationen auslösen, die erst in der Interpretation wieder zu einer verständlichen Einheit integriert werden müssen. Bestätigungen können dagegen das ohnehin bereits vorhandene Wissen nur stabilisieren und verhindern das Überschreiten bisheriger Kenntnisse. Aus diesem Grund ist die Suche nach *Anomalien* und Widersprüchen sowie deren Aufklärung eine zentrale Aufgabe interpretativer Forschung.

- *Kontextuelle Sinnkonstituierung*: Da der Sinn von Untersuchungsgegenständen immer in einem sozialen und gesellschaftlichen Prozess hervorgebracht, verwendet und verändert wird (und nicht den Gegenständen inhärent ist), muss interpretatives Verstehen auf diesen Prozess der Sinnkonstitution rekurrieren (vgl. Blumer 1969). Dieser Sinnkontext beruht auf zwei Säulen der Interpretation: Die *materialisierte Ausdrucksform* fungiert als sinnlich zugängliche Basis für die Beobachtung (Was beobachtet man?); dazu kommt der *Erfahrungshorizont* des interpretierenden Systems, das auf Bedeutungen zurückgreift, die den sozialen Charakter der kollektiven Bildung von Sinnhorizonten spiegeln (Wie ordnet man das Beobachtete ein?). Insofern muss jede Interpretation auf verfügbare und auf unter verschiedenen Bedingungen vorstellbare Bedeutungsalternativen zurückgreifen und die Plausibilität der verschiedenen Varianten prüfen. Jede Interpretation beruht daher auf einem (möglichst umfangreichen) Wissen, das man an das Material versuchsweise heranträgt und dabei prüft.
  Darüber hinaus ist der soziale Rahmen eines Phänomens ein entscheidender Bezugspunkt der Analyse. Dieser lässt sich grundsätzlich auf zwei unterschiedliche Arten erfassen: (a) die (Re-)Konstruktion von *Produktions- und Verwendungszusammenhängen* zwischen Phänomenen und Materialien als zwei verschiedene Ausdrucksformen sozialer Praxis; (b) die Analyse der verschiedenen *Sinndimensionen* sozialer Erscheinungsformen. Hierbei lässt sich unterscheiden zwischen der *sozialen* Dimension (Frage der verschiedenen Identifikationen von Sachverhalten und damit des Konsenses bzw. Dissenses bezüglich der Sichtweisen eines Phänomens), der *zeitlichen* Dimension (Entwicklungsformen der Vergangenheit, Zukunftsperspektiven, biografische Situiertheit, Lebensrhythmen etc.) und der *sachlichen* Dimension (als Beziehung zu anderen oder gleichen Sachverhalten, Ereignissen oder Prozessen).
- *Extensive Sinnauslegung*: Aufgrund der methodologischen Überlegungen lässt sich eine Faustregel der Interpretation formulieren: Eine möglichst schnelle und ökonomische Suche nach der einzig zutreffenden Bedeutung ist inadäquat, weil diese zur schnellen Fixierung auf vordergründige Zusammenhänge verleitet. An-

gebracht ist vielmehr eine Analyseform, die sich von Zwängen des Alltagshandelns befreit und versucht, den Blick für die im Material ausgedrückten Strukturierungsleistungen des Untersuchungsbereichs oder der Forschungsaktivitäten zu schärfen.
Von den Zwängen des Alltags befreit man sich am besten, (a) indem man sich von einem aktuellen *Handlungsdruck entlastet* und sich aus einer distanzierenden Perspektive den Bedeutungsvarianten annähert (dafür arbeitet man am besten mit Aufzeichnungen, Artefakten oder Protokollen, während Beobachtungen im Nachhinein einer ausführlichen Reflexion in Hinblick auf die Beobachtungssituation bedürfen); (b) indem man sich von jeglichem *Zeitdruck befreit* auch kleinsten Materialeinheiten ausführlich widmet (um sich nicht vorschnell von Auffälligkeiten in die Irre führen zu lassen); (c) indem man sich auf die systematische *Suche nach alternativen Auslegungen* aus verschiedensten Perspektiven begibt (und nicht aus einem einseitig befangenen Sinnhorizont heraus interpretiert).
Im Sinne der extensiven Sinnauslegung spekuliert man über verschiedene Bedeutungsmöglichkeiten und analysiert sie so, als wären sie im Untersuchungsbereich faktisch wirksam, um Aufschluss über einen möglichen Gesamtzusammenhang des Phänomens zu erhalten. Analyseregeln haben dabei die Funktion, zu verschiedenen Deutungsvarianten anzuregen, die Analyse zu verbreitern und die Kontrolle der Interpretation zu erhöhen. Da man nicht bei der Fülle möglicher Interpretationen stehen bleiben kann, müssen sie einer Selektion unterworfen werden, indem man sie nach der Wahrscheinlichkeit ihrer Geltung (hinsichtlich des Gesamtkontextes) differenziert und jeweils an den nachfolgenden oder an anderen Materialien überprüft.

- *Ergebnisprüfung*: Die Entwicklung der Interpretation in einem kontinuierlichen Prozess bedarf spezifischer Prüfverfahren, welche die Prozessualität für die Sicherstellung der Verlässlichkeit der Erkenntnisse nutzen. Dafür bieten sich drei Verfahrensweisen an, die alle die Datenerhebung mit der Interpretation in einer Weise verknüpfen, dass sie den Forschungsprozess prüfend strukturieren und vorantreiben:
  Die erste besteht im *theoretischen Sampling* (siehe ausführlicher Kap. 5.2), einer Systematik der Erweiterung des Verständnisses

eines sozialen Feldes im Rahmen einer komparativen Analyse. Demzufolge leitet der Entwicklungsstand der Theorie zu einem Zeitpunkt die Auswahl der weiteren in die Analyse einbezogenen Fälle an, indem man aus den vorläufigen theoretischen Überlegungen die jeweiligen Anforderungen für deren Weiterentwicklung und Prüfung ableitet (Glaser/Strauss 1998).

Die zweite Verfahrensweise beruht auf der *systematischen Variation* des Forschungsprozesses (siehe ausführlicher Kap. 5.2), um immer wieder neue Perspektiven zu eröffnen und der Komplexität des Gegenstandes gerecht zu werden. Damit lassen sich Erkenntnisse präzisieren und absichern. Dies kann etwa erreicht werden durch: die Verwendung unterschiedlicher Methoden (z.B. Interviews und Beobachtung) bzw. Verfahren (verschiedene Interviewstrategien oder die Kombination verschiedener Auswertungsverfahren); die spezifische Situiertheit während der Erhebung (z.B. Beobachtungsorte und -zeitpunkte) und während der Interpretation (z.B. die Interpretation durch verschiedene Gruppen); die besonderen Beobachtungs- bzw. Interpretationsperspektiven (Interpretation aus der Perspektive verschiedener AkteurInnen; Einbezug unterschiedlicher Theoriepositionen); sowie die Spezifika des zu erhebenden und zu interpretierenden Materials (z.B. vorfindbare Dokumente oder Interviews).

Drittens spielt hier die permanente *kritische Reflexion* der Erkenntnisse eine zentrale Rolle, wofür die Reflexionsphasen dienen. Darüber hinaus ist dies auch eine Funktion der Interpretation in einer Gruppe, wobei immer wieder darauf zu achten ist, Annahmen nicht voreilig zu akzeptieren und Konsens bzw. Dissens unter Argumentationspflicht zu stellen. Dafür ist es sinnvoll, dass während der Interpretation jeweils ein Teammitglied die Einhaltung von Verfahrensrichtlinien einfordert, um eine Interpretationskontrolle zu gewährleisten. Dazu gehört auch die periodische kritische Durchleuchtung der bisherigen Argumente auf potenziell gleichwertige Alternativen.

Dahinter steht eine bestimmte Art der *Forschungslogik*, die sich einer Kombination abduktiver, deduktiver und induktiver Schlussverfahren bedient (siehe ausführlicher in Kap. 5.2). Diese Kombination soll nicht nur die Erlangung innovative Erkenntnisse fördern, sondern auch zu deren iterativer Absicherung und Ausarbeitung beitragen.

3.3 Das Material der interpretativen Sozialforschung

Da sich die methodischen Überlegungen des nächsten Abschnitts, Kap. 3.4, an der Grundstruktur des Datenmaterials orientieren, ist es sinnvoll, sich zumindest kursorisch mit dessen Merkmalen zu beschäftigen. Kein Forschungsmaterial lässt sich von seinem Entstehungskontext abtrennen und man kann auch nicht so tun, als würde ein Material für sich bestehen. Gerade die Tragweite von Sinneinbettung und Kontextualisierung machen es nötig, die Produktion des Materials, den jeweiligen Verwendungszusammenhang und die Funktion für Forschungsaktivitäten in die Analyse einzubeziehen. Für jede (Re-)Konstruktion von Sinnstrukturen ist daher die Relationalität zwischen dem Material, seinem potenziellen Kontext und der Interpretationsinstanz zu berücksichtigen. Die folgenden Punkte sollen einige Hinweise zu dieser Materialreflexion geben:

- Forschungsmaterialien repräsentieren das Ergebnis eines überaus komplexen *Selektionsmechanismus,* weshalb in der Analyse die Bedingungen der Selektivität und deren potenzielle Wirkungen auf die Interpretation des interessierenden Bereichs zu berücksichtigen sind. Hier stellt sich die Frage nach den Entstehungsbedingungen des Materials im Feld bzw. dessen Generierung und Sammlung im Forschungsprozess.
- Viele Materialien sind das Ergebnis von *Vorinterpretationen* im Forschungsprozess, die als solche häufig nicht mehr thematisiert werden. Beobachtungsprotokolle stellen weitreichende Interpretationsleistungen dar, die den Untersuchungsbereich nur vermittelt sichtbar machen und die Wahrnehmungsweisen der im Rahmen der Erhebung und der ersten Analyse tätigen ForscherInnen enthalten.
- Je umfassender die *Eingriffe* in den Produktionsprozess des Materials ausfallen und je stärker die Forschungsstrategie dem Material Strukturen aufzwingt (wie etwa Befragungen, insbesondere wenn sie mittels Leitfaden durchgeführt werden), desto voraussetzungsvoller ist die Analyse, weil damit ein dichter, manipulativer Filter zum untersuchten Feld aufgebaut wird. Insofern

ist emergiertes, natürliches Material, das nur gesammelt wurde, einfacher zu bearbeiten als durch die Forschung bewirktes. Für die Erhebung sind daher offene Verfahren klar zu präferieren, weil diese die forschenden Eingriffe möglichst gering halten.

- Die *zeitliche Distanz* zur Datenproduktion im Fall von eigenen Feldaufzeichnungen hat zwiespältige Effekte: So steigern sich mit ihr (je nach Materialtyp) Erinnerungs- oder Aufzeichungsselektivitäten (z.B. erinnert man sich an vieles nicht mehr, manches wird mit eigenen Erfahrungen oder Erwartungen konsistent gemacht, manches wird dazuerfunden); aber es ergibt sich daraus auch der Vorzug der Neutralisierung und der Distanz zu den Erkenntnisobjekten. Jedoch machen es die im Zeitverlauf zunehmende Selektivität und die dabei stattfindenden Interpretationen (oder Reinterpretationen) sinnvoll, die Zeitdistanz zwischen Erhebung und Protokollierung möglichst kurz zu halten.
- Die *Dekontextualisierung* des Materials (etwa Gespräche unabhängig vom Gesprächskontext analysieren) erhöht die Anforderungen an die Integration der Analyse in einen Gesamtzusammenhang, was zugleich den Vorzug des Zurückdrängens von Vorurteilen hat, die sich aus einer vorschnellen Inferenz hinsichtlich der Kontextbedingungen ergeben könnten. Dennoch sind Kontextinformationen (z.B. Protokolle über den Kontext eines Interviews) ein wichtiges Analysematerial, weil sie auf anderer Materialebene die perspektivische Vielfalt und die Voraussetzung für die Kontrolle der Interpretation bereitstellen.

Im Prozess interpretativer Sozialforschung repräsentiert das durch Menschen kommunikativ produzierte Datenmaterial die Verschränkung von *Materialien* (als Zeichen und Symbole), der *Wirklichkeit* (als [Re-]Konstruktion dessen, was wir als Ordnung unserer Umwelt bestimmen) und der jeweiligen *InterpretInnen*, welche mit diesen Materialien als Wirklichkeitsausdruck in ihrem Umweltkontext operieren. Betrachtet man nun das Material näher, so ergibt sich bei der Erhebung eine Reihe von Faktoren, die auf diesen Prozess einwirken:

- Selektive *Zugänglichkeit*: Die verschiedenen Zugangsmöglichkeiten zu Forschungsfeldern bilden mitunter eine große Hürde mit beachtlichen Auswirkungen auf das Material. Damit sind nicht nur Tabuzonen gemeint, wie etwa der Umgang mit heimlichen, sozial unerwünschten Obsessionen, sondern auch die Teilnahme an bestimmten Aktivitäten, die nicht öffentlich zugänglich sind (z.B. heilige Zeremonien, elitäre Verbände, kriminelle Handlungen), oder der Zutritt zu Organisationen, für den eine Genehmigung erforderlich ist (etwa in Konzernen, Haftanstalten oder Schulen). In all diesen Fällen werden ForscherInnen etikettiert (etwa als Rationalisierungsgehilfen des Managements, als VertreterInnen kolonialer Mächte, als Kontrollorgane), was die Handlungsweisen und die Gespräche im Feld massiv beeinflussen kann. Daher ist bei beschränkten Zugängen immer zu prüfen, in welcher Rolle man für verschiedene AkteurInnen auftritt, um aus dieser Perspektive die erhobenen Materialien besser einschätzen zu können.

- Selektive *Zuwendung*: Wenn man einmal im Feld ist und Materialien sammelt, erhebt und interpretiert, so lässt sich leider nicht alles simultan erfassen, sondern bedingt eine Selektivität, mit der man sich zu bestimmten Zeiten an ausgewählte Orte begibt und einzelnen Ereignissen, Beobachtungen oder Aussagen Beachtung schenkt, anderes dabei jedoch ausblendet. In einer Gemeinde hat man die Möglichkeit, sich an öffentliche Plätze zu begeben und die Menschen dort zu beobachten, oder man betritt einzelne Häuser, spricht mit den Menschen oder beteiligt sich an einzelnen Aktivitäten. In jedem Fall erhält man ausgewählte Eindrücke, die am Beginn nur oberflächlich verbunden sind und deren interne Gesamtdynamik, Differenzierung oder Homogenität erst zu erschließen sind. Selektivität ist eine unabdingbare Folge der physischen und sinnlichen Gebundenheit von Wahrnehmung; sie ist überdies davon abhängig, welche Relevanz BeobachterInnen ihren Wahrnehmungen zumessen und wie aufdringlich sich das Beobachtete für sie darstellt: Manches lässt sich von BeobachterInnen kaum ignorieren, während Kleinigkeiten häufig durch den Zuwendungsfilter wegfallen (z.B. sind für viele SozialwissenschaftlerInnen Gerüche und Geräusche ein in hohem Ausmaß vernachlässigter Teilbereich der untersuchten Lebenswelt). Die selektive Zuwendung macht sich auch bemerkbar, wenn ein untersuchtes Feld so vertraut ist, dass alles selbstverständlich ist und keinerlei untersuchungswürdige Aspekte mehr auffallen.

- Selektive *Differenzschemata*: Da die Einordnung einer Beobachtung in einen Sinnzusammenhang nicht einfach von den Erkenntnisobjekten der Umwelt abhängt, sondern von den angelegten Differenzschemata, sind diese eine wichtige Schnittstelle der Analyse. Wenn beispielsweise mehrere Menschen über Zufriedenheit berichten, so ist das damit verbundene Gefühlserleben möglicherweise überaus heterogen und nicht einfach nachzuvollziehen. Daher ist immer zu kontrollieren, worauf man in einem Untersuchungsfeld überhaupt achten kann, worauf das Gefühlserleben der Menschen aufbaut und inwiefern die Erfahrungen der beobachteten Menschen zu einer Neuorganisierung der eigenen Beobachtung anregen können. Auch das Verhalten in öffentlichen Verkehrsmitteln erscheint den meisten Menschen als äußerst banal – aber selbst hier gibt es jede Menge sozialer Regulierungen, die man aufgrund ihrer Alltäglichkeit permanent selbst anwendet, aber kaum benennen kann (z.B. Distanzen, Blickorganisation). Und vielfach sieht man gar nicht, was in solchen Situationen überhaupt analyserelevant sein kann. Ein wichtiges Thema jeder Feldforschung ist daher, nach welchen Kriterien die AkteurInnen im sozialen Feld ihre Beobachtungen organisieren und worauf sie reagieren, damit man etwas über die Relevanz und Ordnung ihrer konkreten Lebenswelt aufnehmen und für die eigene Beobachtung nutzen kann.
- Selektive und inferentielle *Wahrnehmungsprozesse*: Da man niemals alle verfügbaren Realitätsausschnitte vollständig erfassen kann, selbst wenn sie im Wahrnehmungsfeld liegen, sind die spezifischen Wahrnehmungsstrukturen bei der Materialerfassung zu berücksichtigen. An Beobachtungsgegenständen nimmt man nur eine Auswahl an charakteristischen Elementen wahr, man bemerkt etwa bei Personen bestimmte Handlungsweisen oder persönliche Merkmale und andere nicht. Aber die Wahrnehmung funktioniert nicht nur selektiv, sondern erweitert das Wahrgenommene auch: So verwendet man bei der Beobachtung eines Objektes nie ausschließlich das Beobachtete, sondern ergänzt dieses mit typischen Charakteristika, um es sinnhaft einordenbar zu machen. Häuser werden dann nicht bloß als Fassaden gesehen, sondern als Häuser mit unterstelltem Innenleben, einer Rückseite und allem, was zu einem typischen Haus eben

gehört. Bei Menschen werden die einmal identifizierten Charakteristika (z.B. sympathischer Mensch) mit dazupassenden weiteren (bei Sympathie wahrscheinlich positiven) Merkmalen ergänzt (die vielleicht später auch bevorzugt wahrgenommen werden). In diesem Prozess verändern wir das Beobachtete und sortieren es in ein Muster, welches den Beschreibungsrahmen bildet, auch wenn die Beschreibungsgrundlagen als Prämissen der Erkenntnis zumeist nicht mehr aufscheinen. Deshalb können sich Beobachtungsprotokolle niemals von Alltagsinterpretationen lösen. Dieser Erfahrungs- und Reflexionsprozess verändert zugleich die eigene Art zu beobachten.

- Selektives *Verstehen*: Für sich allein genommen sind Spuren, Sprache oder Handlungen sozialwissenschaftlich irrelevant. Interessant werden sie erst durch ihre Bedeutung, die sie nur relational und kontextgebunden für InterpretInnen entfalten. Das Berufen auf Konventionen im alltäglichen Umgang ist immer zu wenig, weil es die Bedeutungsvielfalt von Zeichen vernachlässigt. „Das haben Sie wieder einmal gut hingekriegt!" kann daher je nach Betonung und Kontext durchaus Gegenteiliges meinen: ein Lob oder eine sarkastische Anmerkung, schon wieder etwas falsch gemacht zu haben. Und ein Kopfnicken kann ebenso nach Kultur oder Situation verschiedene Kommunikationsinhalte transportieren. InterpretInnen müssen daher die Vielfalt von Interpretationsmöglichkeiten und die Bedeutung (mitunter auch gewollter) Mehrdeutigkeiten in den jeweiligen situativen und transsituativen Settings berücksichtigen, um voreilig gezogene und zweifelhafte Schlüsse zu meiden. Gerade im Verstehensprozess ist es wichtig, aus den Folgehandlungen und dem Gebrauchszusammenhang von Zeichen die Argumente für oder gegen bestimmte Auslegungsvarianten zu beziehen, denn nur an der Folgekommunikation wird jeweils die potenzielle Bedeutung für andere AkteurInnen oder für die kommunikative Strukturierung ersichtlich.
- Selektive *Aufzeichnung*: Die Verfügbarkeit von Forschungsmaterial ist nicht nur an das Gedächtnis gebunden, wobei sich das Problem der Umarbeitung im Zeitverlauf ergibt und somit anderes erinnert wird, als sich zugetragen hat, sondern es ist eine Frage der Verfügbarkeit als Protokoll, wobei die spezifischen

Selektivitäten der Protokollierung zu berücksichtigen sind. Aufzeichnungen von Beobachtungen nach einem mehrwöchigen Feldaufenthalt sind massive Bearbeitungen des Erlebten aus einer retrospektiven Betrachtung der eigenen Tätigkeit, während sorgfältige Tagebücher zumindest einen unmittelbareren Eindruck ergeben und möglicherweise den Wandel der eigenen Betrachtung dokumentieren. Aber im Gegensatz zu natürlichen Materialien (wie etwa Schriftdokumenten aus dem Feld oder Kunstgegenständen) sind sie im Forschungsverlauf erzeugte Interpretationen, die als solche sekundär interpretiert werden müssen. Jedenfalls ist die Selektivität von Aufzeichnungsverfahren zu beachten (etwa die Standortgebundenheit von Videoaufzeichnungen; die Art der Einführung eines Tonaufzeichnungsgerätes in die soziale Situation). Besondere Schwierigkeiten tauchen in der Regel bei der Protokollierung von Gerüchen oder einer Stimmung auf, weil diese nicht bloß flüchtig sind, sondern sich nur schwer in Sprache transformieren lassen, welche ihre kulturelle Bedeutung kaum zum Vorschein bringt.

Unabhängig von diesen fundamentalen Prozessen der Beobachtung sind zusätzliche Materialcharakteristika zu beachten, weil diese die Möglichkeiten der Interpretation nachhaltig beeinflussen. Daher seien nachstehend einige zentrale Materialdimensionen aufgeführt:

Bezüglich der *Entstehungsdynamik* lässt sich zwischen emergiertem und forciertem Material unterscheiden: *Emergiertes* Material zeichnet sich durch seine eigenständige Entwicklungsdynamik aus, die nicht durch forscherische Eingriffe verändert wurde (z.B. historische Dokumente, natürliche Alltagsgespräche, Architektur). *Forciertes* Material dagegen wird methodisch im Feld erzeugt (z.B. Gespräche, Interviews, Materialien aus teilnehmender Beobachtung), weshalb in solchen Fällen nicht nur die lebensweltliche Einbindung aufscheint, sondern als Filter die Aufforderungen zu Handlungen präsent sind.

Hinsichtlich der *Authentizität* stehen verschiedene Materialformen für unterschiedliche Informationen: Während *authentisches* Material für sich selbst steht und nicht vorgibt, ein anderes zu sein (was eine unproblematische Auslegung gestattet), steht *unauthentisches* Material (etwa Verfälschungen) für etwas anderes. Dadurch rückt eine andere Frage in den Mittelpunkt des Interesses, nämlich auf welche Weise etwas verfälscht wird und in welchem Kontext dies nötig ist. Dies ist ähnlich den Verdeckungshandlungen in Kriminalfällen, weil auch hier die Art, wie TäterInnen ihre Spuren zu verwischen suchen oder falsche Spuren legen, ein charakteristisches Tatprofil hinterlässt. Und im Alltag werden vielfach eigene Handlungsweisen rationalisiert, vergessen oder umgearbeitet, um mit einem nach außen vermittelten Selbstbild kompatibel zu sein. Für interpretative Sozialforschung ist daher nur von begrenztem Interesse, wie etwas wirklich war, sondern es ist ungleich bedeutsamer, auf welche Weise Biografien, Ereignisse oder Handlungsweisen in einem sozialen Gesamtkontext verarbeitet werden. Deshalb vergleicht man verschiedene Varianten desselben Phänomens, um etwas über individuelle, gruppenspezifische oder kollektive Logiken der Betrachtung zu erfahren. Generell kann Material nur in einem spezifischen Kontext als authentisch definiert werden, weil eine Fälschung authentisch für den Fälschungsakt und für die sozialen Prozessstrukturen im Kontext der Produktion, Verwendung oder auch Aufdeckung steht. Hingegen repräsentiert sie das Gefälschte nicht authentisch.

Ein besonders sensibler Punkt ist die *Verfügbarkeit* bzw. Flüchtigkeit des Materials: *Flüchtiges* Material (Ereignisse, Handlungen, Sprache) ist typisch für Feldbeobachtungen, die ohne Aufzeichnung mit ihrem Erscheinen auch schon wieder entschwinden und höchstens in der Erinnerung nachklingen. Die Beobachtungen stehen (mit allen Folgeerscheinungen der Selektion und Interpretation) nur mehr aus der Rückbesinnung und deren Protokollierung zur Verfügung, weshalb diese erste interpretative Bearbeitung einen zentralen Stellenwert einnimmt. *Forschungsaufzeichnungen* unterliegen den spezifischen Aufzeichnungsrestriktionen, haben aber den unschätzbaren Vorteil der wiederholten Zuwendung ohne Handlungszwang, der (Re-)Analyse aus verschiedenen Perspektiven, der Verfügbarkeit für vergleichende Analysen auch über lange Zeitstrecken hinweg und der Möglichkeit des Experimentierens mit dem Material. *Artefakte* als von Menschen produzierte und in einen Verwendungszusammenhang integrierte Objekte (wie Gebrauchsgegenstände, Dokumente oder Architektur) liegen bereits in einer mehr oder weniger konservierten Form vor und erschließen sich der Interpretation in ihrer unmittelbaren Präsenz.

Jedes Material transportiert *Zeitlichkeit*: In Form gegenwärtig prozessierter *Ereignisse* (etwa flüchtiger Materialien) ermöglicht es ein unmittelbares Erleben und kann vielfach sogar im Produktionsprozess (mittels der Erhebungstechnik) manipuliert werden. Zugleich hat dieses Ereignismaterial aber den Nachteil unkontrollierter Selektivität und Reaktivität, welche das Material einem Veränderungsprozess im Zuge der Verarbeitung unterwerfen. Als *Spur* der Vergangenheit (etwa Protokolle, Filmdokumente, Artefakte) sind Materialien zwar ausschließlich in der Gegenwart präsent, erlauben aber die Vergegenwärtigung bereits vergangener Ereignisse aus jener Perspektive, welche der damalige Materialkontext als Sinnhorizont nahelegt. Man analysiert solcherart eine Sinnstruktur, welche aus der Gegenwart in den zeitlichen Entstehungskontext rückprojiziert und solcherart in ihrem (re-)konstruierten historischen Wirkungszusammenhang der Analyse zugänglich wird. In Hoffnungen oder Ausblicken sind *Erwartungen* auf künftige Ereignisse eingeschlossen. In vielen Fällen machen erst diese Antizipationen oder zeitlichen Vorgriffe Handlungsorientierungen verständlich (etwa im Sinne zukunftsorientierter Um-zu-Motive im Gegensatz zu vergangenheitsorientierten Weil-Motiven).

3.4 Methodische Anforderungen

Insgesamt ist also interpretative Forschung nicht von den Methoden her definiert, sondern von der Forschungsstrategie, die sich deutlich von klassisch quantitativ orientierten Forschungsdesigns unterscheidet. In diesem Sinne hängt die Ausgestaltung der Methoden bzw. deren Umsetzung in konkrete Verfahren in hohem Ausmaß von den spezifischen Anforderungen an das jeweils im Forschungsprozess entwickelte Erkenntnisinteresse und den Besonderheiten des auf diese Weise definierten Erkenntnisgegenstandes ab. Keine einzelne Methode steht isoliert für sich; ihr volles Potenzial für die Forschung entfalten sie erst in ihrer *Kombination*. So können Strukturdatenanalysen wichtige Impulse für die Durchführung von Gesprächen liefern. Gesprächssituationen können dazu verwendet werden, die meist unauffälligen sozialen Beziehungen (etwa den Umgang mit dem Forschungsteam, den Umgang mit anderen Beteiligten bzw. Betroffenen) oder einfach die räumlichen Verhältnisse zu beobachten. Im Rahmen von Beobachtungen angefertigte Fotos können mit den AkteurInnen in einem Forschungsfeld erörtert werden, um ihre Sicht des Dargestellten und dessen Kontext zu erfassen. Entscheidend für die Qualität einer solchen Analyse ist die systematische Aufarbeitung der verschiedenen Materialien, um eine möglichst zuverlässige Interpretation der feldinternen Dynamik zu liefern.

Auch wenn an dieser Stelle die Verfahren nicht im Einzelnen dargestellt werden können (siehe dazu Lueger 2010), so skizziert dieser Abschnitt zumindest kurz die methodischen Grundlagen. An erster Stelle ist die Gesprächsanalyse angeführt, weil diese in der Praxis am häufigsten angewandt wird. Überlegungen zur Beobachtung (als komplexeste Methode, die so etwas wie den Kern interpretativer Sozialforschung bildet), zur Artefaktanalyse (als Auseinandersetzung mit Bildern, Videos oder Gegenständen) sowie zur Strukturdatenanalyse (die sich insbesondere zur Analyse der Rahmendaten eines Untersuchungsfeldes anbietet) ergänzen die Ausführungen.

a) Durchführung und Interpretation von Gesprächen

Die Bedeutung von Kommunikation für interpretativ orientierte Methodologie macht Gespräche geradezu prädestiniert für diese Art von Sozialforschung. Es ist daher auch nicht verwunderlich, dass man in Studien die Durchführung von Einzel- oder Mehrpersonengesprächen am häufigsten findet. Darüber hinaus gibt es dazu eine große Vielfalt an Literatur (Froschauer/Lueger 2003, Lueger 2010, Bernart/Krapp 1997, Gillham 2007, Gubrium/Holstein 2003, Holstein/Gubrium 2003, Kvale 1996, Glinka 1998, Lamnek 1998, Schmidt-Grundert 2005). In der Regel erfüllen solche Gespräche mehrere Funktionen: Im Vorfeld eingesetzt, dienen sie zur Klärung des Rahmens einer Untersuchung und können die von der Forschung Betroffenen für das Vorhaben sensibilisieren (insofern sind sie erste Ansatzpunkte für die Analyse). In der Folge werden Gesprächsdaten genutzt, um differenziertes Wissen, Erfahrungen oder Betrachtungsweisen über das Handlungsfeld verfügbar zu machen. Zusätzlich liefern sie wichtige Entscheidungsgrundlagen für die weitere Vorgangsweise.

Die Durchführung von Gesprächen

Gespräche, egal ob eher formell als Interviews oder eher informell geführt, sind Situationen, in welchen gemeinsam die Sichtweisen der Wirklichkeit *verhandelt* werden. Insofern kann man sie als einen interaktiven Aufbau sozialer Verstehensweisen im Sinne von *Ko-Konstruktionen* zwischen den interviewten und den interviewenden Personen bezeichnen. AkteurInnen in einem Untersuchungsbereich verfügen je nach ihrer Positionierung über unterschiedliches Wissen. Dabei können verschiedene Expertisen aktiviert werden (mit Bezug auf Organisationsanalysen vgl. Froschauer/Lueger 2009: 243ff.): (a) *feldinterne Handlungsexpertisen* (hier gelten alle AkteurInnen als ExpertInnen für ihren unmittelbaren Aktivitätsbereich; dafür bieten sich sehr offene, erzählgenerierende Gesprächsstrategien an); (b) *feldinterne Reflexionsexpertisen* (der Schwerpunkt liegt hier auf den wahrgenommenen Handlungsregeln, welche unterschiedliche Handlungsfelder verbinden oder die zwischen Gruppen von AkteurInnen vermitteln; im Vordergrund steht das Wissen um die Beziehungen zwischen verschiedenen Handlungsfeldern, das gerade bei AkteurInnen vorzufinden ist, die wichtige Vermittlungsfunktionen innehaben); (c) *feldexterne Expertisen* (sie verfügen über systematisiertes und theoretisches Erfahrungswissen über den Untersuchungsbereich; hier geht es um die Ausarbeitung des Hintergrundwissens zum Untersuchungsgegenstand).

Generell sollte man sich davor hüten, Gesprächen mit Einzelpersonen den Vorrang einzuräumen. Entscheidend ist immer das Ziel eines Gesprächs: Will man etwa individuelle Meinungen unabhängig von deren sozialer Relevanz erkunden, so sind *Einzelgespräche* durchaus sinnvoll. Die Stärke solcher Einzelgespräche liegt in der Isolierung der befragten Person von ihrem sozialen Kontext. Sie sind dann sinnvoll, wenn individuelle Sichtweisen und Handlungsorientierungen miteinander verglichen werden sollten oder wenn einzelne Personen eine besonders herausragende Stellung im Untersuchungsbereich einnehmen. Bei Letzterem ist Vorsicht angebracht: Eine privilegierte Stellung bedeutet nicht, dass die Aussagen in der Analyse auch privilegiert behandelt werden. Für die Interpretation gilt der Grundsatz, alle Aussagen gleich zu behandeln – gleichgültig von wem sie stammen!

Steht das Verständnis der sozialen Beziehungen und Handlungsweisen im Zentrum, so sind *Mehrpersonengespräche* in der Regel viel ergiebiger, weil sich Aussagen und Argumente im Wechselspiel der Beteiligten entwickeln und auf diese Weise die Interaktionsdynamik sowie die Beziehungen und differenten Sichtweisen deutlicher sichtbar machen. Da für die Interpretation solcher Mehrpersonengespräche deren Dynamik entscheidend ist, darf man die Gesprächsführung nicht mit einer ausgewogenen Moderation verwechseln: GesprächsteilnehmerInnen sollten deshalb *nicht* gleichmäßig einbezogen werden, man braucht Personen *nicht* direkt ansprechen und es ist auch *nicht* nötig, genaue Themen vorzugeben. Im Gegenteil: Dies alles würde die interne Strukturierung nur stören und damit die Interpretation massiv erschweren, weil man auf diese Weise mehr über die Moderation als über das Untersuchungsfeld erfährt. Vielmehr ist es Aufgabe der Gesprächsleitung, den kommunikativen Austausch zwischen den beteiligten Personen anzuregen, extreme Dynamiken (wie etwa eine drohende Konflikteskalation) zu moderieren, eventuell zu Klärungszwecken einzugreifen und mitunter Aussagen zur Verdeutlichung der Positionen zuzuspitzen. In erster Linie sollten die TeilnehmerInnen das Gespräch gestalten. Bei der Zusammensetzung solcher Runden ist zu berücksichtigen, welche *Dynamik* diese auslösen könnte (z.B. Gesprächsrunden mit BefürworterInnen und GegnerInnen von bestimmen Überzeugungen; mit VertreterInnen verschiedener Hierarchieebenen in Organisationen; Beteiligte in Kooperationskontexten) und inwiefern diese Dynamik zum Verständnis des Feldes beitragen könnte. Die Auswahl von GesprächspartnerInnen richtet sich darüber hinaus nach der jeweiligen Analysephase und kann sich an folgenden Richtlinien orientieren:

- In der Planungsphase stehen im ersten Schritt die Kontaktaufnahme und die Aushandlung der Rahmenbedingung der Durchführung einer Studie im Vordergrund. Diese Gespräche dienen vorerst der Öffnung des Zuganges zum Untersuchungsbereich und berücksichtigen daher vorrangig Schlüsselpersonen. Zentrales Thema hierbei ist, worauf man achten sollte, wenn man den Untersuchungsgegenstand aus einer feldinternen Perspektive verstehen möchte. Außerdem könnte es durchaus sinnvoll sein, in diesem Vorfeld auch externe ExpertInnen zu konsultieren.

- In den Hauptforschungszyklen werden in erster Linie Personen mit interner Handlungs- und Reflexionsexpertise einbezogen. Generell spielt in dieser Phase die strategische Auswahl von Gesprächsrunden eine zentrale Rolle, wobei hier zwei Auswahlkriterien besonders wichtig sind: (a) die Auswahl nach der Chance, möglichst viel über wichtige Themen, bisherige Lücken in der Interpretation oder unklare Annahmen zu erfahren. (b) Dazu kommen die Anforderungen des theoretischen Samplings (Glaser/Strauss 1998: 53ff.) nach Ähnlichkeit (Wer agiert aus einer vergleichbaren Position und müsste daher die vorläufigen Erkenntnisse bestätigen?) und Differenz (Welche Gespräche müssten ganz andere Ergebnisse sichtbar machen?). Dies sollte über die Ergebnisabsicherung hinaus helfen, die interne Heterogenität möglicher Perspektiven zu berücksichtigen.

In Hinblick auf die Gesprächsführung erfordern solch offene Gespräche seitens der InterviewerInnen eine bestimmte Grundhaltung, die sich folgendermaßen umschreiben lässt:

- Haltung des *Lernens*: Nicht die ForscherInnen, sondern die befragten Personen sind die ExpertInnen; ForscherInnen erkunden deren Wissen und benötigen dafür eine entsprechende Methodenkompetenz.
- *Neugierde* und Nachfragehaltung: Auch scheinbar Selbstverständliches hat häufig unterschiedliche Bedeutungen. So könnte der Verweis auf ‚Erfolg' heißen: hohe Qualität oder große Menge, Konkurrenz überflügelt, ein befriedigendes Ergebnis, soziale Anerkennung, etwas könnte auch schlechter sein etc.
- *Aktives Zuhören*: Um einen Untersuchungsgegenstand zu verstehen, muss man die Argumente und Darstellungsstrategien der involvierten AkteurInnen kennen, so unplausibel sie im ersten Moment auch erscheinen mögen.
- Alle *GesprächspartnerInnen* sind *gleich wichtig*: Aussagen von Konzernvorständen oder politischen Spitzenfunktionären

haben das gleiche Gewicht wie Aussagen von einfachen ArbeiterInnen oder Arbeitslosen. Im Gespräch steht das Verständnis der Verschiedenartigkeit von Sichtweisen aufgrund verschiedener Rollen oder Funktionen im Forschungsfeld im Vordergrund.

- *Alle Aussagen* werden ernst genommen: Die Unterstellung von Wahrheit oder Lüge ist irreführend, weil jede Aussage in einem spezifischen Kontext steht und Gespräche immer eine geglättete Darstellung gegenüber einer – möglicherweise fremden und außenstehenden – Person mit unbekannten Folgen darstellen. Daher hat die Interpretation die Aufgabe, die Funktion von Darstellungsstrategien zu erkunden und deren Bedeutung zu verstehen, wobei auch Widersprüche ihre Bedeutung haben.

Aus dieser offenen Grundhaltung lassen sich *Richtlinien für die Gesprächsführung* ableiten:

- Man erfährt über den Untersuchungsbereich dann besonders viel Neues, wenn man die dort vorfindlichen Prozesse und Strukturen bereits in die Herstellung der Gesprächssituation einbezieht. Kommunikationsbeziehungen als zentrale Strukturierungskomponente in einem Untersuchungsfeld kann man beispielsweise aktivieren, indem das Forschungsteam die Gespräche nicht selbst organisiert, sondern die Organisierung von Gesprächen (z.B. Zusammensetzung, Einladung) dem Forschungsfeld überlässt. Die Aushandlung des Zustandekommens einer solchen Gesprächsrunde ist selbst höchst analyserelevant, weil sie Hinweise auf relevante Bezugspunkte der Handlungsstruktur des Feldes und seiner internen Differenzierungsformen enthält. Eröffnet man solche Gespräche mit der Frage, wie die jeweiligen TeilnehmerInnen tatsächlich zur Gesprächrunde gestoßen sind, erhält man zentrale Informationen über die interne Strukturierung der Beziehungen und braucht diese nicht eigens abzufragen.
- Eine offene Gesprächsführung erfordert, sofern kein fließender Übergang in das Gespräch erfolgt, eine Einstiegsfrage. Diese sollte für die befragten Personen im Untersuchungskontext bedeutsam sein, sodass sie länger darüber erzählen

können. Grundsätzlich sollte sie einen maßgeschneiderten Ausgangspunkt für das weiterführende Gespräch bieten und offen (aber nicht überfordernd) formuliert sein. Während sie in den ersten Analysephasen sehr allgemein gehalten sein könnte, kann sie in späteren Analysezyklen zunehmend konkretere Themen in den Mittelpunkt rücken. Wenn es gelingt, mit dieser Eröffnungsfrage ein sowohl für die Forschung als auch für die befragten Personen interessantes Thema aufzugreifen, so entlastet dies nicht nur die Gesprächsführung, sondern erleichtert aufgrund der weitgehenden Strukturierung der Konversation durch die GesprächsteilnehmerInnen die spätere Interpretation. Zu beachten ist, dass Aussagen in ihrer sozialen Verortung und Bedeutung zu erschließen sind – und das ist bei extern von ForscherInnen eingeführten Themen besonders schwierig.

- Um den GesprächspartnerInnen einen möglichst großen thematischen Freiraum zu gewähren, lassen sich die InterviewerInnen inhaltlich von den Aussagen der GesprächspartnerInnen und durch deren Themeninteressen dirigieren. Die zentrale Regel für die Formulierung von Fragen lautet folglich, dass die gewählten Frageformulierungen keine Gelegenheit für eine einfache Ja-Nein-Antwort bieten sollen. Generell sollten im überwiegenden Teil eines Gespräches ausschließlich Fragen aus dem laufenden Gesprächszusammenhang gestellt werden, um den Gesprächsfluss und die Konversationsregulierung der befragten Personen möglichst nicht zu stören. Erst im letzten Gesprächsabschnitt kann es hilfreich sein, Themen einzuführen, die für die Studie wichtig erscheinen, aber noch nicht angesprochen wurden.

Es macht im Rahmen einer interpretativen Analyse wenig Sinn, verschiedene Gespräche an einem gemeinsamen ‚Leitfaden' auszurichten, weil die Aussagen ohnehin *keine* direkte Vergleichbarkeit zulassen. Dennoch ist es wichtig, sich auf jedes Gespräch gut vorzubereiten, indem man sich in die Situation und die Rolle der zu interviewenden Personen hineinversetzt und überlegt, welche Themen für die befragten Personen in ihrer Situation wichtig sein könnten.

Die Interpretation der Gespräche

Mit AkteurInnen in einem Forschungsfeld ein Gespräch über ihre Erfahrungen zu führen, schafft allein noch kein verlässliches Wissen über die innere Dynamik und inneren Strukturen des Forschungsfeldes. Im Gespräch getätigte Aussagen repräsentieren eine spezifische, in sprachliche Darstellungsformen gegossene Sichtweise, die beispielsweise in einer Organisation eine Führungskraft oder ein/e MitarbeiterIn gegenüber bestimmten Personen (wie InterviewerIn oder anderen beim Gespräch anwesenden Organisationsmitgliedern) vertritt. Aussagen sind in einen spezifischen Gesprächskontext eingebunden, welcher die Art der Formulierungen, das Ansprechen von Themen (und die Verheimlichung anderer) oder auch die spezifische Form des Einbringens von Argumenten massiv beeinflusst. Daher ist es nötig, *hinter die Kulissen* der Aussagen zu blicken und zu fragen, welche Umstände sie ermöglicht haben (oder auch zu fragen, was offenkundige Themen der Tabuisierung anheimfallen lässt). Erst eine regelgeleitete und kontrollierte Interpretation ermöglicht die (Re-)Konstruktion jener latenten Sinnstrukturen, die unabhängig von den Intentionen der AkteurInnen das Handeln steuern und insofern auch dessen Entwicklungsdynamik beeinflussen.

Daher werden für die Interpretation offen geführter Gespräche sinnvollerweise hermeneutische Verfahren eingesetzt (siehe Froschauer/Lueger 2003, Hitzler/Hohner 1997, Oevermann 2001a, 2001b, Oevermann u.a. 1979, Soeffner 1979, 2004, Wernet 2000). Der Vorteil hermeneutischer Interpretationsverfahren besteht darin, dass sie einen Zugang zu jenen latenten Sinnstrukturen ermöglichen, die Wahrnehmungen und Handlungsweisen beeinflussen. Für die Interpretationen sind eine Tonaufzeichnung und deren Transkription Voraussetzung. Solche Interpretationen orientieren sich an verschiedenen hermeneutischen Grundprinzipien:

- Hermeneutische Textinterpretationen bedürfen eines möglichst *umfangreichen Wissens der InterpretInnen*. Das macht solche Analysen jedoch besonders anfällig für voreilige und scheinbar ‚richtige' Schlüsse. Deshalb ist es unabdingbar, Vorkehrungen zu treffen, welche die Interpretationsqualität absichern. Dazu zählen etwa: die Absenz von jedwedem Zeitdruck, um eine extensive, auf die möglichen Bedeutungen abstellende Interpretation sicherzustellen; die Ausdeutung des Textes in Teams, um eine große Vielfalt von Meinungen verfügbar zu machen; die Etablierung von Argumentationszwang unter Vermeidung rascher Konsensfindung, wobei die Argumente immer auf den Text bezogen sein müssen und die Annahmen einer kritischen Prüfung unterzogen werden; die weitgehende methodisch geleitete und systematische Zerstückelung des Textes, um die Anwendung von Wissen zu erschweren und gleichzeitig die Überprüfung der Interpretation zu erleichtern; die schrittweise und chronologische Auslegung, um die Entwicklungslogik eines Textes zu erhalten. In diesem Sinne ist der permanente Zweifel an der Tragfähigkeit der Interpretation eine wesentliche Anforderung an hermeneutische Analysen.

- Entscheidend für die Qualität der Interpretation sind die Vielfalt und die spätere Selektion der in den Auslegungsprozess eingegangenen *Deutungsalternativen*. Eine Reihe von Analysefragen, die an den Text herangetragen werden, können hier eine wichtige Hilfestellung bieten: Man kann etwa fragen, über welches Wissen die befragten Personen verfügen müssen, um an einer Kommunikationsgemeinschaft (dem Gespräch) partizipieren zu können, ohne laufend Unverständnis oder Irritationen auszulösen (Frage nach der kommunikativen Kompetenz). Man kann aber den Text auch als kommunikative Ausdrucksgestalt verstehen, die aus einem kollektiv konstituierten Sinnhorizont heraus emergiert und folglich nur unter der Bedingung der (Re-)Konstruktion dieses sozialen Kontextes heraus seine Bedeutung erschließt (Strukturierung).
- Textelemente lassen sich nur als vollständig in die Totalität organisationaler und gesellschaftlicher Praxis integriert begreifen und nicht in ihrem textuellen Inseldasein. Eine solche Interpretationsform entstammt der Idee, dass bei Kommunikationsprozessen latente Sinnstrukturen auch unabhängig von den Intentionen gleichsam hinter dem Rücken der AkteurInnen zum Ausdruck kommen. Daher ist

die Klärung der analytischen Frage entscheidend, welche *strukturellen Bedingungen* die SprecherInnen veranlasst haben könnten, ihre spezifische Ausdrucksweise zu wählen (z.B. Wortwahl, Grammatik, sequentielle Struktur). In der Folge lässt sich die Interpretation auf die möglichen Folgen für die Dynamik des untersuchten Bereiches ausweiten, um ein Verständnis über die dort wirksamen latenten Sinnstrukturen zu erlangen.

- Die Interpretation muss die *Sequentialität* berücksichtigen und folgt daher streng dem Ablauf eines Textes bzw. Gesprächs. Dies ist wichtig, weil jede einzelne Stelle in einem Text (verstanden als Mitteilung) auf zwei Arten strukturiert wird: durch Regeln, die bestimmen, welche Folgemitteilungen jeweils im Rahmen einer zu definierenden ‚Normalität' möglich sind (wobei sinnvolle Anschlussoptionen begrenzt sind) und durch die konkrete Auswahl einer realisierten Anschlussmitteilung (vgl. Oevermann 1993: 114ff.).

Den Text *nicht* vor einer Interpretation zu lesen, ist eine wichtige qualitätssichernde Komponente, weil ein solches Wissen es leicht macht, dazu passende Interpretationen zu finden (Subsumtionslogik). Das Nichtwissen über anschließende Textpassagen erzwingt hingegen gewagte Annahmen, deren Geltungswahrscheinlichkeit sich an den Folgepassagen gut prüfen lässt. Unter dieser Bedingung testet jede Auslegung einer Textstelle die bisherigen Interpretationsannahmen.

Genuin interpretativ orientierte Textinterpretationen sind *Kunstlehren,* welche auf Erfahrungen im Umgang mit Texten aufbauen, und beruhen nicht auf einer technischen Anwendung von Interpretationsregeln. Zur Interpretation offener Gespräche (oder von natürlichen Textmaterialien) bietet sich im Rahmen von interpretativen Forschungsarbeiten eine Vielfalt von Verfahren an (z.B. Diskursanalyse: Keller u.a. 2001, 2003; oder zur Konversationsanalyse: Hutchby/Wooffitt 2008; zur Hermeneutik: Hitzler/Honer 1997): Im vorliegenden Kontext wird auf drei unterschiedliche hermeneutische Verfahren verwiesen (siehe Abb. 4; genauer erläutert in Froschauer/Lueger 2003, Lueger 2010): Die Feinstrukturanalyse, die Systemanalyse und die Themenanalyse. Idealerweise werden im Laufe einer Analyse,

die sich schwerpunktmäßig auf Gespräche und Texte stützt, alle drei Verfahren eingesetzt. Dabei ist die Feinstrukturanalyse das sensiblere und feinere Instrument und kann nur für sehr kleine Texteinheiten verwendet werden. Die Systemanalyse wiederum fokussiert die Entwicklungsdynamik der Gesamtorganisation, während die Themenanalyse eine genauere Erkundung von spezifischen Aspekten vorantreiben kann.
Kombiniert man diese Verfahren, so empfiehlt es sich, mit der Feinstrukturanalyse zu beginnen (insbesondere gilt dies für die Orientierungsphase und Aushandlungsgespräche, weil in diesem frühen Stadium das Wissen über das Forschungsfeld noch extrem begrenzt ist) und im zweiten Schritt mit der Systemanalyse fortzufahren, die sich nicht nur für etwas größere Textmengen eignet, sondern auch die Analyse auf die Dynamik von Entwicklungsprozessen fokussieren lässt. Die Themenanalyse wiederum bietet sich an, um die im Rahmen der Gespräche eingebrachten Themen nicht nur zu strukturieren, sondern auch deren verschiedene Blickwinkel und deren Kontexte einer genaueren Erforschung zugänglich zu machen. Sobald die für die Analyse zentralen Themen herausgearbeitet sind, kann die Feinstrukturanalyse jedoch auch zur genaueren Erkundung bestimmter themenrelevanter Textstellen herangezogen werden und somit sowohl die Systemanalyse als auch die Themenanalyse ergänzen.

b) Beobachtung

Sie ist die *komplexeste Form der Verflechtung* verschiedenster Materialien. So geht es nicht nur um die Erfassung der enormen Bandbreite sinnlicher Eindrücke (wie die Einrichtung von Räumen, die Gestaltung des Arbeitsmilieus, das Erscheinungsbild und Aktivitäten von Personen, wahrgenommene Geräusche, Musik oder Gerüche), sondern es sind auch vielfältige Forschungsmethoden (wie Gesprächs- oder Artefaktanalysen) in den Beobachtungsprozess integriert. Ungeachtet der großen Bedeutung von Beobachtung und der massiven mit dieser Methode verbundenen Schwierigkeiten finden sich vielfach in der Methodenliteratur nur allgemeine Einführungskapitel (z.B. Lamnek 2005: 547ff., Silverman 2006: 65ff., Hauser-Schäublin 2003, Adler/Adler 1998), die aber meist nur die mangelnde Erfahrung mit

Abb. 4: **Feinstruktur-, System- und Themenanalyse im Überblick**
(Froschauer/Lueger 2003: 111)

Anwendungsbereiche	Vorzüge	Nachteile
Feinstrukturanalyse		
Interpretation kurzer Textausschnitte Analyseeinstieg in ein Forschungsfeld Im Vorfeld anderer textanalytischer Verfahren Intensive Analyse wichtiger oder heikler Textstellen	Analyse latenter Sinnstrukturen (vorrangig subjektiver und objektiver Sinn) Analyse der Feinstruktur eines Textes Genauestes Analyseverfahren, das insbesondere innovative Schlüsse ermöglicht	Problematisch bei Vorkenntnis des Analysematerials Nur kleinste Textausschnitte bearbeitbar Aufwändigstes Analyseverfahren
Systemanalyse		
Interpretation vollständiger Gespräche Analyse der Bedingungen und Folgen von Sicht- und Handlungsweisen Analyse der Prozessdynamik komplexer sozialer Systeme	Analyse latenter Sinnstrukturen (vorrangig praktischer Sinn) Hohes Abstraktionsniveau der Interpretation Rückt die Komplexität sozialer Prozesse in das Zentrum	Problematisch bei Vorkenntnis des Analysematerials Feinstruktur des Textes geht analytisch verloren
Themenanalyse		
Zur Analyse des Hintergrundes eines sozialen Systems geeignet Analyse der Spezifika einer Themendarstellung und des Zusammenhanges verschiedener Themen Analyse der Inhalte von ExpertInnengesprächen	Thematische Zusammenfassung von Gesprächen Analyse des manifesten Inhalts Möglichkeit, systematisch größere Textmengen zu bearbeiten	Keine Analyse des Entstehungshintergrundes eines Textes Keine Analyse bzw. Informationen darüber, wie das Wissen zustande kam und welchen Einfluss der Gesprächskontext hatte Insgesamt geringe analytische Tiefe

dieser Methode erahnen lassen. Angesichts dieser kargen Literatur finden sich dennoch einige empfehlenswerte Einstiegsmöglichkeiten, wie etwa die Bücher von Spradley (1980), Wolcott (1995, 1999) oder Whyte (1984; hier verarbeitet der Autor seine vielfältigen Erfahrungen u.a. im Zusammenhang mit der „Street Corner Society"; siehe Whyte 1996).

Im Zuge von Beobachtung müssen sich ForscherInnen in einen methodisch wenig abgesicherten und aufgrund der Flüchtigkeit des Materials (etwa im Fall von Handlungsabläufen) in einen kaum kontrollierbaren Bereich begeben (siehe dazu ausführlicher Lueger 2010; Spradley 1980). Prinzipiell lassen sich nach dem Grad der Teilnahme verschiedene Beobachtungsvarianten unterscheiden, die sich zwischen zwei Polen bewegen:

- Beobachtet man ohne irgendeine Teilnahme das Geschehen aus einer *distanten Position*, ist man zwar von Rollenzwängen nur in geringem Maße betroffen, erlangt aber auch nur einen Zugang zur Oberfläche des Untersuchungsbereichs.
- Das Gegenstück dazu bildet die *vollständige Teilnahme*, in deren Verlauf (einzelne) Mitglieder eines Forschungsteams zentrale Funktionen im untersuchten Feld übernehmen und aktiv in das Geschehen eingreifen. Auf diese Weise erhält die Binnenperspektive eine besondere Bedeutung. Allerdings sollte man forschungstechnisch immer wieder die Distanzierung von diesen Aktivitäten sicherstellen, um nicht selbst die feldspezifischen blinden Flecken zu übernehmen.

Zwischen den beiden Polen ergeben sich vielfältige *Gestaltungsmöglichkeiten* der Beobachtung (siehe auch Kap. 3.1), sodass genau zu überlegen ist, in welcher Rolle Beobachtung überhaupt möglich ist und welche Folgen das eigene Engagement für die Forschungsaktivitäten haben könnte. Beobachtung ist daher alles andere als eine triviale Tätigkeit: Zuerst muss man herausfinden, wo man überhaupt sinnvolle Beobachtungen anstellen kann. Dann ist zu entscheiden, was in Hinblick auf eine Forschungsfrage in einem Forschungsfeld überhaupt beobachtenswert ist und worauf man sich bei der Fülle an Möglichkeiten, etwas zu beobachten, konzentrieren sollte. Und bei all dem stellt sich die Frage, wie man das Beobachtete für die Forschung verfügbar machen kann (beispielsweise sind hier selektive Wahrnehmung oder die Vorinterpretation im Protokollierungsverfahren zu beachten) und wie man es der Analyse unterwirft. Dabei geht es um weit mehr als nur die Auslegung vorhandenen Materials, denn die Verschränkung von Erhebung und Interpretation sowie der eigenen Involviertheit zu einer unlösbaren Einheit kommt hier am deutlichsten zum Ausdruck.

Für einen systematischen Zugang zu Handlungsfeldern, deren Erkundung vorrangig auf flüchtigen Materialien basiert, bietet sich an, sich auf verschiedene Phänomenaspekte zu konzentrieren und diese als Varianten einer systematischen Annäherung an die Totalität von Phänomenen zu begreifen (siehe Lueger 2010):

- Die Zentrierung auf *AkteurInnen*: Hierbei heftet man sich in der Beobachtung einzelnen AkteurInnen in einem Untersuchungsbereich oder – was allerdings mitunter äußerst schwierig ist – einer Gruppe an die Fersen und versucht, deren Aktivitätszyklen möglichst umfassend zu beobachten und zu dokumentieren (begleitende Beobachtung).
- Die Konzentration auf *Ereignisse* oder *Handlungen*: Sie sind zusammengehörige Einheiten und bilden einen jeweils eigenen Aktivitätszyklus, der sich aus dem Gesamtzusammenhang sozialer Aktivitäten im Feld ausgliedern lässt (z.B. Tätigkeit an der Kassa im Fall der Analyse eines Einkaufszentrums).
- Die Fokussierung auf *Gegenstände* oder *Produkte*: Die Beobachtung kann sich aber auch auf die Verfolgung von Handlungsprodukten oder Gegenständen beziehen (z.B. der Weg eines Bauteils vom Lieferanten bis zur Auslieferung in einem Gesamtprodukt), wenn diese in sozialen Interaktionen besonders wichtig erscheinen, um die mit diesen Objekten verbundenen Handlungen zu analysieren.

Die *Interpretation* von Beobachtungsmaterial erfolgt (bzw. beginnt) bereits im Zuge der Erhebung und strukturiert die Beobachtungsstrategie als Ganze. Für diese zentrale Komponente der Analyse bieten sich folgende Systematisierungsschritte zur Orientierung an (siehe ausführlicher Lueger 2010): Am Beginn steht in der Regel eine *deskriptive Analyse*, die sich mit dem sozialen und physischen Setting befasst. Um anschließend die unterschiedlichen Perspektiven möglicher Beobachtungsstandpunkte zu analysieren, bietet sich eine *perspektivisch geleitete Bedeutungsstrukturanalyse* an, in der nicht nur unterschiedliche Sichtweisen von FeldakteurInnen, sondern auch die Besonderheiten der zeitlichen, sozialen und sachlichen Organisierung sowie die spezifische Charakteristik der Felddynamik untersucht werden. Um die Untersuchung zu vertiefen, macht es Sinn, sich *Details* des Beobachtungsfeldes herauszugreifen und dabei die bisherigen Annahmen zu präzisieren sowie das Verhältnis von Einzelheiten zu ihrem Gesamtkontext genauer zu erkunden. Danach lassen sich die Befunde in einen gesellschaftlichen und kulturellen Kontext *integrieren*, wobei die Erkenntnisse in Hinblick auf den Untersuchungsgegenstand zentriert werden. Den Abschluss bilden eine kritische Durchsicht der verfügbaren Protokolle, die Analyse von Widersprüchen und ergänzende Erhebungen zur *Prüfung* der Ergebnisse.

c) ***Artefaktanalyse***

Artefakte als materialisierte Produkte menschlichen Handelns verkörpern *Objektivationen* sozialer Beziehungen und gesellschaftlicher Verhältnisse; sie werden durch Aktivitäten geschaffen und stehen für diese. Für sozialwissenschaftliche Analysen sind sie Sonderformen von Protokollen bzw. Texten, die sich aufgrund ihrer Präsenz und zumeist relativen Stabilität für eine wiederholte und distanzierte analytische Zuwendung anbieten (oder zumindest gut dokumentarisch erfassbar sind). In unserer Gesellschaft sind solche Materialien universell verfügbar und durchdringen die gesamte Lebenswelt: von Menschen überformte Kulturlandschaften; die in Grundstücksaufteilungen erkennbaren ökonomischen und rechtlichen Strukturen der Bewirtschaftung; die Architektur, welche von der privaten Wohnung bis hin zum Arbeitsplatz reicht und die Welt mit Denkmälern und Wahrzeichen überzieht; wir benutzen eine Vielzahl an Gegenständen, ohne die der Alltag unvorstellbar wäre (von der Kleidung über den Kochtopf bis zum Computer); selbst der Körper wird mit Frisurgestaltung, Bodyshaping oder Tätowierungen bearbeitet; und Fotos und Filme (bzw. Videos) sind seit einiger Zeit fast allgegenwärtige Kulturdokumente. Obwohl inzwischen von einem „iconic turn“ (Boehm 1995b) oder einem „visualistic turn“ (Sachs-Hombach 2006) die Rede ist, führt die Analyse dieser Materialen ein Schattendasein. Dennoch befassen sich verschiedene Disziplinen mit solchen Artefakten, sodass man in der Literatur viele methodische Anregungen erhalten kann (z.B. Volkskunde, Ethnologie und Kulturanthropologie: Lipp 1995, Kreide-Damani 1992, Ruby 2000, Pink 2006; Architektur: Girouard 1987, Berg/Kreiner 1990; kommunikationswissenschaftliche Arbeiten: Müller 2003, Keppler 2006, Lueger/Froschauer 2007; Filmanalyse: Kuchenbuch 2005; Pädagogik: Ehrenspeck/Schäffer 2003; oder in der Soziologie: Goffman 1981, Bourdieu u.a. 1983, 1998, Reichertz 2000, Knoblauch 2006).

Die interpretative Analyse von Artefakten (siehe dazu Lueger 2010, Froschauer 2002: 361ff.) geht davon aus, dass sie in ihrer spezifischen Gestalt bzw. Ausdrucksweise sowohl manifeste als auch latente Informationen beinhalten. Artefakte entäußern als Formen von Sinnkristallisationen aufgrund ihrer Integration in einen Handlungskontext kollektive Sinnstrukturen, die sich im nachvollziehenden Verstehen als Bedeutungen, Handlungsaufforderungen oder Funktionen deuten lassen. Jedes Artefakt verkörpert eine bestimmte Form, in der die darin aufscheinenden Datentypen wie Bild, Text und Symbole in einer bestimmten Relation zueinander positioniert sind. Entsprechend sind die relationalen Beziehungen, in denen sich soziale Phänomene ausdrücken, zu rekonstruieren, um von daher ihre Bedeutungskonstitution als eine Funktion einer bestimmten syntaktischen Ordnung zu begreifen. Um den Bedeutungsgehalt von Artefakten in ihrem sozialen Zusammenhang zu erschließen, bieten sich zwei ineinandergreifende Verfahrensweisen an:

- Die *Dekonstruktion* des Artefakts, um es von seiner alltäglichen Sinnhaftigkeit zu distanzieren und einer kritischen Analyse zuzuführen: Die Dekonstruktion erfordert nicht nur die Zerstückelung des Artefakts in seine verschiedenen Bestandteile oder Dimensionen, sondern auch die Abtrennung von seinem ursprünglichen Kontext. Auch wenn in dieser Phase der Deskription ein prominenter Stellenwert zukommt, beginnt bereits hier eine in die Tiefe gehende Analyse. Verfahrenstechnisch lassen sich zwei Teilschritte unterscheiden: (a) die innere Differenzierung des Artefakts (z.B. Materialeigenschaften, räumliche Struktur, Teilelemente, Vordergrund versus Hintergrund, vorhandene Textelemente); (b) die alltagsweltliche Einbettung des Artefakts (z.B. Abgrenzung des Artefakts, alltägliche Bedeutung des Artefakts, üblicher Kontext des Auftauchens des Artefakts).

- Die *Integration in einen Sinnhorizont* als Form der *sozialen Rekontextualisierung*, indem das Artefakt in den Gesamtzusammenhang des Untersuchungsfeldes gestellt wird: In diesem Schritt wird der soziale Kontext des Artefakts als Bedingungsgefüge für dessen Existenz rekonstruiert. Damit tritt das Artefakt hinter die Strukturierung sozialer Wirklichkeit und bildet nur mehr die sichtbare Oberfläche, unter der sich latente Sinnstrukturen verbergen, die das Artefakt in einen verstehbaren Zusammenhang integrieren und die mit ihm verknüpfte soziale Dynamik ans Tageslicht bringen. Auch hier lassen sich zwei Verfahrensschritte angeben: (a) eine Analyse jener Strukturierungsprozesse, in die das Artefakt eingebunden ist (z.B. Produktion, Gebrauch, Funktion und Bedeutung des Artefakts); (b) eine vergleichende Analyse, um auf einer differenzanalytischen Ebene die Normalität und Besonderheit des Artefakts in einem sozialen Gesamtzusammenhang herauszuarbeiten (z.B. ähnliche Artefakte in unterschiedlichen und vergleichbaren Kontexten, Bezug zu anderen Analysematerialien).

d) Strukturdatenanalyse

Die Analyse von Strukturdaten (Lueger 2010) ist ein Weg, sich dem Untersuchungsbereich von seinen formalen, *äußerlichen Charakteristika* her anzunähern. Dazu zählen etwa die Entstehungsgeschichte, der bisherige Wandel des Untersuchungsgegenstandes, Strukturmerkmale (wie Altersstruktur oder Geschlechterverhältnis, Verteilungen). Man nimmt diese Strukturdaten als Hinweis auf ein konkretes *Muster* (etwa Richtlinien zur Rekrutierung von MitarbeiterInnen), die dann in Hinblick auf die feldinternen Folgen durchleuchtet werden (etwa bezogen auf die Altersstruktur oder die soziale Homogenisierung). Dadurch werden konkrete Daten in allgemeinen Merkmalen der Felddynamik aufgelöst.

Strukturdaten haben den Vorteil, dass sie nicht durch Erhebungsaktivitäten produziert oder verändert sind und Zustandsbilder des Feldes bezüglich interner oder externer Rahmendaten liefern. Aber auch hier ist zu berücksichtigen, dass jedes identifizierte Strukturdatum das Resultat der einem Merkmal zugemessenen Relevanz und somit eines Beobachtungsschemas ist. Insofern sind Strukturdaten zwar unabhängig von Meinungen von involvierten Personen, aber abhängig von der durch eine Beobachtung definierten Systematik.

Darüber hinaus lassen sich in Gesprächen erhobene Aussagen anhand unabhängiger Daten *vergleichen*. Dabei geht es nicht bloß um die Feststellung ‚falscher' Aussagen, sondern um die Analyse von Verzerrungen und deren mögliche Gründe. Beispielsweise stimmen erfahrungsgemäß viele Angaben in Gesprächen zur Entwicklung eines Unternehmens mit den Dokumenten nicht überein, was auf spezifische Selektivitäten in der Erinnerung (oder auch der Dokumentation) deutet, deren *Gründe* es zu verstehen gilt (dies gilt auch für biografische Erzählungen).

Im Rahmen einer interpretativen Sozialforschung ist es meist sinnvoll, Eckdaten zu erheben, welche die Entwicklung des Untersuchungsfeldes markieren und die Makrostruktur des potenziell relevanten Umfeldes angeben. Zur Bestimmung eines solchen Datensatzes bieten sich folgende Heuristiken an:

- *feldinterne Strukturdaten*, wozu beispielsweise die Entstehung eines Phänomens, massive Veränderungen in der Entwicklung, die Größe des Feldes, ökonomische Situation, kulturelle Rahmenbedingungen, formale Hierarchien, Tätigkeitsbereiche oder die regionale Verortung zählen;
- *feldexterne Strukturdaten*, wie etwa historische Besonderheiten der Rahmenbedingungen, juristische Einflussfaktoren, der politische, wirtschaftliche oder kulturelle Kontext;
- *feldexterne Vergleichsdaten*, wie beispielsweise die Kontrastierung mit der Entwicklung ähnlicher Felder.

Im einfachsten Fall erkundet man, ausgehend von der Zeitstruktur des untersuchten Bereichs, dessen soziale und sachliche Besonderheiten, die Charakteristika des relevanten Umfeldes sowie eventuelle Auffälligkeiten. Im Analyseverlauf können diese Daten laufend dem erweiterten Kenntnisstand gemäß vervollständigt und präzisiert werden. Wenn sich ein Unternehmen etwa durch eine besondere Expansionsphase oder durch radikale Innovationen auszeichnet, so stellt sich die Frage, ob dies in Hinblick auf die Branche ein spezifisches oder ein allgemeines Phänomen darstellt, was den Rückgriff auf makrostrukturelle Kontextdaten sinnvoll macht.

Generell ergeben sich daher zumindest vier Ansatzpunkte zur Verwendung von Strukturdaten im Kontext interpretativer Analysen: (a) die Analyse der *Entwicklung* anhand von Verlaufsdaten (wie Anfangssituation, Zeitpunkte und Dauer bedeutsamer Veränderungen oder Neuerungen, ökonomische Situation) – hier ist zu untersuchen, was mögliche typische Auslöser für Veränderungen sein könnten; (b) die Analyse der *Außenbeziehungen* des untersuchten Feldes (etwa Veränderungen in der Rechtslage, der Wirtschaftsbeziehungen – insgesamt geht es um wichtige Faktoren der Bestandssicherung) – dieser Bereich erleichtert die Klärung der Handlungsbedingungen für die involvierten AkteurInnen; (c) die *vergleichende* Analyse (etwa Unterschiede zur Konkurrenz oder zu ähnlichen Handlungsfeldern) – hier geht es darum, was die Besonderheiten des fokussierten Analysegegenstandes in Abgrenzung zu anderen sein könnten und welche Vor- bzw. Nachteile sich daraus ergeben könnten; (d) die *Verknüpfung* der Strukturdaten in einen Gesamtzusammenhang der Analyse.

4 Beispiele interpretativer Sozialforschung

Die folgenden Ausführungen zeigen an konkreten Beispielen, wie ein solches Forschungsdesign in der Praxis entwickelt und umgesetzt werden kann. Dafür wurden Studien ausgewählt, die unterschiedliche Problemlagen aufgreifen: die Konfrontation mit Anforderungen an eine Auftragsforschung im Rahmen einer *Einzelfallstudie* (Beispiel 1), die *vergleichende Analyse* von Kleingemeinden im Rahmen eines Projekts zur Migrationsforschung (Beispiel 2) sowie die Veränderung des Feldes und die Implikationen eines Langzeitprojekts im Rahmen einer *Longitudinalstudie* in der Energiebranche (Beispiel 3). Die ausgewählten Fälle sollten jedoch nicht als generelle Orientierung zur Durchführung eines Projekts verstanden werden, sondern geben Hinweise, mit welchen Anforderungen man konfrontiert sein kann und worauf man bei der Umsetzung im Rahmen eines interpretativ orientierten Forschungsdesigns achten sollte.

4.1 Beispiel 1: Einzelfallstudie zur Kommunikation im Unternehmen

Inhaltlich greift die Einzelfallstudie die interpretative Analyse eines Unternehmens auf, das externe Hilfe in Anspruch nimmt, um die vom Vorstand identifizierten Kommunikationsprobleme in den Griff zu bekommen (siehe dazu Froschauer/Lueger 1995, Lueger 1997, Froschauer/Lueger 2009). Dabei wird gezeigt, welchen Stellenwert die Aushandlung der Fragestellung mit AuftraggeberInnen hat und wie man mit dieser spezifischen Ausgangssituation umgehen kann.

a) Die Verhandlung der Forschungsfrage

Die Fallstudie bezieht sich auf ein Forschungsprojekt, das wir 1995 durchführten und mit dem wir eine der zentralen grundlagentheoretischen Fragestellungen von Organisationsanalysen aufgriffen, nämlich die *Bedingungen und Prozesse der Wahrnehmung und Herstellung sozialer Ordnung*. Die Ausgangsvorstellung war, dass Ordnung nicht einfach existiert, sondern auf einer permanenten Herstellung sozialer Beziehungen in einem Wechselverhältnis von Sinnbezügen und Handlungskontexten beruht. Aus dieser Sicht ist Ordnung daher eine Form von Reduktion der in einem Kontext möglichen alternativen Sicht- und Handlungsweisen. Wenn auch soziale Ordnung Weltkomplexität reduziert und Handlungsfähigkeit durch die Bereitstellung eines Interpretations- und Handlungsrahmens für die beteiligten AkteurInnen schafft, so ist sie dennoch keine allumfassende Ordnung. Man kann sie eher als Verschachtelung einer Vielzahl gleichzeitig existierender Ordnungsformen individueller und kollektiver Regulierungen menschlichen Zusammenlebens vor dem Hintergrund virtueller Möglichkeiten auffassen.

Anhand einer fallanalytischen Rekonstruktion organisationalen Handelns sollten Kommunikationsbeziehungen untersucht werden, die soziale Ordnung im Kontext eines Unternehmens schaffen, erhalten und verändern. Insbesondere ging es darum, wie Mitglieder bzw. organisatorische Einheiten ihre soziale Wirklichkeit in ihrem spezifischen Umfeld konstruieren und auf welchen Grundlagen sie ihre wechselseitigen Beziehungen organisieren. Besonders interessant erschien hierbei die Frage nach der Entstehung divergierender Wirklichkeitskonstruktionen. Aus diesem Forschungsinteresse resultierten drei zentrale Forderungen an die forschungsstrategische und methodische Projektdurchführung:

- Die interpretative Analyse eines Einzelfalls stellt eine Organisation als intern differenzierte Handlungseinheit mit ihrer besonderen Operationsweise und Geschichte in den Vordergrund. Die Organisation musste folglich in ihrer *Eigenlogik* (re-)konstruiert werden, um die typischen Elemente wechselseitiger Wirklichkeitskonstruktion und Handlungsgenerierung erfassen zu können.
- Aufgrund der Schwerpunktsetzung auf kommunikative Prozesse der Wirklichkeitskonstruktion und die Entwicklung von Handlungsstrategien bot sich die Anwendung *kommunikativer Methoden* in der Erhebung an. Methodisch war daher die Durchführung von Gesprächen (insbesondere Mehrpersonengesprächen) sowie deren hermeneutische Interpretation vorgesehen, wobei sich die Entscheidung über das ein-

zubeziehende Material an Überlegungen des theoretischen Samplings orientieren sollte (siehe Kap. 5.2).

- Für die *Auswahl* einer Organisation wurden folgende Kriterien herangezogen: (a) Es sollte sich um ein größeres Unternehmen handeln, das in möglichst ausdifferenzierten Betriebseinheiten untergliedert ist (Erhöhung der Wahrscheinlichkeit heterogener Interessen und Operationsweisen). (b) Zudem sollten Konflikte zwischen Unternehmensbereichen bzw. zwischen verschiedenen hierarchischen Ebenen bestehen, um den Verhandlungsaspekt bereits in den Mehrpersoneninterviews zu forcieren und der Analyse leichter zugänglich zu machen. (c) Das Unternehmen musste bereit sein, diese Studie ohne besondere Restriktionen durchführen zu lassen.

Allerdings musste für die Studie erst ein Unternehmen gefunden werden, das sich mit einer intensiven Kooperation einverstanden erklärte. In diesem Suchprozess brachte ein Vorstandsmitglied eines größeren Produktionsunternehmens (etwa 1000 MitarbeiterInnen) von sich aus ein *unternehmensspezifisches Interesse* vor: Das Unternehmen sah sich – so die vom gesamten Vorstand geteilte Sichtweise – mit einem massiven Kommunikationsproblem zwischen Vorstand und Belegschaft konfrontiert. Die Belegschaft misstraue den Vorstandsinformationen, was mit massiven Verständigungsproblemen sowie Konflikten mit enormen Reibungsverlusten einhergehe. Versuche, die Information besser zu strukturieren und mehr Informationen zu geben, hätten die Beziehung zwischen Vorstand und Belegschaft nur weiter verschlechtert. Die Idee des Vorstands war nun, eine Kommunikationsstrategie entwickeln zu lassen, die von der Belegschaft angenommen würde und die es ermögliche, Informationen im Unternehmen so zu verbreiten, dass diese Informationen als verlässlich und vollständig akzeptiert würden.

Damit ist ein Basisproblem von *Auftragsforschung* angesprochen: Die Übernahme der Sichtweise des Vorstandes durch das Forschungsteam würde nämlich bedeuten, dass es: (a) die Problemdefinition des Vorstands übernimmt, (b) eine rein technische Natur des „Kommunikationsproblems“ unterstellt und (c) auch gleich die Lösung für das Problem (geschicktere Kommunikationsstrategie) billigt. Würde die Forschung auf diese Vorannahmen eingehen, so wäre das Vorhaben sozialwissenschaftlich *unergiebig* – man bräuchte in diesem Fall nur externe Expertisen zu bemühen, würde aber nichts über die Bedeutung des „Kommunikationsproblems", die Sichtweisen der Belegschaft, den Prozess des Entstehens und des Erhaltens des „Problems" erfahren. Eine solche Vorgangsweise wäre auch *unseriös*, weil sie sich auf die Problemlösung stürzen würde, ohne das Problem zu kennen und ohne zu wissen, ob eine solche Maßnahme überhaupt angemessen ist. Diese einseitige Instrumentalisierung der Forschung durch den Vorstand als Auftraggeber wäre aber auch für das Unternehmen nur begrenzt von Nutzen, weil ein Erfolg nur dann möglich ist, wenn die Problemwahrnehmung des Vorstands der organisationalen Logik entspricht, die vorgeschlagene Lösung für die Bewältigung geeignet ist und die Belegschaft eine solche Vorgangsweise unterstützt. All dies ist jedoch höchst fragwürdig. Außerdem müsste man sich als AuftragnehmerIn die Frage stellen, ob die Forschung nur die Handlungsstrategien des Vorstands legitimieren sollte. In jedem Fall hat das alles mit Forschung nichts mehr zu tun.

Da jedoch die Situation im Unternehmen in Hinblick auf das Forschungsinteresse als überaus interessant erachtet wurde (alle Auswahlkriterien waren erfüllt), stellte sich die Frage, ob es nicht doch einen Weg gäbe, der sowohl Forschungsinteressen als auch die Interessen des Unternehmens berücksichtigte. Eine damit verbundene gemeinsame Definition des Auftrags musste also den Ansatzpunkt für das „Problem" umdefinieren und der Forschung einen entsprechenden Freiraum gewähren, um das fokussierte Phänomen in seiner Vielfalt zu erfassen. Die in der Folge ausgehandelte gemeinsame Fragestellung redefinierte die Fragestellung, sodass sie sowohl dem Forschungsinteresse als auch dem Auftragsinteresse entgegenkam: *Im Rahmen des Projekts wird untersucht, welche Organisationsdynamik hinter den Spezifika organisationsinterner Kommunikation steht.* Dies brachte die Forschung in eine neutralere Position, weil sie keine Legitimation für die Lösung eines Vorstandsproblems bot, was die Belegschaft unter diesen Bedingungen wohl kaum akzeptiert hätte. Dem Unternehmen stellte diese Zielsetzung in Aussicht, besser zu verstehen, wie es überhaupt zu dieser Situation gekommen war, was dahintersteckte und wo daher Ansatzpunkte zu finden wären, um eine adäquate Bewältigung des wahrgenommenen Problems anzugehen.

b) *Die Strukturierung der Forschung*

In einem Unternehmen, in das die Forschung den Zugang über den Vorstand erhält, der sich offenkundig in einer schwierigen Beziehung mit der Belegschaft befindet, ist schon für die *Orientierungsphase* vorhersehbar, dass Letztere nicht gerade über eine Untersuchung erfreut sein wird. Weil die *Positionierung* der Forschung jene Zuschreibungen beeinflusst, mit denen ForscherInnen im Unternehmen konfrontiert sind (z.B. Abgesandte des Vorstandes), und nachhaltige Effekte auf die Forschungsarbeit hat (z.B. Kooperationsbereitschaft, Gesprächsklima), wurden für die hier thematisierte Studie drei Positionierungselemente einbezogen:

- Es wurde ein Organisationsmitglied als Koordinationsstelle zwischen Forschung und Unternehmen gesucht. Diese Person sollte drei Anforderungen erfüllen: (a) Aufgrund des Konfliktes zwischen Vorstand und Belegschaft sollte sie strukturell vom Vorstand distanziert sein (*Abkoppelung der Forschung vom Vorstand* als Auftraggeber); (b) sie sollte das Unternehmen zumindest grob überblicken und über relativ gute Kontakte zu möglichst vielen Unternehmensbereichen verfügen *(feldinterne Reflexionsexpertise)*; (c) und sie sollte nicht in aktuelle Konfliktlinien involviert sein *(organisationsinterne Akzeptanz)*. Der ausgewählte Koordinator fungierte als zentrale Anlaufstelle für das Forschungsteam, verhandelte Forschungsentscheidungen und organisierte nach innen die Forschungsaktivitäten.
- Aufgrund der Konfliktsituation wurde allen an der Untersuchung teilnehmenden Personen *Anonymität* zugesichert, wobei Analyseergebnisse ausschließlich auf Strukturen und Prozesse der Organisation bezogen wurden. In diesem Sinne musste es möglich sein, mit allen MitarbeiterInnen (deren Einverständnis vorausgesetzt) Gespräche zu führen, ohne dass die Unternehmensführung in die Organisierung der Ge-

spräche intervenierte. Gleichzeitig wurde diese Anonymität aufgrund der angespannten Situation auch dem Unternehmen zugesichert (Konkurrenzprobleme).

- Um darüber hinaus Vertrauen zu gewinnen, wurde ausgehandelt, dass alle MitarbeiterInnen die Möglichkeit bekommen, über die Ergebnisse informiert zu werden *(Feedback)*. Als vertrauensbildende Maßnahme sollte dies die einseitige Verfügung über die Ergebnisse verhindern und unternehmensintern Transparenz über das Projekt schaffen.

Die Durchführung durch zwei ForscherInnen ließ es sinnvoll erscheinen, dass eine Person vorrangig vor Ort aktiv war, während die zweite Person sich auf die Analyse konzentrierte. Dies sollte eine gewisse Distanz schaffen, was gerade in Forschungsfeldern wichtig ist, die Schwierigkeiten erwarten lassen.

Bereits die in der Planungsphase geführten *Verhandlungsgespräche* bildeten das Material für die ersten ausführlichen Interpretationen. Sie bezogen sich auf unterschiedliche Aspekte, wie etwa: Weshalb identifiziert der Vorstand eine bestimmte Problemlage? Wie funktioniert aus seiner Sicht das Unternehmen? Welche Problemlösungsstrategien erachtet er aus welchen Gründen als wirksam? Welche Handlungsbedingungen gelten für die Belegschaft? Welche Auswirkungen könnte dies auf die Forschungsbedingungen im Unternehmen haben? Die angeführten vertrauensbildenden Maßnahmen waren bereits eine erste Umsetzung dieser Analysen in die Forschungspraxis. Als Grundlage der weiteren Projektdurchführung wurden im Zuge der Orientierungsphase Gespräche mit dem *Koordinator* als feldinternem Experten geführt. Das erste Gespräch mit diesem erfüllte drei Funktionen: Erstens wurden das vorgesehene Projekt und die Rolle des Koordinators ausführlich besprochen; zweitens vermittelte dieses Gespräch eine Orientierung über die Struktur, die internen Differenzierungen und Besonderheiten der Organisation; und drittens erfolgte eine Absprache über die konkrete Vorgangsweise (mögliche Ansprechpersonen). Thematisiert wurde hierbei, worauf man achten oder mit wem man sprechen solle, wenn man die Funktionsweise der Organisation verstehen wolle. In den weiteren Gesprächen mit dem Koordinator stand das feldinterne Reflexionswissen im Zentrum, allerdings nunmehr zentriert auf die Beziehungen zwischen den Organisationseinheiten. Die Analyse dieser Gespräche diente dem ersten Basisverständnis und bereitete die weiteren Gespräche vor.

Auf den ersten Analyseergebnissen aufbauend wurde mit dem Koordinator eine Vorgangsweise ausgehandelt, um entsprechend dem jeweiligen Analysestand nach bestimmten Kriterien Gesprächsgruppen zu organisieren (diese Kriterien bezogen sich auf feldinterne Handlungs- und Reflexionsexpertisen). Dabei konzentrierten sich die Analysen im *ersten Analysezyklus* auf Gespräche mit MitarbeiterInnen von Betrieben, die gerade erst in den Unternehmensverband aufgenommen wurden (Außenseiter), oder mit MitarbeiterInnen alter Kernbereiche des Unternehmens (Unternehmenstradition), mit MitarbeiterInnen in ausführenden Tätigkeiten (Ausloten der Stimmung) oder besonders exponierten Führungskräften (Konfliktpositionen). Im Zentrum standen die Beziehungen zwischen verschiedenen (weltweit verstreut tätigen) Betrieben und internen Bereichen, wobei die Entwicklung des Gesamtunternehmens, die Geschäftsaktivitäten, die Unternehmensstrategien und die spezifischen Problemlagen im Unternehmen im Zentrum standen (feldinterne Reflexionsexpertise aus der Perspektive der Unternehmensleitung). Meistens handelte es sich um Mehrpersonengespräche, die nach den mit dem Koordinator vereinbarten Kriterien durch diesen organisiert wurden. Neben den oben genannten Kriterien waren Schnittstellen zum unternehmensrelevanten Umfeld oder innerhalb der Organisation von besonderem Interesse. Mit dieser Vorgangsweise sollten organisationsinterne Beziehungsstrukturen bereits in die Gesprächszusammenstellung eingehen. Konsequenterweise boten die Schilderungen, wie die TeilnehmerInnen zur Gesprächsrunde gestoßen waren, den Gesprächseinstieg, um auf diese Weise die Kommunikationsbeziehungen in der Organisation zu rekonstruieren. Darüber hinaus wurden Unterlagen aus dem Unternehmen gesammelt (Betriebszeitung, Führungsrichtlinien etc.).

Im Zuge der Interpretation kristallisierte sich die zentrale Bedeutung zweier konkurrierender Unternehmensphilosophien heraus. Deshalb wurden nach einer ersten intensiven Reflexionsphase im *zweiten Forschungszyklus* Gesprächsrunden geführt, die sich jeweils aus RepräsentantInnen der beiden Unternehmensphilosophien zusammensetzten. Dazu kamen MitarbeiterInnen in Arbeitsbereichen, die entweder im Zentrum des Konfliktes standen oder sich in neutraler Distanz dazu hielten. Aufgrund der unternehmensinternen Kommunikationsbarrieren zwischen manchen Bereichen verfügten die GesprächspartnerInnen in all diesen Fällen über ein hochspezialisiertes Handlungs- und Reflexionswissen. Diese Gesprächsrunden dienten vorrangig der Ergänzung im Sinne der Differenzierung und der Überprüfung im Sinne der Verlässlichkeit der bis dahin erhobenen Perspektiven. Darüber hinaus wurden *externe Expertisen* in Anspruch genommen, weil sich aufgrund der Analyse zwei Kontextbereiche als besonders relevant für das Verständnis des Falles erwiesen: ein Gespräch mit einem Branchenexperten (Erkundung der Branchenentwicklung) sowie ein Gespräch mit einem Experten für Finanzierungsfragen, weil diese in den Konflikten eine massive Rolle spielten.

Nach Abschluss dieser Analyse war es in manchen Bereichen nötig, in einem *dritten Forschungszyklus* Ergänzungen und kleinere Prüfungen vorzunehmen, die anschließend in zwei Berichte mündeten: einen Bericht für das Unternehmen, der durch eine Präsentation und Diskussion der Ergebnisse im Unternehmen ergänzt wurde, und einen Forschungsbericht, der in verschiedenen Vorträgen vorgestellt wurde.

c) *Ergebnisse aus der Fallstudie*

Betrachtet man die Ergebnisse dieser Fallstudie, so lassen sich diese auf drei Ebenen konzentrieren:

- Erkenntnisse im Rahmen des *Auftrags* für das Unternehmen: Die Studie machte deutlich, dass das ursprüngliche Interesse seitens des Unternehmens, nämlich eine elaborierte Informationsstrategie zu entwickeln, nicht nur an einem völlig falschen Punkt angesetzt hätte, sondern sogar kontraproduktiv gewesen wäre. Da im vorliegenden Fall das Vertrauen zwischen dem Vorstand und der Belegschaft zerstört war, wurden alle Initiativen des Vorstandes in ein spezifisches Organisationsverständnis integriert, das alle Versuche zur Informationsverbesserung vor einem negativen

Szenario interpretierte. Unter solchen Bedingungen mündet jede Veränderung in eine potenzielle Verschärfung der Situation: Eine Informationserhöhung deutet die Belegschaft als ein Überschütten mit Informationen, eine Verknappung als Ausgrenzen vom Informationsfluss, eine Strukturierung als Verbergen wichtiger Informationen. In dieser Situation konnte die Studie zeigen, wie dieses Misstrauen als Problemhintergrund entstanden war und welche Ereignisse und Handlungsweisen es erhielten und stabilisierten. Dies wiederum verdeutlicht, dass man für eine Bewältigung der Kommunikationsprobleme gar nicht bei diesen direkt ansetzen darf, sondern bei jenen Faktoren, die Misstrauen schaffen und stabilisieren.

- *Wissenschaftliche* Erkenntnisse: Unter anderem zeigte die Analyse, dass die Unternehmensgeschichte einen wesentlichen Interpretationshorizont für die Unternehmensmitglieder bildet. Speziell in krisenhaften Situationen können jedoch aufgrund der wahrgenommenen Bedrohung (z.B. potenzieller Arbeitsplatzverlust) die alltagspraktischen Interpretationen im Unternehmen eine Dynamik entwickeln, die sich der Kontrolle der Beteiligten weitestgehend entzieht. Im vorliegenden Fall entwickelten sich vor dem Hintergrund der Unternehmensgeschichte zwei zueinander inkompatible Strategien, das Unternehmen aus der Krise herauszuführen. Dies führte zu massiven wechselseitigen Blockaden, die zwar eine enorm destruktive Wirkung entfalteten, aber von Beteiligten als konstruktiver Beitrag zur Zukunftssicherung des Unternehmens verstanden wurden: Um das Unternehmen zu retten, musste man verhindern, dass VertreterInnen der ‚Gegenseite' Strategien umsetzten, die in ein ökonomisches Desaster münden würden. Diese Entwicklung führte so weit, dass in manchen Bereichen eine Verständigung aufgrund der kontextuell ausdifferenzierten Bedeutungshorizonte kaum mehr möglich war. Damit ließ sich erklären, warum sich ganze Unternehmensbereiche wechselseitig nachhaltig in ihrer alltäglichen Arbeit blockierten, obwohl sie unter enormem Engagement zum künftigen Erfolg des Unternehmens beitragen wollten. Die

Studie machte darüber hinaus deutlich, wie ein lang anhaltender Erfolg zu einem massiven Entwicklungshemmnis werden kann (Lueger 1997). In diesem Zusammenhang ergaben sich auch wichtige Erkenntnisse über Lernen in Organisationen, wobei diese Erkenntnisse einen blinden Fleck ähnlicher Untersuchungen beleuchten, nämlich den Erwerb von Abwehrstrategien als wichtigen Schutzmechanismus der Belegschaft.

- *Methodische* Erkenntnisse: Unabhängig von den Zielsetzungen der Studie ergaben sich wichtige Erkenntnisse zur Durchführung interpretativer Analysen in schwierigen Handlungsfeldern: In Konfliktfeldern, so zeigte die Dynamik des Forschungsprozesses, verändern sich mit dem Fortschreiten der Erhebung die Zugangsbedingungen zum Feld. So waren am Beginn die Rahmenbedingungen durch Abwehr geprägt, welche die unternehmensintern gängige Ausgrenzungsstrategie reproduzierte. Mit der Herstellung der ersten halbwegs vertrauensvollen Beziehung schlug dieses Misstrauen in große Offenheit um, wofür zwei Aspekte entscheidend waren: ForscherInnen agieren organisationsintern gleichsam grenzüberschreitend, wissen daher innerhalb kurzer Zeit mehr bzw. anderes über Vorgänge im Unternehmen als die GesprächspartnerInnen selbst. Die Zustimmung zu einem Gespräch produzierte einen Druck auf Offenheit, weil die GesprächspartnerInnen nicht wissen konnten, was die ForscherInnen bereits wissen und was nicht, aber annehmen konnten, dass sie über eine Fülle an Informationen verfügten.

Insgesamt zeigt der Fall eindringlich, dass man sich nicht auf *voreilige Problemdefinitionen* einlassen sollte. Darüber hinaus stellen *vertrauensbildende Maßnahmen* im vorliegenden Fall den Schlüssel zum Gelingen der Forschungsarbeit dar. Gerade in schwierigen sozialen Feldern sollte man davon ausgehen, dass Widerstand gegen die Forschung durchaus ihre Berechtigung haben kann und als Hinweis auf die Situation im Untersuchungsbereich zu verstehen ist. Besonders in Konfliktsituationen läuft man Gefahr, einer Seite zugerechnet zu werden, was nicht nur den Bewegungsspielraum der Forschung massiv einengen kann, sondern darüber hinaus auch die Interpretation des Materials extrem erschwert, weil die Einschätzung des Stellenwertes von Gesprächsaussagen enorm schwierig ist: Hier ist es besonders wichtig zu verstehen, worüber die GesprächspartnerInnen nicht reden, was sie auslassen, was sie hingegen betonen, inwiefern sie aus strategischen Überlegungen heraus argumentieren oder welche Bedeutung Absprachen für die Gespräche haben könnten. Man kann also den Konflikt nicht bloß neutral von außen betrachten, sondern der Forschungsprozess selbst ist in diesen immer verstrickt. Daher ist es umso wichtiger, die eigene Position zu reflektieren und in allen Aktivitäten auf Verbindlichkeit zu achten. Vertrauen gewinnt man nicht, indem man den Unternehmensmitgliedern vermittelt, ihrer Meinung zu sein (bei verschiedenen Konfliktparteien hat man damit schnell das Vertrauen verspielt), sondern indem man zum Ausdruck bringt, ihre Position verstehen zu wollen. Hier reichen nicht verbale Zusagen, sondern diese Haltung muss sich in der Vorgangsweise manifestieren (etwa über die unternehmensinterne Kontaktperson; die eigenen Verhaltensweisen).

4.2 Beispiel 2: Komparative Studie zur Flüchtlingsaufnahme

In diesem Beispiel handelt es sich um eine Studie, die ausschließlich im *wissenschaftlichen Interesse* nach Durchführung einer Pilotstudie beim Fonds zur Förderung der wissenschaftlichen Forschung (FWF) eingereicht und mit dieser finanziellen Unterstützung durchgeführt wurde. Ausgangspunkt waren die mit regionaler Mobilität wiederkehrend auftauchenden Schwierigkeiten in Bezug auf die Aufnahme von MigrantInnen. So war vor der Studiendurchführung in Österreich ein deutlicher Anstieg von Flüchtlingen zu verzeichnen, der zu sehr unterschiedlichen Reaktionsweisen seitens der Bevölkerung führte: einerseits zu einer positiven Mobilisierung der Öffentlichkeit im Rahmen von Hilfsaktionen, andererseits zu massiven Abwehrreaktionen (auch auf politischer Ebene in Form der Durchführung eines Ausländervolksbegehrens), die im Extremfall in Gewalt gegen Flüchtlinge oder entsprechende Einrichtungen mündeten. Die *gesellschaftspolitische Brisanz* der Thematik und die gleichzeitig *geringe Forschungsaufmerksamkeit* führten zur Konzeption dieser Studie.

a) Von der Pilotstudie zum Forschungsprojekt

Ansatzpunkt für die Forschung war nicht nur die politische Bedeutung der Flüchtlingsaufnahme, sondern auch die zu verzeichnenden theoretischen und empirischen Forschungsdefizite in diesem Bereich. Damals konzentrierte sich die deutschsprachige Flüchtlingsforschung auf die soziale Lage von Flüchtlingen im Aufnahmeland, ihre berufliche Integration oder Fragen der Sozialisation (z.B. Scheuringer 1988, Treibel 1988, Berliner Institut für Vergleichende Sozialforschung 1992). Deskriptive Studien bezogen sich ebenfalls kaum auf den Prozess der Flüchtlingsunterbringung (z.B. Gombos/Gruber/Teuschler 1992) oder fokussierten einen sehr spezifischen Kontext von Migration (wie etwa Elias/Scotson 1990). Jene Studien, die sich mit Einstellungsforschungen befassten, thematisierten vorrangig Fremdenfeindlichkeit, befassten sich aber nicht mit deren Ursachen und Genese (Heitmeyer 1993; vgl. Markard 1984). Es fehlten jedoch Untersuchungen, welche die strukturellen Rahmenbedingungen des Aufnahmekontextes aufgriffen und somit die damit verbundene Frage der Entwicklung und Stabilisierung von sozialer Ordnung im Zuge von Migrationsprozessen näher analysierten. Die Studie grenzte sich daher aus drei Gründen von der verfügbaren *Literatur* ab:

- Sie ignorierte erst einmal die soziale Situation der Flüchtlinge und konzentrierte sich auf die *einheimische Bevölkerung*.
- Die Forschungskonzeption befasste sich auch nicht mit Einstellungen der Bevölkerung, sondern setzte an den Lebensbedingungen und *Relevanzstrukturen der GemeindebewohnerInnen* und der spezifischen Lage der Gemeinden an.
- Während die Literatur vorrangig die nationalstaatliche oder städtische Ebene fokussiert, legte die Studie den Schwerpunkt auf *Kleingemeinden*. Dafür gab es zwei Gründe: a) Aufgrund der Überschaubarkeit und der vergleichsweise engen Kontakte lassen sich viele Prozesse in verdichteter und überschaubarer (aber nicht vereinfachter) Form beobachten. b) Kleingemeinden bilden ein vielfach unbeachtetes, aber dennoch wichtiges Standbein in der Flüchtlingsaufnahme.

Das Erkenntnisinteresse konzentrierte sich also darauf, vor welchem Hintergrund die BewohnerInnen von Gemeinden agieren, nach welcher Logik sie die Aufnahme von Flüchtlingen interpretieren, wie sie in diesem Kontext ihre Argumentations- und Handlungsweisen ausrichten und wie sie insgesamt mit dieser Anforderung der Flüchtlingsaufnahme umgehen. All diese Grundsatzüberlegungen machten es sinnvoll, die Studie als interpretative Sozialforschung zu konzipieren. Zur Vorbereitung wurde ohne Finanzierung vom Kernforschungsteam (Karl-Michael Brunner, Gerhard Jost und Manfred Lueger) eine *Pilotstudie* durchgeführt, die zwei Zielsetzungen verfolgte: Erstens sollte die Tragfähigkeit des gewählten Forschungsfokus überprüft werden. Zweitens sollten die Ergebnisse helfen, die Schwerpunkte für eine (geplante) weiterführende Studie zu präzisieren. Drittens diente die Pilotstudie der Abklärung der methodischen Vorgangsweise (insbesondere Zugang, Forschungsstrategie, Methodeneinsatz und Vorgangsweise als Team) sowie der möglichen im Zuge einer solchen Studie auftauchenden Problemlagen.

Durchgeführt wurde die Pilotstudie als *interpretative Fallstudie* in einer zweisprachigen Gemeinde (Brunner/Jost/Lueger 1994a, 1994b). Das Auswahlkriterium war einfach: Da man im Vorfeld nicht wissen konnte, welche Faktoren für die Flüchtlingsaufnahme bedeutsam waren, wurden nur zwei Kriterien für die *Auswahl* herangezogen: (a) Aufnahme einer größeren Zahl von Flüchtlingen (gemessen an der Gesamtbevölkerung), (b) wobei die Flüchtlinge nicht von der Bevölkerung separiert untergebracht sein sollten. Letztlich wurde nach Erkundigungen in der Landesregierung die konkrete Gemeinde gewählt, weil sie als Vorzeigegemeinde in Bezug auf Flüchtlingsaufnahme in dieser Region galt.

Die Pilotstudie wurde im ersten Kontakt mit dem Bürgermeister und dem Gemeindesekretär abgesprochen. Die Daten wurden während eines einwöchigen Forschungsaufenthalts erhoben und in ersten Ansätzen interpretiert, um entsprechend dem theoretischen Sampling über die Erhebung weiterer Materialien systematisch entscheiden zu können. Dabei wurden Einzel- und Gruppengespräche mit unterschiedlichen Gruppen von GemeindebewohnerInnen geführt, Dokumente sondiert (etwa Gemeindeprotokolle, Zeitungen) und Beobachtungen zu verschiedenen Anlässen durchgeführt (Seniorenball, Faschingsumzug etc.).

Anschließend wurden die Materialien in einer längeren Analysephase einer ausführlichen hermeneutischen Interpretation unterzogen und die Ergebnisse an die Gemeinde zurückgespielt. Diese erste Studie erbrachte durchaus viel versprechende Ergebnisse, die sich auf vier Bereiche bezogen (vgl. Brunner/Jost/Lueger 1994a, 1994b): Erstens zeigte sich die Bedeutung der Identität einer Gemeinde, die im untersuchten Fall die Gemeindegeschichte als positive Bewältigung des eigenen Minderheitenstatus hervorhob. Zweitens spielte die mit dieser Geschichte verbundene Positionierung im regionalen (Abgrenzung zu den rein deutschsprachigen Gemeinden) und österreichweiten Umfeld (Selbstbild einer Vorzeigegemeinde u.a. bei der Flüchtlingsaufnahme) eine wichtige Rolle. Drittens erwies sich das spezifische Zusammenspiel der politischen Struktur, der wirtschaftlichen Situation, der Kirche und der Formen kulturellen Zusammenlebens als wichtiger Faktor. Viertens konnte die Bedeutung des internen Beziehungsgeflechts zwischen den Einheimischen und zwischen Einheimischen und Flüchtlingen aufgezeigt werden. Diese Ergebnisse waren auch der Anlass, mit einem *weiterführenden Projektantrag* eine größer angelegte Studie durchzuführen.

b) Die Umsetzung des Forschungsdesigns: Komparative Fallanalyse

Bereits die Pilotstudie verwies auf die Bedeutung der Binnenbeziehungen in der Gemeinde und der Relationierung der Gemeinde zu ihrer Region für die Herausbildung einer bestimmten Umgangsform der Bevölkerung mit der Flüchtlingsaufnahme. Diese Ergebnisse mündeten in eine Reihe von *Forschungsfragen* für die anschließend beantragte Studie, die sich insbesondere auf vier Bereiche bezogen: (a) den Prozess der Aufnahme und Zuweisung von Flüchtlingen (mit Zuweisung verbundene Interessen, Involviertheit der GemeindebewohnerInnen in den Zuweisungsprozess etc.), (b) den Aufnahmekontext in der Gemeinde (Gemeindegeschichte und Gemeindestruktur, Effekte der Flüchtlingsaufnahme, Zusammentreffen der Flüchtlingsaufnahme mit spezifischen Konfliktlagen in der Gemeinde etc.), (c) die Wahrnehmungsperspektiven der GemeindebewohnerInnen (Abhängigkeiten der Wahrnehmung der Flüchtlingsaufnahme,

Zuschreibung von bestimmten Charakteristika auf Flüchtlinge und Flüchtlingsaufnahme und deren Gründe etc.) sowie (d) die Handlungsstrategien der GemeindebewohnerInnen im Umgang mit Flüchtlingen (Erwartungen, Beziehungen zu Flüchtlingen, Integration der Flüchtlingsaufnahme in Handlungsroutinen etc.). Diese Fragestellungen bildeten den Rahmen für das grobe Forschungskonzept und sollten einer vergleichenden Analyse dreier Gemeinden unterzogen werden.

Im ersten Schritt waren zwei Aufgaben zu bewältigen: die Zusammensetzung des Forschungsteams sowie die Auswahl der einzubeziehenden Gemeinden.

- Die Pilotstudie zeigte deutlich, dass die ursprüngliche *Teamzusammensetzung* – drei Männer in ähnlichem Alter – für eine Gemeindestudie nicht besonders anschlussfähig ist, weil die Zugänge zu spezifischen Teilgruppen (z.B. Jugendliche) nur erschwert möglich ist. Daher wurde beschlossen, das Team sowohl in Hinblick auf das Geschlecht sowie das Alter besser zu strukturieren. Letztlich setzte sich das Kernteam, mit dem auch die Erhebungen vor Ort durchgeführt wurden, aus zumindest 5 Personen zusammen (die drei Antragsteller sowie zwei Projektmitarbeiterinnen mit entsprechenden Methodenkompetenzen). Darüber hinaus waren im Projekt mehrere weitere MitarbeiterInnen jeweils befristet mit Spezialthemen befasst, die sich im Verlauf der Analyse herauskristallisierten: Dazu zählte etwa eine Aufarbeitung zum Stand der Literatur, eine genauere Analyse von Teilaspekten der Studie unabhängig vom Kernteam (um spezifische Teile der Analyse zu prüfen und einen kritischen zweiten Blick zu erhalten) sowie die genauere Untersuchung von wichtigen Themen, die im Rahmen der Hauptstudie nicht zu leisten war (Analyse von Zuweisungsstellen und deren Zuweisungslogik, familiale Flüchtlingsintegration, Kontrollstrategien von Sicherheitsorganen, Analyse von Gesprächen mit GemeindeärztInnen).
- Die Vorbereitungsphase diente aber nicht nur der Teamkonstituierung, um ein gemeinsames methodologisches und methodisches Verständnis zur Projektkonzeption zu entwickeln, sondern auch der organisatorischen Vorbereitung. Dafür war

es erst einmal nötig, die drei *Gemeinden auszuwählen*. Für diese Studie wurde über die beiden Kriterien der Pilotstudie hinaus (hohe Zahl von Flüchtlingen und gemischte Unterbringung) noch ein weiteres Kriterium beigezogen: Während zwei Gemeinden keine offenen Konflikte aufweisen sollten, sollte die dritte solche Anzeichen haben, ohne dass sich der Konflikt bereits verfestigt hatte. Dafür war das Interesse ausschlaggebend, unter welchen Bedingungen eine Flüchtlingsaufnahme für alle Beteiligten zufriedenstellend verlaufen könnte (und nicht die Frage der Konflikteskalation und -verfestigung). Allerdings hatten sich die Projektrahmenbedingungen seit der Pilotstudie (1992/93), der Antragstellung (1995) und dem Projektstart (1996) verändert. Während es für die Pilotstudie kein Problem war, Gemeinden mit hohen Flüchtlingszahlen zu finden, war dies 1996 und 1997 nicht mehr in gleicher Weise der Fall. Aus diesem Grund wurde als zusätzliches Kriterium eine längere Flüchtlingserfahrung der Gemeinde aufgenommen (um die gesunkenen Flüchtlingszahlen auszugleichen) und in einer Gemeinde waren zum Zeitpunkt der Untersuchung die Flüchtlinge in einer größeren Betreuungsstelle konzentriert (allerdings mit einer langen Geschichte der gemischten Unterbringung einer sehr hohen Flüchtlingszahl im Ortskern).

Ursprünglich war angedacht, die Analysen jeweils parallel in zwei Gemeinden durchzuführen, um die Möglichkeiten der Kontrastierung zu verbessern. Allerdings stellte sich schon in der ersten Gemeinde heraus, dass das Risiko einer Vermischung von Erkenntnissen aus mehreren Gemeinden im Interpretationsprozess sehr hoch ist (insbesondere wenn man in mehreren Gemeinden aktiv ist), was die analytische Schärfe nachhaltig zu beeinträchtigen drohte. Aus diesem Grund wurde die ursprüngliche Designvorstellung, wie sie im Antrag formuliert war, *modifiziert*, indem die Gemeinden nacheinander einer Analyse unterzogen wurden. Dabei folgte die Analyse in jeder der drei Gemeinden folgender Grundstruktur:

- In einer *Vorbereitungsphase* wurde der Kontakt mit dem Bürgermeister und dem Gemeindesekretär hergestellt, um eine Kooperation mit der Gemeinde zu erwirken und um organisatorische Unterstützung zu mobilisieren (etwa Analyse von Gemeinderatsprotokollen, interne Informationen, Zugang zu verschiedenen Einrichtungen, Basisinformationen zur Gemeindeentwicklung und Gemeindestruktur). Hier ist zu berücksichtigen, dass die Pilotstudie bereits als Orientierungsphase fungierte, sodass dieser Prozess in den einzelnen Gemeinden deutlich verkürzt war. Generell wurde für die weiteren Erhebungszyklen auf mehrere Aspekte geachtet: Die Teammitglieder waren auf verschiedene Unterkünfte verteilt (um vorschnelle Zuordnungen durch die BewohnerInnen einer Kleingemeinde zu vermeiden – in der Pilotstudie zeigten sich deutliche Zurechnungseffekte, weil der Sohn der Vermieterin politisch in der Gemeinde aktiv war, weshalb die Studie anfänglich als mit dessen Interessen verknüpft wahrgenommen wurde); die Sichtbarkeit des Teams sollte durch eine möglichst intensive gemeinsame Teilnahme bei Veranstaltungen und über breit gestreute Kontaktnahmen maximiert werden; generell waren in jedem Erhebungszyklus bereits erste Interpretationen vorgesehen (wobei täglich die Aktivitäten in der Gemeinde abgesprochen und in Hinblick auf die erlangten Kenntnisse abgestimmt werden sollten). Bereits vor dem ersten Zyklus der Hauptforschungsphase wurden aufgrund der ersten Vorerhebungen Kontakte geknüpft, um den Einstieg möglichst zu beschleunigen.

- In den anschließenden *zwei Forschungszyklen* (etwa jeweils eine Woche mit mehreren ProjektmitarbeiterInnen vor Ort) kamen unterschiedliche Verfahren zur Anwendung: Zum einen wurden *offene Einzel- oder Mehrpersonengespräche* mit verschiedensten GemeindebewohnerInnen geführt, die entsprechend den Vorerkenntnissen in die Flüchtlingsaufnahme aktiv involviert oder einfach RepräsentantInnen wichtiger Gruppen von GemeindebewohnerInnen waren. Typischerweise fanden also Gespräche mit politischen, wirtschaftlichen oder kirchlichen Funktionsträgern, GastwirtInnen (die etwa Flüchtlinge aufgenommen hatten), Personen, die Wohnungen an Flüchtlinge vermietet hatten, oder ArbeiterInnen und LandwirtInnen statt. Für den zweiten Zyklus wurden die Gespräche auf besonders wichtige ThemenrepräsentantInnen konzentriert (z.B. Erhebungen im Kontext von Schule, Kirche oder Polizei; oder VertreterInnen zugespitzer Positionen), um jene Fragen zu klären, die nach dem ersten Zyklus offenblieben.

Darüber hinaus wurde im Rahmen *teilnehmender Beobachtungen* an verschiedensten Aktivitäten in der Gemeinde teilgenommen (etwa Besuch der Messe, Volksmusikabend, PensionistInnentreffen, Vereinsaktivitäten, Diskothekenbesuch, Marketing-Veranstaltung oder Gemeindefeste). Bei der Festlegung der Erhebungszeiträume wurde darauf geachtet, dass solche Gemeindeaktivitäten stattfanden. Damit sollte ein anderer Typus von Material generiert werden (etwa Beobachten des konkreten Umgangs mit Flüchtlingen, Knüpfen engerer Kontakte). Gerade die Sichtbarkeit des Teams (gemeinsames Auftreten in der Gemeinde, Fotografieren) sowie die vielfältigen Kontakte der Teammitglieder führten vielfach dazu, dass es nicht nötig war, aktiv Kontakte zu knüpfen, weil die GemeindebewohnerInnen selbst die Initiative ergriffen.

Darüber hinaus wurden auch *Materialien* aus der Gemeinde gesammelt (etwa Gemeinderatsprotokolle, Zeitungsberichte, statistische Daten). Diese Daten lieferten wichtiges Hintergrundmaterial über die Gemeindeentwicklung und Strukturen im Kontext der Flüchtlingsaufnahme. Dafür war in der Regel die Kooperation mit den Gemeindeämtern sehr hilfreich.

Zwischen den beiden Erhebungszyklen wurde in einer längeren *Interpretationsphase* die Vielfalt des generierten Materials aufgearbeitet und einer selektiven Interpretation unterzogen. Diese Selektion war notwendig, weil man mit einer solchen Vorgangsweise deutlich mehr Material als unbedingt nötig generiert, was zwei Vorzüge aufweist: Erstens dient die Erhebung immer auch der Kontaktintensivierung und man erhält damit eine Vielfalt an verschiedenen Zugängen zum Thema. Zweitens dient das überschüssige Material der Kontrolle, sodass viele Möglichkeiten der Überprüfung der Interpretation bestehen.

- Mitunter war es notwendig, in einem dritten Zyklus noch *nachträgliche Klärungen* vorzunehmen. Meist waren dafür aber nur Telefongespräche mit ausgewählten Personen oder das nachträgliche Einholen von Dokumenten oder Zusatzinformationen nötig (etwa Zeitungsberichte zu einer Konfliktsituation zwischen Einheimischen und Flüchtlingen in der dritten untersuchten Gemeinde).

- Den Abschluss bildeten eine *Präsentation* und *Diskussion* der Ergebnisse in der Gemeinde in Form einer Veranstaltung, die von der jeweiligen Gemeinde organisiert wurde. Diese Diskussion wurde nachträglich noch in die Analyse aufgenommen.

Insgesamt wurde im Rahmen dieser Studie eine Reihe von Berichten bzw. Präsentationen verfertigt: Für die Gemeinde waren dies die auf sie abgestimmten Präsentationen, wobei zusätzlich dem Gemeindeamt auch die schriftlichen Abschlussberichte aus der jeweiligen Gemeinde übermittelt wurden. Darüber hinaus wurden ausgewählte Aspekte der Studie auf mehreren Tagungen präsentiert und in mehreren Berichten verfügbar gemacht (Brunner u.a. 1996, 1997, 1998a, b, Brunner/Lueger 1997, 1998).

c) *Forschungsergebnisse*

Die Studie brachte eine Reihe von unterschiedlichen *inhaltlichen Erkenntnissen,* die sich sowohl auf Flüchtlingsaufnahme in Kleingemeinden allgemein als auch auf die durchaus verschiedenen Strategien der Gemeinden im Umgang mit Flüchtlingen beziehen. An dieser Stelle seien nur einige ausgewählte Ergebnisse erwähnt:

- Integration ist ein überaus langwieriger und voraussetzungsvoller Prozess: Die Studie machte deutlich, dass zwar Integration vorkommen kann, aber nicht bewusst angestrebt wird. Insofern ist eine weiter gehende Integration im Sinne der Teilhabe am sozialen und kulturellen Leben kaum feststellbar. Die vorherrschende Politik der unauffälligen Aufnahme minimiert zwar Abwehrreaktionen der einheimischen Bevölkerung, lässt aber auch nur rudimentäre Formen der Integration zu (meist über Arbeitsbeziehungen – auch Schwarzarbeit – oder Beziehungen zur Schule über die Kinder). Seitens der Gemeinde werden fast keine Integrationsvoraussetzungen geschaffen, sondern Integration wird als ‚Bringschuld' der Flüchtlinge in Richtung Anpassung verstanden, wobei Versuche der Kontaktaufnahme durch Flüchtlinge auch meist durch die Einheimischen unterlaufen werden. Man muss hier berücksichtigen, dass sich Flüchtlinge in der Regel nicht freiwillig in den Gemeinden aufhalten, sondern zugewiesen werden. Schon aus diesem Grund handelt es sich in der Regel um eine vorübergehende Aufnahme in eine Gemeinde ohne langfristigen Horizont.

- Flüchtlingsaufnahme ‚passiert' den Gemeinden: In keinem der untersuchten Fälle wurde die Flüchtlingsaufnahme in irgendeiner Weise vorbereitet. Sie beruhte vielmehr auf einer Zuweisung von außen bzw. auf Einzelinitiativen (meist von GastwirtInnen, die sich ein Geschäft erhofften). Allerdings verändert die Aufnahme einer größeren Zahl von Fremden die sozialen Strukturen, was Einheimische vorrangig als Störung empfinden. Besonders deutlich wurde dies bei den Schulen, die meist erst im Laufe der Zeit lernen mussten, mit Flüchtlingskindern umzugehen (das Erfahrungsspektrum reicht von der Schule als Aufbewahrungsanstalt bis hin zu elaborierten Schulversuchen). Was für Schulen in der ersten Phase als fast unlösbares Problem erscheint, erweist sich mitunter längerfristig als Segen (neue Klassen aufgrund des Überschreitens von Klassenteilungszahlen; Fördermittel, die auch einheimischen SchülerInnen zugutekommen). Meist wird übersehen, dass Schulen einen entscheidenden Integrationsfaktor bilden, weil sie institutionell Kontakte zwischen den Eltern der einheimischen und fremden Kinder vermitteln.
- Mangelnde Kommunikation verhindert Erwartungsaustausch: Missverständnisse sind im Kontext der Flüchtlingsaufnahme allgegenwärtig. So nehmen die Einheimischen ihre eigenen Lebensgewohnheiten und Annahmen über Flüchtlinge als Maßstab für ein funktionierendes Zusammenleben. Dabei sehen Einheimische die Flüchtlingsaufnahme vorrangig unter der Perspektive der Hilfeleistung (insbesondere Essen, Wohnung und Kleidung) und ignorieren die Lebenswelt der Flüchtlinge. So vergleichen sie

gerne den Flüchtlingsaufenthalt mit ihrem eigenen Urlaub in einem exotischen Land, ohne die massiven Unterschiede zu realisieren. Die Untätigkeit der Flüchtlinge nehmen sie mitunter als Schmarotzertum wahr (ohne in Rechnung zu stellen, dass ihnen die Annahme von Arbeit verboten ist) oder halten sie für Freizeit (ohne zu merken, dass die damit erzeugte Abhängigkeit eine massive Belastung darstellt). Sie gehen davon aus, dass ihre eigene Normalität auch für Fremde selbstverständlich ist.

- Die Menge der aufgenommenen Flüchtlinge ist für eine reibungslose Aufnahme weitgehend irrelevant: Gemeinden können mitunter auch große Flüchtlingsströme vorübergehend problemlos verkraften (sogar wenn die Zahl der Flüchtlinge die der Einheimischen deutlich übertrifft). Entscheidend sind Zurechnungen und Kategorisierungen sowie die Definition des eigenen Verhältnisses zu den Flüchtlingen. Insgesamt scheinen Gemeinden mit einer stark ausgeprägten eigenen Identität deutlich weniger Probleme mit der Flüchtlingsaufnahme zu haben als jene, die sich ohnehin in ihrem Status bedroht sehen und durch die Flüchtlingsaufnahme noch eine Verstärkung ihres Problems erwarten.

Auch auf *methodischer Ebene* kann man diese Studie als wichtiges Lernfeld für Feldstudien betrachten. Exemplarisch sei hier auf einige Aspekte verwiesen:

- ForscherInnen werden mitunter auch in Hinblick auf die *Achtung* der Lebensbedingungen oder auf ihre Zuverlässigkeit geprüft. Solche unterschwelligen Prüfungen können in unterschiedlichsten Formen auftreten. Dafür sollte hier nur ein Beispiel genannt werden: Bedienstete der Müllabfuhr, die um ein Interview gebeten wurden, nannten als Gesprächstermin einen Zeitpunkt vor 6 Uhr morgens. Hier ist zu beachten, dass es bei solchen Wünschen mitunter schlicht darum geht, ob man mit einer Zusage der fremden Lebenswelt symbolisch eine entsprechende Wertschätzung entgegenbringt. Dies spielt insbesondere in Hinblick auf die Statusdifferenz zwischen WissenschaftlerInnen und HilfsarbeiterInnen eine wichtige Rolle. Allerdings sind in manchen Situationen klare Grenzen zu ziehen, denn nicht jede Anpassung wirkt förderlich, wie schon Whyte (1996: 305ff.) festgestellt hat: Es geht darum, Achtung gegenüber der untersuchten Lebenswelt zum Ausdruck zu bringen, sich aber auch als Person greifbar zu machen. Man muss nicht bei jedem Trinkgelage mitmachen und man muss nicht allem zustimmen. Eine offenkundige Anbiederung wirkt in der Regel eher abstoßend und unehrlich.

- In einer Gemeinde stehen ForscherInnen unter *permanenter Beobachtung*, die man meist aber kaum als solche erkennt. So zeigte die Erfahrung während der Studie, dass viele GemeindebewohnerInnen (insbesondere die gut integrierten) sehr schnell über die Forschung Bescheid wussten. Auch deshalb wurde bereits die Unterbringung des Teams in der Gemeinde als methodisches Problem erkannt: Eine gemeinsame Unterbringung hat zwar einige Vorteile für die interne Kooperation, aber auch mögliche Begleiteffekte, die man allerdings im Vorfeld kaum einschätzen kann. In unterschiedlichen Quartieren (Gasthof, Hotel, Privatzimmer) zu wohnen, hat einen entscheidenden Vorteil: Man erhält sofort Zusatzkontakte über die VermieterInnen, die man für die Forschung nutzen kann.
- Feldforschung ist teilweise mit enormen *Belastungen* verbunden. Um beispielsweise die Entwicklung einer Veranstaltung zu beobachten, sollte man bis zum Ende bleiben. Da diese jedoch mitunter bis in die Morgenstunden dauern, sollte man während eines Forschungsaufenthalts mit eher wenig Erholungsmöglichkeiten rechnen.
- Wichtig ist auch, auf eine hohe *Zeitflexibilität* zu achten. Vielfach lassen sich Termine nicht genau kalkulieren. So dauerte das längste Interview in einer Gemeinde etwa acht Stunden – und das obwohl der Termin extrem schwierig zu organisieren war und die Zeit ursprünglich auf etwa eineinhalb Stunden begrenzt war. Dennoch erwies sich dieses Gespräch als Schlüssel zur Geschichte der Gemeindebeziehungen. Auch wenn solche Zeitüberschreitungen ungewöhnlich sind, ist es sinnvoll, Möglichkeiten für ein längeres Gespräch offenzuhalten – solange es die befragten Personen wünschen. Auch Beobachtungen im Zusammen-

hang mit Organisationen sollten zeitlich großzügig angelegt werden (im vorliegenden Fall etwa das Begleiten der Polizei bei ihren Kontrollaktivitäten, die nie genau planbar sind; oder auch die Teilnahme am Unterricht in einer Integrationsklasse einer Schule).

Zum Schluss sollte noch auf einen Punkt hingewiesen werden: Der Umgang mit Flüchtlingen lässt sich auf einer allgemeinen Ebene auch ganz anders untersuchen: Das dahinterstehende Problem zeigt sich nämlich auch im Zuge der Einbindung von „Zugereisten" aus einer anderen österreichischen Gemeinde. Hier zeigte die Studie, dass selbst eine dreißigjährige Gemeindezugehörigkeit oder die Übernahme von Gemeindefunktionen vielfach nicht ausreichen, um die Fremdheit zur Gemeinde vollständig zu überwinden. Jedoch stellt sich die Situation für AusländerInnen deutlich verschärft dar. Versteht man also die Probleme der Flüchtlinge, versteht man auch die Probleme der Aufnahme von Fremden allgemein. Umgekehrt könnte man jedoch genauso die Integration von „Zugereisten" untersuchen, um die strukturellen Schwierigkeiten der Flüchtlingsaufnahme verstehen zu lernen.

4.3 Beispiel 3: Longitudinalstudie einer Unternehmensentwicklung

Ursprünglich war diese Studie als klassische *Fallstudie* konzipiert – allerdings mit der Option, nach ungefähr zwei Jahren eine *Folgestudie* durchzuführen. Schon damals war die Analyse des Falles (ein Energieversorgungsunternehmen) besonders interessant, weil er eine Branche betrifft, für die sich zu diesem Zeitpunkt (1997) ein massiver Umbruch der Rahmenbedingungen abzeichnete (Liberalisierung des Energiesektors im europäischen Wirtschaftsraum). Später ergab sich aufgrund der zum Unternehmen aufgebauten Kontakte die Chance, den Entwicklungsprozess nach mehreren Jahren nochmals einer ausführlichen Analyse zu unterziehen.

a) ***Von der Organisationsanalyse zum Längsschnitt***
Die gesellschaftlichen Entwicklungen in den letzten Jahrzehnten bewirkten im Wirtschaftssystem eine enorme Mobilität, verbunden mit einer zunehmenden Globalisierung wirtschaft-

lichen Handelns. In diesem Zusammenhang rückte die Europäische Union die Förderung der freien Marktwirtschaft immer stärker in das Zentrum der Verhandlungen. So entschied man sich zur Förderung des Wettbewerbs in der Energiewirtschaft für eine *Liberalisierung der Märkte*. EndabnehmerInnen sollten darüber entscheiden können, bei welchem Anbieter sie ihre Energie einkaufen. Eine solche Freigabe war insbesondere für Großabnehmer (wie z.B. Bundesbahnen oder Stahlindustrie) interessant, weil sie die Möglichkeit erhielten, durch einen günstigen Einkauf von Energie ihre eigenen Kosten spürbar zu reduzieren und sich dadurch am Markt besser zu positionieren. Bereits die Ankündigung dieses Vorhabens hatte zur Folge, dass sich innerhalb der Energiewirtschaft gravierende Grenzverschiebungen abzeichneten, wobei insbesondere kleine und mittlere Versorgungsbetriebe um ihr Überleben kämpfen mussten. Eine solche Umbruchsituation bietet eine ausgezeichnete Gelegenheit, organisationsinterne Bewältigungsstrategien externer Veränderungen und deren längerfristige Auswirkungen auf die Unternehmensdynamik und die Beschäftigten zu analysieren.

Auch das in der Studie untersuchte Energieversorgungsunternehmen mit ca. 3000 MitarbeiterInnen stellte sich auf die Entwicklungen ein und engagierte ein *Beratungsunternehmen*, um diesen Prozess zu begleiten. Der Auftrag an das Beratungsprojekt bestand darin, das zu beratende Unternehmen auf die geplante Liberalisierung innerhalb der EU vorzubereiten. Das Energieunternehmen war damit einverstanden, im Rahmen des Beratungsprojektes eine Analyse durch ein *externes Forschungsteam* erstellen zu lassen. In diesem Sinne bestand das zentrale Interesse an der Studie darin, Ansatzpunkte für konkrete Interventionen und Umstrukturierungsmaßnahmen zu identifizieren.

Insgesamt waren in die Konzeption und Durchführung der Studie drei unterschiedliche Interessengruppen involviert:

- Das *wirtschaftliche Interesse des Unternehmens*: Dieses war an einer erfolgreichen Zukunft des Unternehmens interessiert und erwartete sich von der Beratungsfirma dafür eine professionelle Unterstützung und von der Forschung entsprechende Erkenntnisse.

- Das *professionelle Interesse des Beratungsunternehmens*: Dieses erwartete sich von der Forschung fundierte Ergebnisse, die ein besseres Abstimmen ihrer Interventionen auf das Unternehmen erlaubten. Ein Erfolg ist letztlich nicht nur für Folgeaufträge wichtig, sondern fördert auch die Reputation am Beratungsmarkt.
- Das *wissenschaftliche Interesse des Forschungsteams*: Dieses konzentrierte sich auf organisationstheoretisch relevante Fragestellungen unabhängig von der praktischen Verwertbarkeit der Erkenntnisse.

Diese Konstruktion erwies sich als durchaus vorteilhaft, weil damit die Forschung von der Erwartung, unmittelbar verwertbare Ergebnisse zu liefern, weitgehend entlastet wurde. Das im Zuge der Analyse generierte Wissen über die Organisationsdynamik wurde sowohl dem Beratungsunternehmen als auch der untersuchten Organisation zur Verfügung gestellt. Dafür wurde ausgehandelt – und das war ein wichtiger Verhandlungspunkt –, dass sich dieses Wissen nicht auf einzelne MitarbeiterInnen bezieht, sondern ausschließlich auf Prozesse und strukturelle Faktoren, welche die Entwicklung maßgeblich beeinflussen. Darüber hinaus sollten innerhalb der Organisation alle an der Untersuchung beteiligten MitarbeiterInnen über die Ergebnisse informiert werden. Beides sind *vertrauensbildende Maßnahmen* für die Forschungsdurchführung. Nach zwei Jahren wurde eine Folgestudie durchgeführt, um festzustellen, wie sich die Organisation im Zuge der Umstrukturierungen entwickelt hat und wie die Belegschaft dazu steht.

Nach Abschluss der ersten beiden Analysen (1997 und 1999) entschloss sich das Unternehmen, das Forschungsteam mit einer jährlichen MitarbeiterInnenbefragung zu beauftragen, um die Stimmungsveränderungen im Unternehmen nachvollziehen zu können. Der Betriebsrat stimmte diesen quantitativen Befragungen vor allem aufgrund der Transparenz der bisherigen Forschungsarbeit zu. Wenngleich diese Befragungen für die hier vorgestellte Longitudinalstudie inhaltlich nicht von Bedeutung waren, so vertieften sie das aufgebaute Vertrauen, sodass nach weiteren sechs Jahren eine dritte Untersuchung auf Initiative des Forschungsteams durchgeführt werden konnte. Diese hatte zum Ziel, aufbauend auf den ersten beiden Analysen die langfristige Entwicklung des Unternehmens und die damit einhergehenden Veränderungen der Organisationswirklichkeit zu erforschen.

b) Die konkrete Forschungsarbeit

Insgesamt umfasste also die *Längsschnittstudie* drei interpretativ ausgerichtete Organisationsanalysen, die sich über eine Zeitspanne von acht Jahren erstreckten. Die folgenden Ausführungen konzentrieren sich auf die Konzeption der ersten Studie, während die weiteren Studien vorrangig in Hinblick auf die Designänderungen angeführt werden. Die erste Studie war insofern entscheidend, weil sie gleichsam die *Eintrittskarte* in das Forschungsfeld bildete und der gelungene Aufbau des Feldkontaktes erst die weiteren Studien ermöglichte – selbst wenn die dritte Studie am Beginn noch nicht absehbar war.

Hier wird ein besonders sensibler Punkt bei Längsschnittstudien deutlich: Sie benötigen nicht nur viel Zeit, sondern erfordern eine *permanente Kontaktpflege*, die sich über Jahre erstreckt und keine Garantie auf Erfolg bietet. Gerade über derart lange Zeiträume ändern sich häufig nicht nur organisationale Rahmenbedingungen, sondern auch die Führungskräfte, welche über die Forschung entscheiden. Es ist daher ungewiss, ob unter diesen veränderten Bedingungen überhaupt ein Interesse an einer weiteren Studie besteht. Im vorliegenden Fall wandelte sich das Unternehmen in den acht Jahren in eine Konzernstruktur mit eigenständigen Gesellschaften um und der gesamte Vorstand wurde ausgetauscht, womit sich die Entscheidungsprämissen bezüglich der Forschung radikal änderten. Longitudinalstudien sind daher auch deshalb so rar, weil angesichts der heutigen Schnelllebigkeit der Wissenschaft Investitionen in eine derart ungewisse Forschungszukunft höchst risikoreich sind.

Generell umfasste jede der drei Organisationsanalysen mehrere Forschungsphasen, wobei die einzelnen Phasen jeweils unterschiedlich strukturiert und ausgeprägt waren:

- *Planungsphase*: Diese war in der ersten Organisationsanalyse am aufwändigsten, weil hier noch die größten wechselseitigen Unsicherheiten über die Projektdurchführung bestanden. Gerade in der Situation des Einstiegs in die erste Organisationsanalyse waren beträchtliche Interessenunterschiede zwischen den drei involvierten Interessengruppen (Unternehmen, Beratung, Forschung) zu gewärtigen. Deshalb bestand der erste Schritt der Projektplanung darin, eine *gemeinsame Vorstellung* von diesem Forschungsprojekt zu entwickeln (etwa in Hinblick auf die methodische Vorgangsweise und die zu erwartenden Erkenntnisse). Dies sollte später auftretende Konflikte vermeiden helfen, die aus einer mangelnden Abklärung der verschiedenen Interessen und somit aus unterschiedlichen Erwartungen an das Projekt resultieren könnten. Dabei wurde vereinbart, insbesondere für das Unternehmen typische Handlungs- und Entscheidungsmuster zu rekonstruieren. Darüber hinaus wurde in Aussicht genommen, nach Abschluss des Beratungsprojektes die Veränderungen des Unternehmens nochmals einer genauen Analyse zu unterziehen.

Zusätzlich wurden weitere Festlegungen getroffen: die Bestimmung einer unternehmensinternen Projektleitung, mit der alle strategischen Entscheidungen während des Forschungsprozesses besprochen wurden; die Klärung der Eigenständigkeit und Unabhängigkeit des Forschungsteams; die anonyme Behandlung der Materialien (insbesondere von Gesprächsinhalten); die unternehmensinterne Veröffentlichung der Ergebnisse; die Freiwilligkeit der Mitwirkung an der Forschung durch die MitarbeiterInnen; die Bedingungen der Verwertung der Erkenntnisse im Wissenschaftskontext; der Zeitraum für die Analyse sowie die Anforderungen, die mit der zyklischen Vorgangsweise im Rahmen einer interpretativen Analyse verbunden sind.

Im Zuge der Projektplanung wurde seitens des Unternehmens im Vorfeld der Projektentscheidung der Wunsch geäußert, die methodische Vorgangsweise besser kennenzulernen. Zu diesem Zweck wurde mit einer unternehmensinternen Arbeitsgruppe ein *Methodenworkshop* zur interpretativen Methodologie, zur Forschungsstrategie und zu den Methoden durchgeführt. Dieser war auch eine erste Gelegenheit, Kontakte zu MitarbeiterInnen im Unternehmen herzustellen.

- *Orientierungsphase*: Die Aktivitäten und Aushandlungen der Planungsphase wurden sorgfältig dokumentiert und im Rahmen der Orientierungsphase einer Interpretation unterzogen. Anschließend wurden mit der intern für die Organisationsanalyse zuständigen Person ausführlichere Vorbereitungsgespräche geführt und vorläufige Kriterien für die Erhebungen in der Hauptforschungsphase diskutiert. In dieser Phase wurde besonderes Augenmerk darauf gelegt, die Projektarbeit im Unternehmen einzuführen: Aus diesem Grund fand frühzeitig ein Gespräch mit dem Betriebsrat statt, um eventuelle Vorbehalte der Belegschaft bereits am Beginn der Forschungsarbeit zu thematisieren. Außerdem sollte dies der Belegschaftsvertretung signalisieren, dass der Position der Belegschaft ein prominenter Stellenwert zukomme. Zusätzlich wurden Sondierungsgespräche in den drei wichtigsten Unternehmensbereichen (Markt, Personal und Technik) geführt.
- *Forschungszyklen*: Insgesamt teilte sich die Hauptforschungsphase in drei Forschungszyklen auf, wobei am Beginn relevante Materialien (z.B. Geschäftsberichte, Führungsleitlinien, Unternehmenszeitung) gesammelt und interpretiert wurden. Da die Entfernung zwischen Unternehmen und Forschungsteam eine lange und teure Anreise erforderte, konzentrierten sich die Erhebungsphasen aus Kostengründen immer auf *mehrere Tage*. In diesen Zeiten wurden täglich zwei bis drei Gespräche geführt, die eineinhalb bis drei Stunden dauerten. Zwischendurch fanden immer wieder Besprechungen mit der unternehmensinternen Projektleitung statt. Aus Anonymitätsgründen wurden in diesen keine Details aus den Gesprächsrunden thematisiert; im Vordergrund standen allgemeine Überlegungen sowie organisatorische Fragen. Die Forschungszyklen konzentrierten sich auf folgende Aspekte:
  - Erster Zyklus: In dieser ersten einwöchigen Analysephase wurden ausschließlich *Mehrpersonengespräche* durchgeführt, um den Eindruck von Transparenz zu verstärken, den Druck von den einzelnen Befragten zu nehmen und darüber hinaus Elemente der internen Dynamik in den

Gesprächsrunden leichter zugänglich zu machen. Dafür war es auch hilfreich, dass die Gesprächsrunden nach vorher ausgehandelten Kriterien durch die unternehmensinterne Projektleitung organisiert wurden. Die Gespräche fanden in Besprechungsräumen des untersuchten Unternehmens statt (wobei für jede Gesprächsrunde Kaffee, Tee, Wasser und Kekse serviert wurden, was von den GesprächsteilnehmerInnen positiv aufgenommen wurde). Zwischen den Gesprächen wurden *Beobachtungsprotokolle* angefertigt und abends die *Eindrücke des Tages* schriftlich festgehalten. Da zwischen den Gesprächsrunden immer größere Pausen angesetzt waren (auch um flexibel auf die Gesprächsbedürfnisse einzugehen, ohne unter Zeitdruck zu geraten), konnte diese Zeit für *informelle Gespräche* genützt werden (z.B. in den Teeküchen oder in der Kantine). Nach der ersten Woche Feldarbeit im Unternehmen erfolgte ein Rückzug aus dem Feld. In dieser *Reflexionsphase* (sie erstreckte sich über fünf Wochen) begann die Interpretation der erhobenen Daten, wobei die Zusammensetzung der Interpretationsteams variierte. Nach jeder Interpretationsrunde wurden schriftliche *Memos* erstellt.

Eine Zwischenbilanz bildete den Abschluss dieser Phase und diente gleichzeitig als Entscheidungsgrundlage für den zweiten Forschungszyklus. Die ersten Zwischenergebnisse zeigten sehr deutlich, dass für die Analyse die Perspektive des oberen Managements noch eine entscheidende Lücke bildete. Außerdem fanden es die beteiligten GesprächspartnerInnen mitunter als problematisch, wenn das Management sich nicht an den Gesprächsrunden beteiligte. Daher wurden für den nächsten Zyklus Gespräche mit dem gesamten Vorstand sowie weiteren Führungskräften eingeplant. All dies war auch deshalb nötig, weil die bisherigen Erkenntnisse auf demnächst standfindende Umstrukturierungen deuteten und sich der Abbau von Personal sowie der Aufbau eines MitarbeiterInnenpools abzeichnete, was den Druck auf die Führungsebene verstärkte. Aus diesem Grund wurden auch Gespräche mit der Personalabteilung und jenen Bereichen vorgesehen, für die sich die *stärksten Änderungen* abzeichneten.

- Zweiter Zyklus: In der zweiten Erhebungsphase war ein Forschungsteammitglied eineinhalb Wochen vor Ort. Auch wenn die Forscherin bereits im Unternehmen bekannt war, die Portiere keinen Passagierschein mehr ausstellten und die Gespräche in einer zunehmend offenen Atmosphäre stattfanden, erhöhte sich der *emotionale Druck*. Gerade die Offenheit führte dazu, dass die GesprächspartnerInnen nicht nur viel freier über ihre Ängste und die belastende Situation sprachen (Arbeitsplatzverlust, Sinnkrise, veränderte Anforderungen), sondern auch versuchten, die Interviewerin mit ‚Arbeitsaufträgen' zu versehen (etwa bestimmte Dinge dem Management zu übermitteln). Auch wurde sie in Gesprächspausen zunehmend von MitarbeiterInnen kontaktiert, die entweder noch etwas deponieren oder sich über die bisherigen Ergebnisse informieren wollten. War also der erste Forschungszyklus noch davon geprägt, vertrauensfördernde Maßnahmen zu setzen, so war der zweite Forschungszyklus vorrangig durch den *Balanceakt* gekennzeichnet, das entgegengebrachte Vertrauen nicht zu enttäuschen und trotzdem nicht die Rolle der Wissenschaftlerin zu verlassen. In dieser Phase erwiesen sich das Führen eines Forschungstagebuches sowie die *Kommunikation* innerhalb des Forschungsteams als besonders hilfreich.
  Dieser sehr intensiven Erhebungsphase folgte wieder ein längerer Interpretationszeitraum, in dem die Materialien auch so weit aufgearbeitet wurden, dass eine erste Strukturierung der Ergebnisse vorgenommen werden konnte.
- Dritter Zyklus: Die vorläufigen Ergebnisse des zweiten Zyklus offenbarten noch *Klärungsbedarf*. Darüber hinaus wurde seitens des Unternehmens – und insbesondere des *Betriebsrats* – noch Interesse an weiteren Gesprächsrunden bekundet. Offenbar hatte die Forschung *für die MitarbeiterInnen* auch die Funktion, ihre Situation in den Gesprächen für sich zu bearbeiten. Außerdem sahen sie

in den Gesprächen die Chance, ihre Sicht einzubringen und ihr gleichsam einen offiziellen Status zu geben. Dies war nicht verwunderlich, denn zeitgleich mit der ersten Erhebung verschärfte sich die Lage des Unternehmens und damit der Leidensdruck der Belegschaft. Dies wiederum ermöglichte es der Forschung, die mit der Dynamik solcher Veränderungen einhergehende Komplexität der sozialen und psychischen Folgen in ihrer ganzen Tragweite (etwa für Kooperationsbeziehungen oder die Retrospektion der eigenen Arbeitsbiografie und Lebensplanung) zu erfassen.

- *Ergebnisdarstellung*: Nach Abschluss der Analyse wurden die Ergebnisse in einer ersten Runde der unternehmensinternen Projektleitung vorgestellt und in diesem Rahmen diskutiert. Diese Diskussionen wurden nochmals zum Anlass für eine kritische Prüfung der Ergebnisse genommen. Anschließend erfolgte die Endkorrektur für den schriftlichen Bericht an das Unternehmen und die Beratung. Dieser Bericht wurde in einer zweiten Runde auch mündlich dem Vorstand und den externen BeraterInnen präsentiert und besprochen. Zum Abschluss organisierte das Unternehmen zwei Präsentationen mit Teilnahmemöglichkeit für alle Führungskräfte und MitarbeiterInnen. Den schriftlichen Bericht konnten alle Unternehmensmitglieder im *Intranet* einsehen.

Die beiden weiteren Organisationsanalysen unterschieden sich von der ersten in mehrerlei Hinsicht: Bei der Organisationsanalyse *zwei Jahre danach* war aufgrund der verfügbaren Vorkenntnisse und des aufgebauten Vertrauensverhältnisses zwischen Forschungsteam und Unternehmen nur eine relativ *kurze Planungsphase* nötig. Auch die Forschungszyklen konnten auf zwei reduziert werden. Allerdings unterschieden sich die für die Analyse einbezogenen Gruppen deutlich, da sich auch das Unternehmen nachhaltig gewandelt hatte: So gab es nun eine Holdingstruktur mit mehreren eigenständigen Gesellschaften, unternehmerisches Denken rückte in den Vordergrund, zur Bestandssicherung setzte man auf Diversifikation, wodurch sich auch die Bedingungen für die Analyse dieses ‚neuen' Unternehmens massiv veränderten.

Die *dritte Organisationsanalyse* zeichnete sich aufgrund des längeren Zeitraumes zur zweiten Analyse durch eine vergleichsweise *intensive Planungsphase* aus. Das war auch deshalb nötig, weil in der Zwischenzeit das Unternehmen privatisiert und in diesem Zusammenhang dessen Struktur und Ausrichtung einer nochmaligen rigorosen Umgestaltung unterzogen worden war, womit sich die Untersuchungsbedingungen wiederum verändert hatten. Trotz der wiederholten Durchführung einer MitarbeiterInnenbefragung war es daher nötig, die Forschungskontakte für diese Studie *neu aufzubauen*. Dies erforderte nun nicht mehr nur das Einvernehmen des Vorstandes, sondern auch jenes der Geschäftsführer der inzwischen im Rahmen der Konzernstruktur weiter angewachsenen Zahl der rechtlich eigenständigen Gesellschaften. Auch bedurfte es des Einvernehmens mit dem nunmehrigen Konzernbetriebsrat. In dieser Phase war das für die ersten beiden Analysen relevante Beratungsunternehmen nicht mehr involviert.

Insgesamt erforderte all das die Abstimmung der Erhebungen auf diese neue Struktur, wobei die einzelnen Gesellschaften (insgesamt nahmen nun zehn Gesellschaften an der Studie teil) ein massives Interesse an Berichten für ihren Bereich bekundeten. Trotz dieser differenzierten Struktur bezog sich das Hauptanliegen der Forschung weiterhin auf das Verständnis des Wandels des Gesamtunternehmens, der nunmehr insgesamt acht Jahre umfasste. Letztlich war aufgrund dieser Situation auch die Berichtsphase länger als in den vorhergehenden Organisationsanalysen, weil neben den Präsentationen für den Vorstand und die Belegschaft einige Geschäftsführer wünschten, gemeinsam mit ihren Führungskräften die Ergebnisse ihrer Gesellschaft ausführlicher zu diskutieren. Insofern war die dritte Organisationsanalyse aufwändiger als die erste Studie.

c) *Erkenntnisse aus der Längsschnittstudie*

Die Studie erbrachte eine Fülle an Ergebnissen, die bislang insbesondere auf Tagungen dargestellt bzw. in Bruchstücken publiziert wurden (Froschauer 1999, 2006). Darüber hinaus wurde in einem Sammelband ein methodischer Beitrag zur Artefaktanalyse veröffentlicht, der sich auf Materialien aus diesem Fall stützt (Froschauer 2002). Auf einige ausgewählte inhaltliche Ergebnisse sei hier nur kurz verwiesen:

- Bereits die Darstellung der drei Fallstudien enthielt Hinweise auf die massiven Veränderungen des Unternehmens, das in der Zeit zwei radikale Phasen der Transformation durchlief: In der ersten Phase führte das Unternehmen nicht nur eine Gruppenstruktur ein, d.h., das ursprünglich einheitliche Unternehmen differenzierte sich in mehrere eigenständige Gesellschaften aus, um einerseits den rechtlichen Vorgaben nach Entflechtung zu entsprechen und andererseits auf unterschiedlichen Geschäftsfeldern schnell und flexibel Geschäftspotenziale verwerten zu können. Dies führte neben einer verstärkten Ausrichtung am Markt (und einem radikalen Expansionskurs) auch zu einer verstärkten Konkurrenz zwischen den Gesellschaften, was die Gewinnoptimierung auf Gesellschaftsebene (und nicht mehr auf Ebene der Unternehmensgruppe) förderte. Daraus resultierte eine Reihe von Schwierigkeiten (finanzielle Probleme, Konkurrenz, interne Destabilisierung, Entwertung früherer Leistungen, Demotivation), die eine zweite Transformationsphase bewältigen sollte. Diese mündete in die Einführung einer gemeinsamen Dachmarke und in die Förderung der Kooperation zwischen den Gesellschaften. Das setzte neuerlich einen radikalen Schnitt, weil nun Konzerninteressen auf Kosten der Gesellschaften Vorrang erhalten sollten. Beide Transformationen setzten zwar beachtliche Schritte in Hinblick auf die Zukunftsfähigkeit des Unternehmens (die erste als proaktive Vorwegnahme wirtschaftlicher Anforderungen, die zweite als Konsolidierung des Unternehmens), wurden aber von der Belegschaft häufig als undurchschaubares Wechselbad erlebt: So änderten sich gleichzeitig Strategien, Strukturen, Abläufe und Werthaltungen. Dafür zahlte das Unternehmen einen hohen Preis, weil diese Entwicklungen eine klare Orientierung und Erwartungssicherheit verhinderten, was wiederum das Engagement der Belegschaft reduzierte und neue Konflikte (etwa in Hinblick auf differenzierte Entlohnungsstrukturen) provozierte. Allerdings ermöglicht die Analyse solcher Prozesse ein besseres Verständnis der dabei wirksamen Faktoren oder der auftretenden Dynamik von Wechselwirkungen.

- In der Studie zeigten sich häufig Veränderungen in den sozialen Beziehungen, die sich u.a. in zunehmenden Problemen mit der Führungsstruktur im Unternehmen manifestierten. Auch hier drangen die Wirkungen der Unternehmenstransformationen durch: In der ersten Phase war Führung noch patriarchalisch geprägt (Führungskräfte hatten Anordnungsbefugnisse, übernahmen aber gleichzeitig eine Fürsorgefunktion gegenüber ihren MitarbeiterInnen); das sicherte Loyalität und vermied Konflikte. Aber in der Konzernstruktur unter den neuen wirtschaftlichen Bedingungen verwandelte sich Führung in eine eigenständige Managementkompetenz, die sich von operativen Tätigkeiten tendenziell entkoppelte. Diese neue Anforderungsstruktur widersprach der lang eingeübten Tradition, weshalb Führungskräfte erst realisieren mussten, dass ihre Aufgabe nunmehr vor allem in Kommunikation bzw. Verhandlung bestand, in der es darauf ankam, andere zu verstehen, Perspektiven zu klären, Einvernehmen zu erzielen, Sorgen und Ängste ernst zu nehmen und Verantwortung abzugeben. Dafür braucht man ein solides Vertrauensverhältnis. MitarbeiterInnen hingegen mussten sich darauf einstellen, Verantwortung zu übernehmen, Vorschläge einzubringen und ihre Vorstellungen klar zu äußern.
- Generell bestätigte auch diese Studie Sinngebung als entscheidendes Element organisationalen Handelns. Für viele MitarbeiterInnen (und auch für Führungskräfte) war beispielsweise nicht nachvollziehbar, weshalb man zuerst die Gesellschaften an ihrem wirtschaftlichen Erfolg maß und dafür die Einheitlichkeit der ursprünglichen Stadtwerke aufgab, jedoch später wieder verlangte, dass die Gesellschaften ihren eigenen Nutzen hinter den anderer Gesellschaften stellten. Oder: Warum beginnt man ein Projekt und vollzieht bereits vor der Umsetzung eine Wendung in eine andere Richtung? Warum gelten zu einem Zeitpunkt Kraftwerke als nicht rentabel und kurze Zeit später als ausbauwürdig? Weshalb beauftragt man Fremdfirmen, obwohl im Unternehmen kompetente eigene MitarbeiterInnen verfügbar wä-

ren? Hier wird ein entscheidender Faktor wirksam, der mit vielen Turbulenzen im Unternehmen zusammenhängt: Nur wenn man die Handlungsregeln kennt, also weiß, warum etwas getan wird, welche Folgen daraus resultieren und wie man den Gesamtprozess beeinflussen kann, ist es möglich, Handlungsweisen so zu steuern, dass gewünschte Ergebnisse erzielt werden. Sinn stellt also Ordnung in einer Organisation her und versetzt die MitarbeiterInnen in die Lage, das eigene Handeln und das anderer in einen strukturierten Zusammenhang zu bringen. Permanente Umstrukturierungen werfen allerdings Handlungsorientierungen durcheinander und erfordern eine ständige Neuinterpretation der Rahmenbedingungen und der Bewertung von Handlungsentscheidungen. Diese Ruhelosigkeit bringt nur eine zuverlässige Erkenntnis, nämlich dass man sich auf die Entwicklung nicht verlassen kann und dass der Lohn für das eigene Engagement keineswegs garantiert ist. Demotivationsphänomene sind in einer solchen Situation nicht ungewöhnlich.

Auch auf methodischer Ebene lassen sich mit Blick auf diese Studie einige Schlussfolgerungen ziehen:

- Bei Längsschnittstudien hat man es mit einem Feld zu tun, in dem langfristige Beziehungen zwischen Forschung und Feld aufgebaut werden. Was am Beginn in eine problematische Richtung läuft, lässt sich nachträglich nur mehr unter großem Aufwand korrigieren. Dies hat nachhaltige Auswirkungen, wenn das Feld nicht öffentlich zugänglich ist und man daher auf eine Zustimmung der Organisation zur Forschung angewiesen ist. Dabei wird besonders deutlich, dass Forschungsarbeit in wesentlichen Teilen eben Beziehungsarbeit ist.
- Auch das Feld ändert sich massiv, sodass nicht immer klar ist, ob der anfänglich untersuchte Gegenstand am Ende noch derselbe ist. Im vorliegenden Fall hat sich ein Einzelunternehmen in städtischem Besitz in einen Konzern mit ausländischen Anteilseignern und einer komplexen Beteiligungsstruktur verwandelt, was viele Grenzen verschob (nicht nur die Grenzen des Unternehmens nach außen, sondern auch interne Grenzen oder auch Aktivitätsgrenzen). Gerade in

der vorliegenden Studie wird der Wandel des Feldes ganz offenkundig. Und das ist ein wichtiger Grund, sich niemals auf bereits verfügbares Wissen zu verlassen, sondern in jeder Analyse bereits Bekanntes kritisch zu hinterfragen: Schon in der zweiten Organisationsanalyse galten viele Regeln nicht mehr, die in der ersten ganz vertraut und plausibel erschienen. Dies gilt auch für andere Studien: Untersucht man wiederholt verschiedene Organisationen, gerät man leicht in Versuchung, schnell auf Standardinterpretationen zu zurückzugreifen. So ist es ein triviales Ergebnis, in einer Organisation Hierarchie zu identifizieren. Jedoch übersieht man nur zu leicht, dass nicht die Frage der Hierarchie interessant ist, sondern worauf diese beruht. Dann erweist sich die Frage der Hierarchie nicht mehr als triviale Feststellung, sondern als komplexer prozeduraler Faktor mit höchst unterschiedlichen Bezügen auf Sinnstrukturierungen mit entsprechenden Effekten auf Handlungsorientierungen (vgl. Lueger u.a. 2005).

5 Qualitätssicherung und Ergebnispräsentation

Wissenschaft ist aufgrund ihres Geltungsanspruchs durchgängig mit Problemen der Generierung verlässlichen Wissens konfrontiert. Diese Probleme lassen sich nur im Rahmen der mit methodologischen Positionen verkoppelten spezifischen Anforderungen an empirische Vorgangsweisen bearbeiten. Darüber hinaus müssen sie die Bedingungen der Akzeptanz wissenschaftlicher Forschung und die Funktionsweise des Wissenschaftssystems insgesamt berücksichtigen (siehe auch Merton 1985). Die Verbreitung qualitativer Sozialforschung hat, wie Reichertz (1999: 339ff.) schon vor Jahren anmerkte, keineswegs zu einer Vereinheitlichung beigetragen, sondern die Vielfalt enorm gesteigert. Deshalb stellt sich verschärft die Frage, was man tun kann, um trotz der enormen Heterogenität qualitativ orientierter Forschungsansätze die Qualität der Ergebnisse nachhaltig zu optimieren.

Qualitätssicherung wurde immer wieder in der Literatur thematisiert. In Anbetracht der vielfältigen Strömungen in der qualitativ orientierten Sozialforschung darf es nicht verwundern, dass sich auch hier ein extrem weites Spektrum findet, das sich von einer starken impliziten Orientierung an den klassischen Gütekriterien und deren partieller Substituierung (Lamnek 2005: 142ff., Silverman 2006) über die Betonung der Implikationen methodologischer Grundsätze (Seale 1999) bis hin zur Schwerpunktsetzung auf Beurteilungskriterien von qualitativ orientierten Forschungsarbeiten erstreckt, die sogar zu einer Art Checkliste führt (Steinke 1999). In den folgenden Ausführungen wird der bisherige Weg konsequent fortgesetzt und der Kern *interpretativ* orientierter Forschungsansätze in das Zentrum der Argumentation gerückt. Wie schon betont, geht es auch hier nicht um rein technische Maßnahmen oder Qualitätsrezepte, deren formale Berücksichtigung wenig mit zuverlässigen Erkenntnissen zu tun hat, sondern um die Implikationen, die sich aus dieser Art zu forschen für die Herstellung von Seriosität und Vertrauenswürdigkeit ergeben. Dafür reichen einzelne Maßnahmen nicht aus, sondern jeder Forschungsschritt erfordert eine hohe Sensibilität für Fragen der Forschungsqualität, die von der Planung bis hin zur Ergebnisdarstellung die empirische Arbeit durchdringen.

In diesem Sinne streicht der nächste Abschnitt die in den bisherigen Ausführungen immer wieder in verschiedenen Zusammenhängen genannten Maßnahmen der Qualitätssicherung nochmals explizit heraus. Im Anschluss daran werden drei besonders wichtige Schlüsselkomponenten der Qualitätssicherung einer solchen Forschungsstrategie gesondert hervorgehoben: (a) die Bedeutung der forschungslogischen Gesamtkonzeption als laufende Selbstkorrektur der Forschung, (b) das theoretische Sampling als systematische Verknüpfung der laufenden Erkenntnisse mit der Notwendigkeit des Einbezugs weiteren Materials sowie (c) die Forschungsvariation als Anforderung der Berücksichtigung der Komplexität eines Erkenntnisgegenstandes. Abgerundet werden die Ausführungen im letzten Abschnitt mit Überlegungen zur Forschungsdarstellung, weil diese nicht zuletzt die Qualität einer Studie nachvollziehbar machen sollte.

5.1 Allgemein: Zur Qualität interpretativ orientierter Forschung

Insgesamt betonen die Ausführungen, dass sich Qualitätssicherung weder vom methodologischen Ansatz noch von der Forschungsorganisierung und den angewandten Verfahren als Formalkriterium abtrennen lässt. Deshalb helfen auch die mit quantitativ orientierter Forschung (insbesondere der Testpsychologie; vgl. Lienert 1967) verbundenen Gütekriterien nicht weiter: (a) Validität, weil sie aufgrund des emergenten Charakters einer interpretativen Forschungsorganisierung nicht definierbar ist. Genau genommen resultiert aus der permanenten Adaption der Forschungsfragen an die gewonnenen Erkenntnisse ein Tautologieproblem, weil man erst am Ende weiß, was man genau untersucht hat. (b) Reliabilität ist kein anwendbares Kriterium, weil Hermeneutik nichts misst. Beispielsweise ist ein Text aus einem Gespräch keine Messung. Außerdem verläuft jedes Gespräch anders, weshalb sich kein Ankerpunkt für eine Überprüfung der Messgenauigkeit ergibt. (c) Objektivität ist deswegen kein geeignetes Kriterium, weil interpretative Sozialforschung weder einen Anspruch auf die ‚wirkliche' Verfasstheit von Forschungsobjekten noch auf Situationsindependenz erheben kann. Darüber hinaus wird die Konstituierung des Forschungsgegenstandes nicht von den Forschungsaktivitäten abgekoppelt.

Dennoch lässt sich zeigen, wie auf den einzelnen Ebenen eines Forschungsprozesses Maßnahmen zur Qualitätssteigerung eingebunden sind. Qualität ist dabei ein prozessuales Kriterium: Sie ist nicht einfach einem Ergebnis inhärent, sondern muss an vielen Stellen des Forschungsprozesses systematisch angestrebt werden. Dabei bezieht sich Qualität auf verschiedene Ebenen des Forschungsprozesses, wobei die in den vorangegangenen Kapiteln angesprochenen Maßnahmen im Folgenden kurz zusammengefasst werden:

- Auf *methodologischer und verfahrenstechnischer Ebene* wird eine interpretative Analyse als aktive Tätigkeit verstanden, welche den Untersuchungsgegenstand aus einem sozialen Kontext heraus konstituiert. Da sowohl der Zugang zu gemeinten Bedeutungen als auch zur äußeren, subjektunabhängigen Welt versperrt bleibt, rückt eine möglichst zuverlässige theoretische Modellierung der erfahrbaren Welt in den Vordergrund. Interpretation beruht auf Typisierung und der Einbettung in einen Sinnhorizont, der sich aus dem verfügbaren Vorwissen speist und dadurch das Erkenntnisspektrum verengt. Die mit diesen methodologischen Rahmenbedingungen angedeuteten Schwierigkeiten der Analyse müssen durch eine fundierte Qualitätssicherung abgefangen werden, die sich auf die argumentative Absicherung und die geprüfte Tragfähigkeit der Ergebnisse konzentriert (zu den Verfahren siehe Lueger 2010). Als zentrale Strategien der Qualitätssicherung bieten sich an:
  - die Zerstörung der Anwendung des (an sich nötigen und möglichst umfassenden theoretischen, empirischen und alltagspraktischen) Vorwissens durch Dekonstruktion und Systematisierung des Zweifels (um vorgefasste Wissensstrukturen überwinden zu können);
  - die Auslegung im Team (um Argumentationsdruck zu erzeugen und um Auslegungsalternativen zu generieren);
  - die extensive und sequentielle Sinnauslegung zur kontextuellen Differenzierung und Kontextelaborierung unter Berücksichtigung der möglichen Perspektivenvielfalt (um

Sinnhorizonte zu erschließen, Erkenntnissprünge zu aktivieren und die Argumentationslogik zu überprüfen);

- die besondere Berücksichtigung von ‚Belanglosigkeiten' und ‚Anomalien' (um sich nicht von der äußeren Erscheinung blenden zu lassen und um den Lernprozess zu fördern);
- die Trennung der Generierung von Handlungs- und Analysewissen (um die Wirkungen von Handlungsdruck und der Rechtfertigung forscherischer Aktivitäten zu vermeiden).

- Auf der *Ebene des Forschungsprozesses* stellt sich die Frage, wie man sich an den Forschungsgegenstand in einer Weise annähern kann, dass man möglichst viel Wissen über seine spezifische Organisierung erlangen kann. Aufgrund des Interesses an den Prinzipien und Bedingungen der Strukturierungslogik eines Forschungsgegenstandes ist die Materialmenge für die Interpretationsqualität irrelevant; entscheidend sind hingegen der kontrollierte Einbezug von Analysematerialien und eine strategische Vorgangsweise, die forschungslogisch einen selbstkorrektiven Prozess aktiviert. Deshalb ist auch nicht neutrale Distanz erforderlich, sondern das aktive und konstruktive Mitkonstituieren des Gegenstandes. Auch in diesem Kontext bietet sich eine Reihe von qualitätssichernden Maßnahmen an, die der möglichst umfassenden Durchdringung des Erkenntnisgegenstandes dienen:
  - eine zyklische Organisierung des Forschungsprozesses (um den Forschungsprozess einer permanenten formativen Evaluierung zu unterziehen; zur Forschungslogik siehe nächstes Kap. 5.2);
  - Reflexionsphasen zur Standortbestimmung und Reorganisierung der Forschungsaktivitäten (um im Rahmen der zyklischen Forschungsorganisierung eine Distanzierung zu bewirken und auf inhaltlicher sowie methodischer Ebene im Sinne eines Korrekturprozesses die weitere Vorgangsweise zu planen);
  - die systematisch prüfende Intervention in das Untersuchungsfeld im Rahmen des konstruktiven Aufbaues eines Verständnisses der Dynamik des Analysegegenstandes (um einerseits die Strukturierungsprozesse des Untersuchungsbereiches verstehen zu können und andererseits maßgeschneiderte Prüfkriterien zu entwickeln und anzuwenden);

  - systematische Variationen im Rahmen des Forschungsprozesses (um mögliche unterschiedliche Sichtweisen und Rahmenbedingungen in den Blick zu bekommen; siehe nächstes Kap. 5.2)
  - die am theoretischen Sampling orientierte Auswahl von Forschungsmaterialien (um die Sammlung und Erhebung von Material an den jeweiligen Forschungsstand anpassen zu können; siehe auch Kap. 5.2);
  - Supervision (um die Distanzierung im Notfall zusätzlich zu fördern und Blockierungen aus emotionalen Verstrickungen oder inhaltliche bzw. methodische Fixierungen zu erkennen und damit umgehen zu können).
- Auf der *Ebene des Wissenschaftssystems* wiederum stellt sich die Frage der Fruchtbarkeit einer Studie für das soziale System Wissenschaft und somit der Wirkung im Forschungssystem. Geniale Forschungsleistungen, die nicht kommuniziert werden, sind für Wissenschaft und Gesellschaft irrelevant. Das Wissenschaftssystem muss jedoch die Verlässlichkeit von Forschungsarbeiten sicherstellen, um dem Vertrauen in die Wissenschaft zu entsprechen. In dieser entscheidenden Phase, die selbst der Qualitätssicherung dient, müssen interpretative Analysen jenen Anforderungen genügen, die sie im jeweils relevanten Segment des Wissenschaftssystems akzeptierbar machen. Dazu zählen folgende Maßnahmen (siehe auch Kap. 5.3):
  - die Argumentation der Relevanz einer Arbeit für die Wissenschaft und die Einbindung in einen Kontext bereits verfügbarer Studien (um prinzipiell kommunikative Anschlussfähigkeit herzustellen und die Studie in das Wissenschaftssystem zu integrieren);
  - Angaben zur Forschungsstrategie, zu den damit verbundenen Schlüsselentscheidungen, den spezifischen Erhebungs- und Interpretationsverfahren sowie zu den angewandten Prüfstrategien (um den Kontrollansprüchen von RezipientInnen entgegenzukommen, den Nachweis methodischer Seriosität zu führen und den Geltungsanspruch zu begründen);
  - die exemplarische Darstellung sensibler Forschungselemente (um das Prinzip der Vorgangsweise zu illustrieren, da es

in den meisten Fällen weder möglich noch sinnvoll ist, die Komplexität des Forschungsprozesses vollständig zu dokumentieren);
- die Umsetzung einer anschlussfähigen narrativen Struktur (welche die methodologische Position reflektiert).

Gerade hermeneutisch geleitete Studien bedürfen aufgrund ihrer wissensbasierten Vorgangsweise der sorgfältigen Absicherung der Geltungsbegründung ihrer Ergebnisse. Der Qualitätsanspruch leitet sich dabei aus der methodologischen Positionierung, ihrer konsequenten strategischen und verfahrenstechnischen Umsetzung und der argumentativen Aufarbeitung für die Scientific Community ab. Ohne die für eine solche Forschungsarbeit unerlässliche Kreativität zu beschränken, kann die Berücksichtigung der folgenden Aspekte der Forschungsdurchführung die Qualität und Zuverlässigkeit der Erkenntnisse nachhaltig unterstützen.

5.2 Spezifische Komponenten der Qualitätssicherung

Die Forschungsorganisierung erfüllt im Rahmen einer umfassenden Qualitätssicherung mehrere Funktionen, indem sie den Prozess der Erkenntnisproduktion in Hinblick auf die Entwicklung der Forschungsfragen, die Sammlung und Erhebung von Materialien und deren Interpretation sowie die Kontrolle und Sicherung der Ergebnisse strukturiert. In diesem Erkenntnisprozess fallen permanent Entscheidungen an, welche die methodologischen Rahmenbedingungen in Hinblick auf die Konstitution des Gegenstandsbereichs, die Beziehung zwischen Forschungssystem und dem sozialen Feld sowie die forschungsinterne Koordinierung betreffen. Bereits im erkenntnistheoretischen Vorfeld wird die Anschlussfähigkeit für eine interpretativ orientierte Vorgangsweise sichergestellt, die sich in ihrem Kern auf mehrere Grundpositionen kondensieren lässt: Erkenntnisproduktion gilt als unentwegter und unabschließbarer *Prozess*, in dem sich Erkenntnissubjekte und -objekte wechselseitig in einem ganzheitlichen Konstitutionsprozess von Wirklichkeit erschaffen; Beobachtungen und Analysen sind *aktive* Strategien der Sinnproduktion; Interpretationen sind keine Individualakte, sondern *kommunikative* Prozesse, die den gesamten Wissenschaftsprozess durchdringen und in welchen Verstehensprozesse den Schlüssel zur Wirklichkeit bilden; die Interpretation bezieht sich in ihrer sinnkonstituierenden Funktion auf den *lebenspraktischen Zusammenhang* im Umgang mit sozial bestimmten Materialien; den Ausgangspunkt bilden *Materialien als Objektivationen von Sinnstrukturen.*

Generell lässt sich daher die Forderung formulieren, dass im Prozess interpretativer Sozialforschung Material nicht unabhängig von seinem Entstehungskontext betrachtet werden kann, sondern die *Produktion* des Materials, der spezifische *Verwendungszusammenhang* und die *Einbettung in Forschungsaktivitäten* zu prüfen sind. Gerade in diesem Zusammenhang spielen die spezifische Forschungslogik, die Strategie der Materialsammlung und die forscherische Durchdringung des Gegenstandsbereichs Schlüsselrollen. Aus diesem Grund werden sie in den folgenden Ausführungen ausführlicher dargestellt.

a) Forschungslogik

Ein Gutteil der Analyse besteht darin, Schlussfolgerungen zu ziehen. Allerdings zeigt sich in der Regel, dass die spezifische Forschungsorientierung mit den Besonderheiten der Schlussformen zusammenhängt: So bildet für eine quantitativ orientierte Empirie das Deduktionsprinzip die Grundlage für die Theorieprüfung; im Rahmen theoriegenerierender Vorgangsweisen hingegen erweist sich das Induktionsprinzip als präferierte Schlussform; und zur Erlangung innovativer Annahmen bietet sich die Abduktion an. Alle drei Schlussformen weisen typische Stärken und Schwächen auf, die sie für eine interpretative Sozialforschung, die den Anspruch erhebt, Sinnstrukturen gesellschaftlicher Entwicklungslogiken verstehend zu erforschen, nur bedingt brauchbar machen: So ist die *Deduktion* (vereinfacht: Schlussfolgerung aus Prämissen auf daraus notwendig resultierende Einzelereignisse) dafür nur als Begleitverfahren brauchbar, weil hier das Wissen, d.h. das Produkt interpretativer Forschungsarbeit, aufgrund der theorieprüfenden Ausrichtung schon verfügbar sein muss. Dadurch lässt sich bereits Gewusstes absichern oder falsifizieren – der Zugang zu neuer Erkenntnis aber bleibt verwehrt. Das *Induktionsprinzip* (vereinfacht: wahrscheinliche Schlussfolgerung aus Indizien auf allgemeine Muster und deren Einordnung in Kategorien) dagegen ist bereits geeignet, neues *Wissen zu erweitern und abzusichern,* solange kein Anspruch auf allgemeine Gültigkeit erhoben wird. Induktive Schlüsse beziehen sich daher immer auf eine begrenzte und definierte Gültigkeit der Aussagen auf der Basis von Wahrscheinlichkeiten. Will man im Forschungsprozess neue Wege gehen, so ist es sinnvoll, ein Klima herzustellen, welches die Chancen auf *abduktive* Schlüsse (vereinfacht: gewagte und kreative Schlussfolgerung von einer Beobachtung auf ein allgemeines Muster und deren Gründe) erhöht. Da abduktive Schlüsse ein überraschendes Ereignis durch Unterstellung einer bislang unbekannten Regel erklären, erweitern sie zwar die Erkenntnis, indem sie die Logik der Entdeckung in das Zentrum stellen, sind jedoch höchst riskant. Das macht Forschung zu einem ideengenerierenden Prozess, der jedoch unausweichlich Verfahren zu deren Elaborierung und Prüfung benötigt, um Wissenschaftlichkeit zu sichern.

Versucht man die Logik interpretativer Analyse in ein Gesamtkonzept zu integrieren (siehe auch Lueger 2001), so bietet sich eine Vorgangsweise an, die schon bei Peirce in den Abhandlungen zur pragmatizistischen Denkmethode (Peirce 1991: 393ff., 577ff.) als systematisches Konzept der Kombination aller drei Schlussverfahren auftaucht (vgl. Riemer 1988). Der Schlussprozess vollzieht sich solcherart als *approximativer Prozess,* der graduelle Bestätigungen und Widerlegungen zulässt. Integriert man also die drei Schlussformen in eine Gesamtkonzeption der Forschungslogik, so ergeben sich folgende Schritte im Forschungsprozess:

- Die Grundlage jeder innovativen Forschung bildet das kreative Schlussverfahren der *Abduktion,* die als Ergebnis provisorische Annahmen bereitstellt, welche über das Beobachtbare hinausgehen können und bei deren Ausformulierung keine Theorie im Hintergrund steht. Den Ausgangspunkt können unterschiedliche Irritationen liefern: ein bislang *unverstandenes Phänomen,* das sich gegen die Einordnungen in bekannte theoretische Annahmen wehrt; eine unerklärliche *Anomalie* in den gewonnenen Erkenntnissen, die nach neuen Ansätzen zu ihrem Verständnis verlangt; oder eine *Alternative* zu bisher gehegten Überzeugungen, die in eine neue theoretische Einsicht münden könnte. Abduktion ist gleichsam eine blitzartige neue Erkenntnis, die beschreibt, wie etwas ablaufen könnte und woran man bisher nicht gedacht hat. Somit charakterisiert die Abduktion nicht bloß den Beginn einer Forschungsarbeit, sondern auch deren sprunghafte Entwicklung aufgrund der möglichen Generierung neuer Sichtweisen. Innovative Forschung bedarf daher der Herstellung abduktionsförderlicher Rahmenbedingungen, die den Anforderungen zur Provokation qualitativer Lernsprünge entsprechen. Dazu zählen etwa die Dekontextualisierung des Materials, um vorschnelle Annahmen zu verhindern, oder die spielerische Form der Perspektivenvariation. Wichtig ist hier, auch scheinbar abwegige Vermutungen nicht vorschnell auszuschließen, sondern ernst zu nehmen. Da es sich jedoch um waghalsige, durch nichts bewiesene Mutmaßungen handelt, bedürfen sie einer rigorosen Prüfung, welche durch Abduktion nicht geleistet werden kann, weshalb man methodisch anderer Schlussverfahren bedarf.

- Aus kühnen abduktiven Schlüssen werden im zweiten Schritt *deduktiv* mögliche *Konsequenzen* abgeleitet. In diesem Sinne deduziert man aus den abduktiv gewonnenen Aussagen und den angenommenen Randbedingungen notwendige Folgen. Die Grundlage bildet gleichsam eine ‚ideale' Theorie als gedankliche Konstruktion, deren Prämissen die Abduktion liefert. Diese Theorie wiederum ermöglicht nun sichere Schlüsse, die notwendig aus der Anwendung dieser Vorgaben resultieren. In der Forschungspraxis bedeutet dies, dass man in einem Argumentationsspiel kausale Relationen herstellt, die durch die Annahmen abgedeckt sind. Allerdings werden diese Konsequenzen nicht im Sinne des Falsifikationsprinzips überprüft, sondern einer induktiven *Beurteilung* unterzogen.
- Das ergänzende Gegenstück zur Abduktion bildet somit nicht die Deduktion, sondern die *Induktion*. Jedoch wird dafür von der Induktion die Generierung neuer Ideen abgespaltet (dies leistet die Abduktion), während sie sich auf die systematische Konfrontation der deduktiven Schlussfolgerungen mit empirischen Materialien zu deren Prüfung konzentriert. Dafür überlegt man sich eine Art Experiment, aus dem man

induktive Schlüsse zieht. Je nach Übereinstimmung dieser induktiv gewonnenen Schlussfolgerungen mit den deduktiv abgeleiteten Vorhersagen über Konsequenzen der abduktiv gewonnenen Theorie (sowie deren Bedeutung für die Theorie insgesamt) beurteilt man die *Brauchbarkeit* der abduktiven Ausgangsannahmen. Peirce charakterisiert diese Einbindung der Induktion in den Forschungsprozess folgendermaßen: „Die dritte Art des Schlussfolgerns ist die Induktion oder die experimentelle Untersuchung. Ihr Verfahren ist folgendes. Nachdem die Abduktion uns eine Theorie eingegeben hat, benützen wir die Deduktion, um von jener idealen Theorie eine gemischte Vielfalt von Konsequenzen abzuleiten, dass wir, wenn wir gewisse Handlungen ausführen, uns mit gewissen Erfahrungen konfrontiert sehen werden. Wir gehen dann dazu über, diese Experimente auszuprobieren, und wenn die Voraussagen der Theorie verifiziert werden, haben wir ein verhältnismäßiges Vertrauen, dass die übrigen Experimente, die noch auszuprobieren sind, die Theorie bestätigen werden." (Peirce 1991: 580) Im Zuge der Gewichtung der Prognosen werden daher solche bevorzugt, die mit höherer Wahrscheinlichkeit die Problemzonen der Annahmen aufdecken. Somit dient die Induktion nicht einfach der Bestätigung oder Widerlegung, sondern allgemein der Beurteilung. Das lässt anschließende Modifikationen zu, sofern die Ergebnisse nicht in krassem Widerspruch zu den Annahmen stehen.

- Als Konsequenz der Beurteilung gibt es mehrere Möglichkeiten, den Forschungsprozess fortzuführen: (a) Widersprechen die Ergebnisse der induktiven Analyse in großem Ausmaß den deduktiv aus den abduktiven Schlüssen gewonnenen Erwartungen, so sind sie für die weitere Analyse zu verwerfen. In der Folge bedarf es einer *völligen Reorganisation* des Grundverständnisses, was zur Abduktion (bzw. zur Suche nach neuen Verstehensweisen) zurückführt. (b) Zeigen die Ergebnisse eine begrenzte Brauchbarkeit, bedarf es einer *Revision* und Elaborierung der Annahmen (kontinuierliches Lernen). Sie werden dafür nicht verworfen, weil sie den eingeschlagenen Ansatz als sinnvoll, jedoch als (noch) unzulänglich bestimmen. In diesem Fall überprüft man die modifizierten Annahmen und begibt sich in einen neuen Forschungszyklus. (c) Entsprechen die Ergebnisse vollständig den in die Annahmen gesetzten Erwartungen, so können sie als *vorläufig bestätigt* erachtet werden. Allerdings ist es möglich, weitere Überlegungen anzustellen, um die Brauchbarkeit umfassender zu prüfen oder um die Reichweite zu vergrößern. In diesem forschungslogischen System besteht die Möglichkeit, *parallele Ansätze* zum Verständnis eines Phänomens zu verfolgen, weil auch bei Widersprüchen nicht notwendig die ursprüngliche theoretische Konzeption aufgegeben werden muss. Nach Reichenbach ist es das Ziel der Induktion, „Ereignisfolgen zu finden, bei denen die Häufigkeit des Eintreffens eines bestimmten Ereignisses einem Grenzwert zustrebt" (Reichenbach 1983: 218). Da sich die weiteren Ereignisse des Abtestens folglich nicht mit Sicherheit bestimmen lassen, kann aufgrund der relativen Konvergenz der generierten Erkenntnisse auf eine Präzisierung hingearbeitet werden. Dabei erhält die Bestätigung von Annahmen einen positiven Wert, weil sie als Indiz für die Gültigkeit gilt und als solche neue Perspektiven eröffnet. Die Abschätzung sowohl der positiven als auch der negativen Resultate definiert so den Gültigkeitsbereich von Annahmen (Riemer 1988: 103f.).

- Aus dieser Abgrenzung zu Falsifikation und Verifikation resultiert die Anforderung nach einer *zyklischen Forschungsorganisierung*, welche eine *Selbstkorrektur* der erzeugten Theorie in Gang setzt. Eine solche Struktur ermöglicht sowohl die Fehlereliminierung, indem Unzulänglichkeiten der theoretisierenden Argumentation aufgedeckt werden, aber auch die systematische Ergänzung, Präzisierung und Generalisierung der theoretisierenden Argumentation. Das Erfolgsrezept ist konsequenterweise nicht der einzelne Test einer Annahme, sondern der fortschreitende Prozess, der die induktive Komponente in den Vordergrund stellt, wonach jeder neue Durchgang das Argumentationssystem verändert. Riemer (1988) betont im Zusammenhang mit der induktiven Komponente im Anschluss an Peirce den experimentellen Charakter der Beurteilung von Ausgangshypothesen. Dies streicht den systematischen, aber dennoch spielerischen Umgang mit Datenmaterialien heraus, indem man sich für die deduktiv ermittelten Prognosen immer wieder Verfahren überlegt, wie man methodisch vorgehen kann, um möglichst viel Informationen über die Brauchbarkeit der Annahmen zu gewinnen. Verschiedene Materialien oder unterschiedliche Verfahrensvarianten sind forschungspraktische Optionen zur (auch forschungsökonomisch) systematischen Entfaltung dieser Zirkularität.

Diese forschungslogische Argumentationsstrategie, welche den Kern der in Kapitel 3.1 angeführten zyklischen Organisierung der Forschung bildet, lässt sich nunmehr folgendermaßen zusammenfassen (Lueger 2001: 228ff.; Abb. 5):

Abb. 5: **Die zyklische Organisation der Selbstkorrektur von Forschung** (Lueger 2001: 249)

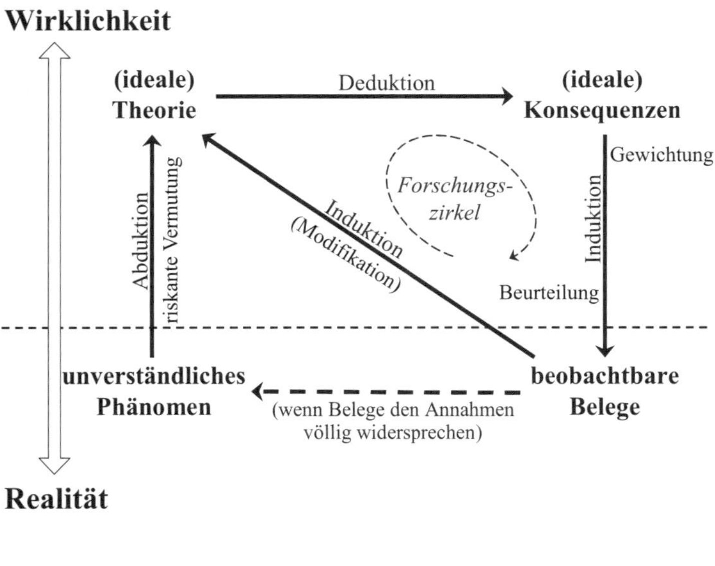

Nochmals zusammengefasst: Ein unklares Phänomen ermuntert zu einer abduktiven Vermutung, die als riskante theoretische Vorstellung idealisiert das Phänomen verständlich macht. Aus dieser idealisierten Theorie werden deduktiv Konsequenzen abgeleitet, die jedoch erst der Prüfung bedürfen. Dafür sucht man induktiv entweder systematisch nach entsprechenden Belegmaterialien oder produziert diese im Forschungsverlauf. Die Aussagekraft von Konsequenzen (also auch von Belegmaterialien) bedarf hinsichtlich der theoretischen Vorstellung einer Gewichtung und Beurteilung. Ein völliger Widerspruch solcher Belege mit der Ausgangsvermutung mündet in eine abduktive Neuorganisierung des Materials. Sofern dieses Prüfverfahren auf ein neues unverständliches Phänomen aufmerksam macht, gilt auch für dieses die Forderung nach rigoroser Prüfung. Eine partielle Unvereinbarkeit erfordert dagegen eine induktive Modifikation der theoretischen Vorstellung aufgrund der Einschätzung der Befunde. Sowohl aufgrund der meist mangelnden Passung der ersten Vermutungen als auch in Hinblick auf eine meist notwendige Präzisierung sowie Abgrenzung und anbetrachts der Komplexität sozialer Phänomene mündet diese Vorgangsweise in eine zyklische Forschungsstruktur. In Abgrenzung zu Peirce wird aber nicht die Übereinstimmung mit der Realität angestrebt, sondern eine theoretische Konstruktion, die mit den Beobachtungen als Repräsentationen einer unzugänglichen Realität kompatibel ist. Die induktive Prüfung der Kompatibilität bringt es mit sich, dass Annahmen nur durch das Abtesten anhand ihrer praktischen Anwendung abgesichert werden können und somit ein hohes Maß an Verlässlichkeit aufweisen, obwohl sie keine absolute Sicherheit gewähren. Eine solche Forschungskonzeption weist eine Reihe von Vorzügen im Kontext einer interpretativen Methodologie auf:

- Indem in dieser forschungslogischen Konstruktion Abduktion (innovativer Ideengenerator) und Induktion (Prüfverfahren) getrennt und durch Deduktion (Ableitung von Konsequenzen) verbunden werden, dient Forschung nicht bloß dem kontinuierlichen Aufbau von Wissen aus den verfügbaren Merkmalen, sondern ermöglicht auch *Erkenntnissprünge* (Innovation). Gerade die Abtrennung der Abduktion ermöglicht die Erzeugung von Bedingungen, welche die Wahrscheinlichkeit kreativer Ideen fördern (beispielsweise durch die Abkoppelung der Feinstrukturanalyse von

Kontextinformationen und die Zerstückelung der Texte in kleinste Sinneinheiten, welche zu gewagten Annahmen geradezu nötigt). Der induktive Modifikationsprozess wiederum zeigt den Zugang zu einer systematischen Elaborierung (oder auch Verwerfung) sowohl bereits vorhandener Erkenntnisse, aber auch abduktiv gewonnener, sehr riskanter und unsicherer Einfälle.

- Den Kern einer solchen forschungslogischen Konzeption bildet der selbstkorrektive Prozess, der eine hohe Anschlussfähigkeit zum *äquilibrationstheoretischen Ansatz* der Entwicklung kognitiver und sozialer Strukturen (Piaget 1976; vgl. Kap. 2.1) aufweist: Den Ausgangspunkt bildet die Erfahrung eines nicht einordenbaren Phänomens, das gleichsam als Störung fungiert, weil keine angemessenen Denkstrukturen verfügbar sind, die diese Störung assimilieren können. Abduktive Schlüsse verbinden nun diese unerklärlichen Phänomene mit Sinnstrukturen und schaffen auf diese Weise eine plausible Erklärung, welche die Prozesse mit den eigenen Beobachtungen verknüpft. Der abduktive Schluss stellt ein vorher noch nicht verfügbares Assimilationsschema zur Verfügung (Internalisierung), das jedoch mit hoher Ungewissheit hinsichtlich seiner Brauchbarkeit verbunden ist. Nun lassen sich aber aus diesem abduktiven Schluss deduktiv Konsequenzen ableiten, die gleichsam als Prognose jene Rahmenbedingungen definieren, aus welchen sich Überlegungen zur induktiven Prüfung anhand empirischer Erfahrungen ableiten lassen. In diesem Sinne bildet die Entwicklung eines forscherischen Handlungsmodells mit zwei Komponenten den nächsten Schritt: die Ableitung von klaren Konsequenzen aus der Annahme (Deduktion), die im Sinne einer Externalisierung hinsichtlich der Struktur der sozialen Welt durchgeführt wird; die induktive Bestimmung von Testverfahren, welche diese Vorstellungen nun mit empirischen Korrelaten versehen und somit der Erfahrung wieder zugänglich machen. Diese Erfahrungen werden nunmehr in Hinblick auf die Zentralität einer Annahme für die Theoriekonstruktion als Ganze gewichtet und hinsichtlich der Bestimmung ihres Einflusses auf die Brauchbarkeit der ursprünglichen Annahme bewertet (im Sinne des Ausmaßes der Abweichung der Ergebnisse von den deduktiv ermittelten Erwartungen). Da in der Regel keine vollständige Übereinstimmung mit den erwarteten Folgen erzielt werden kann, bildet die induktive Verbesserung der ursprünglichen Annahme den nächsten Schritt. Das löst einen zirkulären Akkommodationsprozess aus.

- Die Verbindung dieses Verfahrens mit dem Äquilibrationsansatz zeigt eine zweite Besonderheit, weil die experimentellen Verfahren im induktiven Prüfprozess nicht nur die theoretische Argumentation vorantreiben, sondern durch *Eingriffe* auch die Welt verändern, mit der man im Forschungsprozess konfrontiert ist. Forschung nähert sich daher nicht einer präexistenten Welt bzw. Wahrheit an, sondern einer aktiv beobachteten und erfahrenen Welt (was sich in den Begriffen der idealen Theorie bzw. den idealen Konsequenzen in Abbildung 5 ausdrückt), die im Bewertungsverfahren auf einen typisierten Ausschnitt der Welt reduziert wird. Auch aus diesem Grund kann eine einzelne induktive Widerlegung die theoretische Argumentation nicht falsifizieren, sondern in der Gewichtung der induktiven Prüfung steht die Bestimmung von Kern- und Randzonen einer solcherart aufgebauten Theorie im Zentrum, wobei zentrale Bereiche höher gewichtet sind als periphere.

Das iterativ und zirkulär angelegte Prüfverfahren hat nachhaltige Effekte auf die praktische Forschungsorganisierung und auf konkrete Interpretationsverfahren: So ergibt sich daraus die prinzipielle *Integration von Erhebung und Interpretation* in einem fortlaufenden forschungsstrategischen Modifikationsprozess, weil eine adäquate Induktionsstrategie eine flexible Strategie der Gewinnung und Analyse des Prüfmaterials erfordert (vgl. Kap. 3.1). Im Interpretationsverfahren erweist es sich als notwendig, laufend Prüfkriterien für die entwickelten Annahmen zu erarbeiten (z.B. erörtert man im Rahmen der Feinstrukturanalyse nach jeder Interpretation einer Sinneinheit, was in den nachfolgenden Einheiten im Sinne deduktiver Ableitung bestimmte Vermutungen stützen oder widerlegen könnte; siehe Lueger 2010).

Aus forschungslogischer Perspektive ergeben sich daraus erste Hinweise auf das Abbruchkriterium, das bei Glaser und Strauss (1998) als *theoretische Sättigung* auftaucht: Da sich die Analyse gleichsam einem Grenzwert im Sinne einer brauchbaren und hinsichtlich der Prüfverfahren robusten Argumentation annähert, ist forschungslogisch kein Endpunkt definierbar. Wenn sich aber irgendwann im iterativen Verfahren Verbesserungen und Verschlechterungen aufheben, ergibt sich ein Abbruchkriterium, wenn kein forschungspragmatisch sinnvoller Zusatzgewinn durch eine Weiterführung des Verfahrens mehr erzielt werden kann.

b) Theoretisches Sampling

Mit den letzten Ausführungen zur Forschungslogik ist bereits die Bedeutung des theoretischen Samplings angesprochen, weil der iterative Annäherungsprozess eine Systematik der Auswahl weiterer Fälle erzwingt, um die laufend generierten Annahmen auch intensiv prüfen und gegebenenfalls verwerfen oder weiterentwickeln zu können.

An dieser Stelle sei nochmals die *randständige* Bedeutung der Menge des gesammelten oder erhobenen Materials für die Analysequalität betont. Es ist notwendig, sich von einem offenbar tief verwurzelten Bedürfnis zu befreien, alle Möglichkeiten der Komplexität eines Untersuchungsbereiches gleichsam repräsentativ abdecken zu müssen, um wissenschaftlich tragfähige Aussagen machen zu können. In einem großen Unternehmen müsste man Vorstandsmitglieder, die Bereichs- und AbteilungsleiterInnen, VertreterInnen aller Abteilungen – alle gemischt nach Dauer der Betriebszugehörigkeit und Geschlecht – befragen (also eine Zahl, die einer quantitativen repräsentativen Befragung entsprechen würde). Hinter einer solchen Auswahl verbirgt sich ein statistisches Kalkül: der Versuch, möglichst alle Kriterien zu berücksichtigen, die in einem bestimmten Untersuchungsbereich von Bedeutung sein könnten. Interpretative Forschung ist aber nicht an einer solchen Identifikation von Einflussfaktoren interessiert. Sie wendet sich vielmehr jener Logik zu, nach der sich Phänomene entwickeln, und fragt danach, woran sich Menschen in ihren Beobachtungen orientieren und wie sie ihre Aktivitäten gestalten. Deshalb sind viel Material und eine solche quasistatistische Vorgangsweise kein Garant für eine gegenstandsadäquate Erkenntnis, sondern verführt eher zu einer oberflächlichen (auch häufig quantitativ-inhaltsanalytisch orientierten) Analyse und vernachlässigt vollkommen die Orientierung am Untersuchungsbereich, ohne dabei die angestrebte Repräsentativität erreichen zu können. Noch gefährlicher für die Qualität interpretativer Forschung ist ein Verfahren, bei dem zuerst das gesamte Material nach bestimmten Kriterien erhoben und anschließend interpretiert wird. Damit findet man bestenfalls die eigenen Vorurteile bestätigt oder widerlegt, hat aber kaum Chancen, die Relevanzen des Gegenstandsbereichs zu analysieren. Es sollte daher ein Warnsignal sein, wenn die Qualität einer Studie mit viel Material oder mit der Berücksichtigung vieler Auswahlkriterien argumentiert wird oder eine einzige Erhebung (egal mit wie viel Material) durchgeführt wurde. Im Rahmen der interpretativen Sozialforschung lässt sich Komplexität niemals auf diese Weise kontrollieren. Daher liegt ein anderer Weg nahe, den Glaser und Strauss (1998) vorgezeichnet haben, nämlich *theoretisches Sampling* im Rahmen einer systematischen *komparativen Analyse*. Nach Glaser/Strauss (1998) können vergleichende Analysen aus vielen Zielsetzungen heraus betrieben werden: um die unmittelbare Glaubwürdigkeit eines Faktums zu überprüfen, um empirische Theorien auf andere Sozialbereiche zu generalisieren sowie um Konzepte zu spezifizieren oder eine Theorie zu verifizieren. Wichtiger ist ihnen jedoch die Möglichkeit, Theorien über komparative Verfahren zu generieren und in Hinblick auf deren verschiedene Facetten auszuarbeiten, wobei die Erhebungssystematik die parallel dazu laufende Analyse maßgeblich unterstützt. „Theoretisches Sampling meint den auf die Generierung von Theorie zielenden Prozess der Datenerhebung, währenddessen der Forscher seine Daten parallel erhebt, kodiert und analysiert sowie darüber entscheidet, welche Daten als nächste erhoben werden sollen und wo sie zu finden sind. Dieser Prozess der Datenerhebung wird durch die im Entstehen begriffene – materiale oder formale – Theorie *kontrolliert.*" (Glaser/Strauss 1998: 53) Demnach bilden eine allgemeine sozialwissenschaftliche Perspektive oder das Interesse an einem Untersuchungsgegenstand den analytischen Ausgangspunkt, nicht aber theoretische Vorannahmen zu einer spezifischen Fragestellung. Im Rahmen dieses Grundinteresses liefern vorläufige Mutmaßungen die Grundlage für Forschungsentscheidungen über Einstiegsmöglichkeiten in das soziale Feld. Glaser und Strauss (1998: 53) führen als Beispiel an, dass man bei einer Studie über Spitäler natürlich weiß, dass ÄrztInnen, Schwestern etc. zum Personal gehören oder dass es so etwas wie Aufnahmeprozeduren gibt. Man weiß aber nichts über die Relevanz dieser Basisannahmen für den Forschungsgegenstand.

Im Forschungsverlauf müssen ForscherInnen ausreichend *sensibel* sein, ihre theoretische Argumentation sowie den Forschungsprozess entsprechend den vorgefundenen Daten aufzubauen und in einem kontinuierlichen Prozess weiterzuentwickeln. In diesem Sinne meint Glaser (1978), dass alle Aktivitäten im Forschungsprozess durch die langsam emergierende Theorie gelenkt und integriert werden. Und Sensibilität bedeutet Offenheit für das im Feld Vorfindbare, aber auch für die spezifischen Bearbeitungsformen durch die Literatur (die auch als Datenmaterial behandelt wird). Dazu ist eine kreativitätsfördernde analytische Distanz zu laufenden Ereignissen nötig. Sowohl Erhebung als auch Interpretation geraten zu einem spielerischen Vorgang, in dem man Horizonte erkundet und sich im theoretischen Raum vortastet. Dies geschieht in einer Weise, welche den Imaginationsprozess fördert, zugleich die Vermutungen aber rigoros überprüft, wodurch man ein immer genaueres Verständnis über die Prozesse im Untersuchungsbereich erhält. Diese gießt man langsam und iterativ in ein zusammenhängendes theoretisches Gefüge, das scharfe Konturen und eine hohe Zuverlässigkeit aufweist.

Die Erhebung orientiert sich in der Hauptforschungsphase am jeweils erlangten Stand der theoretischen Einsichten, die in ihrer Fortentwicklung die entscheidenden Kriterien liefern, welchen Materialien und welchen Aktivitäten man sich im nächsten Schritt zuwendet. Die Entscheidungskriterien für den Fortgang einer Studie ergeben sich aus (Glaser/Strauss 1998: 53ff.): (a) der theoretischen Relevanz des Wissens für die Theorieentwicklung und deren Prüfung; (b) der Logik einer fortschreitenden Inklusion zusätzlicher Fälle, wobei diese eine ausreichende Ähnlichkeit zueinander aufweisen müssen, um eingeschlossen zu werden, bzw. fundamentale Unterschiede, um ausgeschlossen zu werden. Der schrittweise Einbezug zusätzlicher Fälle ist nötig, um den Verallgemeinerungsgrad einer Theorie zu erhöhen und um die Tragweite der grundlegenden Annahmen einer Theorie zu ergründen. Dabei gibt es drei Strategien, die Sicherheit der theoretischen Aussagen zu steuern, wobei die Entscheidungen über den weiteren Forschungsverlauf immer dokumentiert werden sollten:

- Die *Inklusion* auf der Basis *maximaler struktureller Variation* (Glaser/Strauss 1998: 63f.) bestimmt die *Reichweite und Verallgemeinerbarkeit* einer theoretisierenden Argumentation. Darüber hinaus klärt sie deren Grenzen und Spezifika. Man begibt sich dafür auf die Suche nach Extremfällen, um den Innenbereich zu umschließen und im Forschungsfeld allgemeine Charakteristika aufzuspüren. Dabei ist im Sinne der fortschreitenden Theoriekonstruktion zu entscheiden, welches die Kernaussagen der entstehenden theoretisierenden Argumentation sein können und welcher Bereich damit erkundet werden kann, um den Theorieaufbau systematisch zu erweitern. Die Auswahl bezieht sich dann auf Materialien, die innerhalb des Forschungsbereiches liegen, aber mit höchster Wahrscheinlichkeit Erkenntnisse erbringen, die den bisherigen widersprechen könnten bzw. auf Aspekte aufmerksam machen, die bislang noch nicht erfasst wurden. Wenn man beispielsweise im Rahmen der Untersuchung der Handlungsstrategien junger Lehrkräfte feststellt, dass eine Lehrkraft in einen Abwehrkampf gegen die SchülerInnen gerät, so könnte man für die Auswahl des nächsten Falles überlegen, ob man nicht eine junge Lehrkraft einbezieht, die offenkundig nicht in einen solchen Abwehrkampf verstrickt ist. Hier geht es darum, die Bandbreite möglicher Entwicklungen auszuloten (etwa wie sich die Entwicklungslogik von jenen Lehrkräften unterscheidet, die mit SchülerInnen ganz ausgezeichnet zu Rande kommen), oder zu prüfen, inwiefern es sich dabei um ein allgemeines Phänomen handelt.

- Die *Inklusion* auf der Basis der *Unterschiedsminimierung* (Glaser/Strauss 1998: 63f.) wiederum dient der *Prüfung bisheriger Annahmen* anhand ähnlicher Fälle. Im Zuge dessen erkundet man den Innenraum des durch die strukturelle Variation aufgespannten Bereiches. Somit versucht man Unschärfen der theoretisierenden Argumentation aufzuspüren, indem man genau jenen Bereich fokussiert, der mit den bisherigen Analysen bereits abgedeckt sein müsste. Daraus resultierende neue oder widersprüchliche Erkenntnisse deuten auf Probleme der Theoriekonstruktion hin und erzwingen eine genauere Erforschung spezifischer Teilbereiche bzw. die Modifikation der Ergebnisse. Im oben genannten Fall der Untersuchung von Lehrverhalten würde man im Zuge der Unterschiedsminimierung nach einer weiteren Lehrkraft suchen, die in eine ähnliche Situation geraten ist. Dies dient der Stabilisierung und Prüfung des Wissens über die Dynamik, wie Lehrkräfte in eine solche Situation geraten könnten.
- Die *Inklusion* auf der Basis der *grenzüberschreitenden Exklusion* lässt auf eine alternative Weise die Reichweite und Gültigkeit der Theoriekonstruktion bestimmen, indem außerhalb der gewählten Bezugsgrenzen nach Fällen gesucht wird, die aufgrund der bisherigen Erkenntnisse eine *strukturelle Gegenposition* darstellen. Der Theoriegehalt wird geprüft und ergänzt, indem man jene Fälle heraushebt, für die die aufgestellten Annahmen entweder nicht gültig sind oder in welchen sich vorhersehbar andere Sinnstrukturen manifestieren, sofern die bisherigen Annahmen als gültig unterstellt werden. Eine solche Vergleichsanalyse ist jedoch nur dann anzuraten, wenn die Unterschiedsanalyse theoretisch sinnvoll ist und die Analyse des Gegenstandsbereiches unterstützt. Solche Kontrastierungen bieten sich folglich für typologische Analysen an, in denen die verschiedenen herausgeschälten Typen einer vergleichenden Analyse unterzogen werden. Die verschiedenen Typen werden dabei nach dem Exklusionsprinzip untersucht, was besagt, dass sie sich systematisch unterscheiden müssen. Im Rahmen einer Studie zum Lehrverhalten junger Lehrkräfte müsste man in diesem Sinne möglichst unterschiedliche Typen von LehrerInnen ausfindig machen,

um so auf der Basis eines Vergleichs schärfere Konturen und eine genauere Bestimmung der besonderen Charakteristika der Lehrdynamik für jeden Typus zu erhalten.

Die *komparative Methode* ist daher nicht einfach eine perspektivische Analyse, sondern hat methodisch die Funktion, durch Vergleiche die Beziehungen zwischen den einbezogenen Fällen herauszuarbeiten, wobei die Prozesskomponente verdeutlicht, dass Ähnlichkeiten auf einen gemeinsamen Entwicklungsursprung deuten (Śaraṇa 1975). Die Kombination von Auswahlentscheidungen unterstützt die Identifikation interner Differenzierungen und der Einheit des Gesamten, was nicht nur die Verallgemeinerbarkeit der Ergebnisse verbessert, sondern auch die Herausarbeitung von Typen fördert. Da die drei Strategien unterschiedliche Funktionen erfüllen, sind sie im Forschungsprozess verschieden zu bewerten: So ist es in den ersten Forschungszyklen wichtig, mittels Unterschiedsmaximierung den Rahmen der Theorie zu spezifizieren und mittels Unterschiedsminimierung Detailanalysen durchzuführen. Diese Vorgangsweise ist sinnvoll, um dichte Beschreibungen oder gegenstandsnahe Theorien zu entwickeln. Je weiter der Forschungsprozess fortschreitet, desto sinnvoller wird die Kontrastierung mit grenzüberschreitenden Fällen, um die interne Differenzierung im Rahmen von Typologien besser bearbeiten zu können und um den Grad der Verallgemeinerung der generierten Theorie abschätzen zu können.

Diese allgemeinen Prinzipien einer komparativen Analyse lassen sich durch Variationen nach *internen Differenzierungslinien* ergänzen, weil soziale Handlungsfelder keineswegs homogene Entitäten bilden, sondern zeitlich verwobene Muster von Möglichkeitshorizonten, Rahmenbedingungen, Erwartungen und Handlungen bilden, die von verschiedenen Gruppen von AkteurInnen geschaffen, vermittelt und kombiniert werden. Beispielsweise sind Feindschaftsbeziehungen Bedingungen der Möglichkeit zur Realisierung der Feindschaft inhärent, insofern die Konfliktparteien ihr Handeln an den möglichen Optionen ihrer Konkurrenten ausrichten. Insofern binden sich die Konfliktparteien selbst an ihre Feindschaft, in der eine Partei einer vernünftigen Option schon deshalb nicht zustimmen kann, weil sie von der anderen Partei kommt (zu typischen Machtfigurationen, die diese innere Verbundenheit demonstrieren, siehe Sofsky/Paris 1991). Diese Unterscheidungen und Verknüpfungen können als Unterkategorien der komparativen Analyse gelesen werden und betreffen die drei *Sinndimensionen* (vgl. Luhmann 1984: 568):

- *Sozial*: Hier stellt sich die Frage nach dem internen Konsens in einem sozialen Milieu bzw. nach den Differenzierungslinien sozialen Dissenses. Für die Erhebung im Rahmen der Vergleichsanalyse orientieren sich die fortschreitenden Auswahlkriterien an den analysierten spezifischen Handlungsbedingungen, Lebenslagen oder Interessenlagen, die soziale Situationen nach unterschiedlichen AkteurInnen oder Situationen und Ereignissen klassifizieren lassen.
- *Sachlich*: Hier ist es sinnvoll, die formalen Handlungsbedingungen einer Analyse zu unterziehen. Dazu gehört einerseits der sachliche Kontext, der spezifische Handlungen in einem sozialen Milieu abgrenzt oder einschließt, andererseits ist hier auch die Kompatibilität sozialer Anschlusshandlungen zurechenbar. Im sachlichen Kontext wird die Materialerhebung daher an inhaltlich verbundenen Komponenten ausgerichtet.
- *Zeitlich*: Hier ist die Erhebung auf die in verschiedenen Milieubereichen typischen Tätigkeitszyklen abzustimmen, um nicht – wie es etwa Whyte (1996: 295) am Beginn seiner Untersuchung „Street Corner Society“ ergangen ist – allein im Feld zu stehen. Weder zu beobachtende Phänomene noch InformantInnen im Feld sind jederzeit beobachtbar oder für die Forschung verfügbar, sondern gehorchen Zeitregeln, die Außenstehenden keineswegs geläufig sein mögen (auch Regeln über Pünktlichkeit und Zuspätkommen). Darüber hinaus sind die relevanten Zeithorizonte zu bestimmen.

Die Sammlung bzw. Erhebung von Material basiert auf Interpretationen und ist daher kein eigenständiger Forschungsteil. Entscheidend sind die geschickte Auswahl und sorgfältige Analyse – nicht die Menge oder Repräsentativität. Im Idealfall sind alle Informationen zur Bildung eines analytischen Typus in einem *einzigen* Fall enthalten: Analysiert man den Akt des Seiltanzens, so enthält dieser potenziell die gesamte Grundproblematik des

Seiltanzens. Um die Analyse aber auf sichere Beine zu stellen, ist es sinnvoll, differierende Techniken, mehrere SeiltänzerInnen in unterschiedlichen Situationen und unter variierenden Bedingungen zu analysieren. Die Unterschiedsmaximierung kann sich hierfür auf verschiedene Balancetätigkeiten erstrecken, die Unterschiedsminimierung auf die Analyse ähnlicher Techniken, das Exklusionsprinzip auf unterschiedliche Typen von SeiltänzerInnen (etwa solche, die ohne Hilfsmittel auskommen, und solche, die sich verschiedener Unterstützungen bedienen). Die einzelnen Sinndimensionen wiederum können unterschiedliche Auffassungen von SeiltänzerInnen über ihre Art des Seiltanzens (etwa mit oder ohne Balancierstange oder etwa Hochseil versus Slacklining; Balance mit Oberkörper oder Beinen), verschiedene Tätigkeitsbereiche (etwa Training und Vorführung) oder die Entwicklungsphasen einer Karriere als SeiltänzerIn (z.B. den Prozess der Bewältigung des Balanceproblems, Schwierigkeitsstufen, öffentliche Auftritte) umfassen. Die sinnvolle Auswahl ergibt sich aus dem jeweils zentral erachteten Kriterium für die weitere Analyse und beruht *nicht* auf einer Variation zur Erfassung aller Möglichkeiten. Daher lässt sich die Auswahl der Fälle nicht so treffen, dass man je 50% Seiltänzerinnen und 50% Seiltänzer, jeweils nach Altersgruppen gestuft und auf verschiedenen Techniken aufgeteilt untersucht. Dies wäre ein statistisches Prinzip, welches das Ziehen einer repräsentativen Stichprobe auf der Basis einer Annahme von bedeutsamen Differenzen verlangt, die für das Seiltanzen möglicherweise völlig unerheblich sind (genauso gut könnte man Augenfarbe, Zahl der ZuhörerInnen, regionale Unterschiede, Ernährung der SeiltänzerInnen oder das Wetter heranziehen).

Im Prinzip sollte man mit der ersten intensiven Analyse bereits alle zentralen Elemente im Kern erfasst haben. Folglich ist es eine Frage der theoretischen Grenzziehung und der Absicherung der Erkenntnisse, welche Fälle man noch berücksichtigt. Ob dann noch die Höhe des Seils wichtig ist, weil aufgrund der Absturzfolgen das eingegangene Risiko variiert, ist daher eine Frage, inwiefern man etwa die Rahmenbedingungen analysieren möchte, welche die Risikobereitschaft steigern, selbst wenn dies mit den Balanceproblemen nur mehr am Rande zu tun hat (etwa als Verunsicherung oder als Leistungsanreiz). Auch die Untersuchung, wann und in welchen Zusammenhängen solche Aktivitäten auftreten, erweitert den Kontext und ist daher eine Entscheidung, die nur in Hinblick auf die Bedeutung für die entstehende Theorie gefällt werden kann.

Insgesamt ist der Erkenntnisprozess auf die permanente Produktion und Selektion von Teilerkenntnissen, deren Integration und Revision ausgelegt, wobei die Prüfung ihr Augenmerk auf die Untersuchung von Widersprüchen konzentriert. Was sich in den angesammelten Vergleichsanalysen nicht integrieren lässt (aber auch nicht verworfen wird), bleibt als offene Frage weiteren Forschungen vorbehalten. Dieses *expansive Selektionsprinzip* ermöglicht die Produktion gut abgesicherter Erkenntnisse bei gleichzeitigen Verweisen auf Schwachstellen. Die Analyse wird daher an einer Stelle abgebrochen, an der neue Materialien keine weiteren wesentlichen Erkenntnisse mehr versprechen, die wichtigsten Widersprüche in die theoretisch aufbereiteten Ergebnisse eingearbeitet sind und ein weitgehender Konsens im Forschungsteam über die gewonnenen Erkenntnisse besteht. Damit ist nicht gemeint, dass ein für alle Zeit gültiges Wissen aufgebaut wurde, sondern nur, dass diese Erkenntnis das derzeit unter Ausnutzung aller verfügbaren Optionen Bestmögliche repräsentiert. Glaser und Strauss (1998: 68ff.) sprechen in einem solchen Fall von *theoretischer Sättigung* als entscheidendes Kriterium für die Beendigung einer Studie. Theoretische Sättigung bezieht sich dabei auf die weitgehende Stabilisierung der Forschungsergebnisse, die unter Berücksichtigung von Grenzfällen sowie bei Variation von Erhebungs- und Analyseverfahren keinerlei wesentliche Modifikationen mehr erforderlich machen und folglich keine innovativen Erkenntnisse erwarten lassen.

Gerade für eine begründete Entscheidung über den Abbruch ist es sinnvoll, das *noch nicht analysierte Material* nach zwei Gesichtspunkten zu durchforsten: Zum einen ist die Frage zu stellen, ob in spezifischen Materialteilen möglicherweise Hinweise auf noch nicht berücksichtigte Aspekte zu finden sind, die wesentlich zum Phänomenverständnis beitragen könnten. Zum anderen ist nach noch unerklärten Widersprüchen zu suchen. Das

Abbruchkriterium folgt keinen formalen Ansprüchen. Es ist eine *forschungspragmatische* Entscheidung, die vom Kompetenzniveau der ForscherInnen sowie den in eine Studie gesteckten Anforderungen und Erwartungen abhängig ist. Der Aufwand bis zum Erreichen der Abbruchgrenze hängt daher zum Ersten vom Erkenntnisinteresse ab, auf das man sich im Forschungsbereich konzentriert, zum Zweiten von der strategisch geschickten Variation, die einen raschen Zugriff auf die Widersprüchlichkeit des Forschungsbereichs eröffnet, und zum Dritten von den Anforderungen an die Zuverlässigkeit sowie Präzision der Analyse. Gerade diese Abhängigkeit von der Intensität der Analyse erzwingt eine kritische Reflexion alternativer Auslegungen sowie einen möglichst radikalen dekonstruktiven Zugang, weil ohne Hinterfragung der eigenen Erkenntnisse vorschnelle Annahmen in einen Selbstbestätigungszirkel gelangen könnten. Diesem muss methodisch ein Riegel vorgeschoben werden.

c) ***Systematische Forschungsvariation***

Bereits Glaser und Strauss (1998: 72ff.) machten darauf aufmerksam, dass keine Datenart oder Erhebungstechnik allein für die Durchdringung eines Forschungsgegenstandes angemessen ist. Auch wurde in den vorhergehenden Abschnitten wiederholt die Bedeutung der flexiblen Anpassung der Forschungstätigkeit an die Erfordernisse des jeweiligen Untersuchungsstandes erwähnt. Eine Möglichkeit dieser Anpassung im Sinne einer adäquaten Erfassung der untersuchten Phänomene ist die Annäherung an eine Thematik aus verschiedenen Richtungen – eine Vorgangsweise, für die in der Literatur typischerweise der Terminus ‚Triangulation' Verwendung findet (vgl. Denzin 1989, Seale 1999: 53ff., Flick 2004). Allerdings löst dieser Begriff eine unzutreffende Assoziationen aus: Er kommt aus der trigonometrischen Landvermessung, die auf Festpunkte bezogene Winkelmessungen dazu verwendet, die Lage beliebiger Punkte zu bestimmen. Unterstellt wird dabei die Existenz von Fixpunkten und die genaue Errechnung eines Punktes – beides Voraussetzungen, die *nichts* mit jenen Verfahren verbindet, die in der interpretativen Sozialforschung als ‚Triangulation' zur Anwendung kommen.

Der Triangulationsbegriff ist somit eng an die Vorstellung einer exakten Messung gekoppelt, die sich durch die Annäherung aus verschiedenen Richtungen ergibt. Um die Schwäche einzelner Messungen durch multiple methodische Vorgangsweisen zu überwinden, weist Denzin (1989: 234ff.) dem Prozess der Triangulierung im Rahmen der naturalistischen Sozialforschung eine zentrale Position zu. Er unterscheidet dabei folgende Formen: die Triangulation des Datenmaterials (Erhebung zu verschiedenen Zeitpunkten, an verschiedenen Orten und auf verschiedenen Analyseebenen); die Triangulation der BeobachterInnen (Überprüfung der Beobachtungsreliabilität und Einsatz verschiedener InterpretInnen); die Triangulation theoretischer Perspektiven (Konfrontation des Datenmaterials mit verschiedenen, widersprüchlichen und konkurrierenden Annahmen); sowie die Triangulation der Methoden (Intra- und Intermethodentriangulation). Seine Basisidee ist, die subjektiven Verzerrungen oder den methodischen Bias zu korrigieren, indem man sich einer Problematik von verschiedenen Seiten nähert. Auf diese Weise bestimmt man den Überschneidungsbereich der verschiedenen Ergebnisse – und was sich im Überschneidungsbereich befindet, wird im Rahmen der Triangulierung als wahrscheinlich zutreffende Interpretation akzeptiert.

Aber schon Silverman (1985: 105) hat dieser Form der Triangulierung eine positivistische Grundhaltung vorgeworfen, weil sie den Anspruch erhebt, den Beobachtungsbias zu eliminieren. Implizit unterstellt Triangulierung ‚objektive' Analysen und einen Realismus, der den tatsächlichen Zugriff auf Phänomene erlaubt. Eine konstruktionistische und dialektische Sichtweise zeigt jedoch, dass selbst ein ausgeklügeltes methodisches Kontroll- oder Prüfverfahren diese ‚Objektivität' nicht erzeugen kann. Die verschiedenen Annäherungen führen nämlich zu perspektivisch differenten Erkenntnissen, welchen ein jeweils eigener Stellenwert zukommt: Betrachtet man beispielsweise einen Kegel von unten (Grundriss), sieht man einen Kreis; von der Seite (Aufriss) ein Dreieck; aus einer Schrägsicht jedoch einen dreidimensionalen Körper; nimmt man eine Waage, so stellt man das Gewicht fest; mit anderen Verfahren lassen sich Materialeigenschaften (wie Farbe, Zusammensetzung etc.) untersuchen – alles unterschiedliche Erkenntnisse, die teilweise scheinbar in Widerspruch zueinander stehen (wie etwa Kreis oder Dreieck), tatsächlich jedoch das Wissen über den untersuchten Kegel ergänzen.

So ist leicht nachvollziehbar, dass die Ergebnisse der Analyse von Handlungsweisen sich nicht mit denen der Analyse aus Gesprächen über diese Handlungsweisen decken müssen, weil beide möglicherweise verschiedene Erkenntnisinteressen tangieren: Ersteres die (Re-)Konstruktion der Handlungslogik, Letzteres die (Re-)Konstruktion der Beobachtungsschemata als Grundlage für Handlungsentscheidungen. Beide Komponenten ergänzen sich, eignen sich aber nicht zwingend zur wechselseitigen Kontrolle. Wenngleich die Konfrontation verschiedener Perspektiven die Erhebungsgenauigkeit nicht erhöht, so hat sie dennoch zwei entscheidende Vorzüge: Zum einen ergeben sich daraus Anhaltspunkte für einen kleinsten gemeinsamen Nenner, der als *Argumentationskern* fungieren kann, von dem aus sich die Nuancen des Phänomens erschließen lassen. Zum anderen ergibt sich die Frage der Kompatibilität zwischen verschiedenen Annäherungen, wobei unerklärbare Widersprüche in den Erkenntnissen ein noch unzureichendes *Phänomenverständnis* indizieren. Die Methodisierung einer kritischen Variation des Forschungsprozesses setzt sich daher vom naturwissenschaftlichen Peilungsverfahren der Triangulation ab und ersetzt dies durch ein Verfahren, das Gemeinsamkeiten bestimmen sowie erklärungsbedürftige Widersprüchlichkeiten und Diskrepanzen aufdecken lässt. Dies schärft die wissenschaftliche Argumentation und fördert die Ausdifferenzierung von Annahmen sowie die Klärung ihrer Gültigkeitsbedingungen.

Die kritische Variation des Forschungsprozesses ist primär als ein Verfahren zur systematischen Sicherung der Ergebnisqualität zu verstehen. Überlegungen über die Auswirkungen einzelner Forschungselemente auf das produzierte Ergebnis helfen jene Bereiche zu identifizieren, die den größten Erkenntnisgewinn aus der Variation (auch im Kontext der Forschungslogik und des theoretischen Samplings) versprechen. Im ersten Schritt ist daher zu definieren, was in welchen Bereichen durch alternative Vorgangsweisen mit hoher Wahrscheinlichkeit *differente* Ergebnisse produzieren könnte. Die Entscheidung über sinnvolle Variation muss sich daher vor Augen führen, welche Aspekte des Forschungsprozesses wahrscheinlich besonders massive Ergebnisauswirkungen erzielen, um dann genau in dieser Hinsicht die Variation der Erkenntnisproduktion durchzuführen.

Versucht man die im Rahmen der empirischen Forschung besonders sensiblen Einflusszonen ausfindig zu machen, so ergeben sich deren mindestens vier: die angewandten Methoden und Verfahren, die sich auf die Erhebung, das produzierte Datenmaterial und die Interpretation beziehen; die spezifische Situiertheit während der Erhebung und während der Interpretation; die besonderen Beobachtungs- bzw. Interpretationsperspektiven; sowie die Spezifika des zu erhebenden und zu interpretierenden Materials.

- Die angewandten *Methoden und Verfahren*: Da Forschungsergebnisse nicht zuletzt von der Wahl der methodischen Vorgangsweise und dem von einem spezifischen Verfahren erfassten Beobachtungs- und Analysespektrum abhängen, ermöglichen die Kombinationen verschiedener Methoden bzw. Verfahren eine Absicherung und Erweiterung (siehe dazu Lueger 2010). Zu trennen ist hierbei zwischen der permanenten Adaption eines Verfahrens an den jeweiligen Erkenntnisstand und der Variation verschiedener Verfahrensweisen: (a) Im ersten Fall handelt es sich um einen oben beschriebenen Aspekt der permanenten methodischen Reflexion im Sinne einer *Intraverfahrensvariation* (z.B. verschiedene Interviewstrategien oder modifizierte Textanalyseverfahren). (b) Im zweiten Fall, der *Interverfahrensvariation*, versucht man sich dem Phänomen mit verschiedenen Methoden oder Verfahren (z.B. Gesprächen und Beobachtungen; Codierverfahren und hermeneutischen Analysen) grundlegend anders zu nähern. Indem verschiedene Verfahren differenzierte Materialien und verschiedene Teilaspekte eines Phänomens erhellen, ist dies die radikalere Vorgangsweise. Allgemein bietet sich der Wechsel zwischen verschiedenen Interpretationsvarianten an (z.B. Strukturdatenanalysen, Artefaktanalysen, sequentielle Analysen, Analysen flüchtigen Materials). Da einer solchen Variation in der Regel verschiedene Erhebungsverfahren zugrunde liegen (z.B. Beobachtungen, Gespräche), die unterschiedliche Materialien (etwa die Sammlung natürlicher Materialien, technische Aufzeichnungen oder Protokolle) in mannigfaltigen Situationen generieren, ermöglicht dieser Wechsel zugleich die Variation auf den nachfolgend beschriebenen Ebenen.

- Die spezifische *Situiertheit* des Forschungsprozesses: Erhebungen und Analysen finden in bestimmten Kontexten mit je besonderen Rahmenbedingungen statt, die das Ergebnis nachhaltig beeinflussen können. Da Beobachtungen immer auf sozial definierte Kontexte bezogen sind, liegt es nahe, diese Kontexte zu variieren. Für die Erhebung bieten sich hierbei etwa folgende zwei Alternativen an: (a) Im Sinne der *Variation des Erhebungskontextes* bestehen Möglichkeiten der Generierung von Datenmaterial zu unterschiedlichen Zeitpunkten oder in verschiedenen Intervallen; die Erhebung oder Sammlung an verschiedenen Orten; der Einbezug von verschiedenen Akteurskreisen, die in einem jeweils anderen Verhältnis zum Untersuchungsbereich stehen; die Ausführung der Erhebung durch verschiedene Personen, was insbesondere bei flüchtigen Materialien wichtig sein kann, um bestimmte Beobachtungen, die sich auf dasselbe Ereignis bzw. Phänomen beziehen, diskursiv bearbeiten zu können. (b) In Bezug auf die Analyse geht es darum, den *Interpretationskontext* systematisch zu verändern. Dazu zählen etwa die Interpretation des Materials durch verschiedene InterpretInnen (auch deshalb ist die Gruppeninterpretation sehr wichtig) oder die Variation des Vorwissens der InterpretInnen (daher sollte eine Interpretationsgruppe möglichst verschiedene Kompetenzen umfassen). Dabei ergeben sich mehrere Varianten, wie etwa der Vergleich der Analyse durch Personen, die in Erhebungs- bzw. Feldaktivitäten aktiv involviert waren, und Personen, die es nicht waren. Eine andere Möglichkeit wäre die Analyse besonders heikler Bereiche durch Außenstehende, um anhand der Kontrastierung zwischen der Binnenperspektive eines Forschungsteams und dem Verständnis Externer den Prozess der Erkenntnisgewinnung in Hinblick auf die Ergebnisse kritisch zu reflektieren.

- Die besonderen *Beobachtungsperspektiven*: Der zentrale Vorteil dieser Vorgangsweise wird in seinem kritischen Potenzial verortet, indem das Datenmaterial mit verschiedenen, widersprüchlichen und konkurrierenden Annahmen konfrontiert wird. Auch hier können zumindest zwei perspektivische Alternativen genutzt werden: (a) Mittels eines Wechsels zwischen *verschiedenen Akteursstandpunkten* lässt sich die damit verbundene Logik der Betrachtungsweise erschließen (etwa durch Übernahme typischer Beobachtungsperspektiven wie: die Rolle von alltagskompetenten, aber unbetroffenen BeobachterInnen; die nachvollziehende Übernahme der Rollen verschiedener FeldakteurInnen; oder die Übernahme einer kritisch distanzierten Forschungsperspektive). Dazu gehören auch die spielerische Antizipation möglicher Einwände gegen bereits vorliegende Erkenntnisse und die Frage, was diese Einwände begründet. (b) Ebenso gut kann zwischen verschiedenen *theoretischen Betrachtungsweisen* differenziert werden. Sozialwissenschaftliche Theorien werden hier zum Spielfeld der Analyse, indem man mit ihrer Hilfe versucht, das Verständnis der dem Material zugrunde liegenden Ordnungsprozesse zu erweitern. Gerade Letzteres fordert die theoretische Weiterentwicklung und die Integration von Wissen. Dies benötigt eine denkbar breite Kenntnis sozialwissenschaftlicher Basistheorien bzw. theoretischer und empirischer Arbeiten zum Untersuchungsbereich.
- Die *Materialspezifika*: Materialien weisen typische strukturelle Charakteristika auf (vgl. Kap. 3.3), in welchen die Bedeutungen des untersuchten Phänomens enthalten sind. So ist in forciertem Material die untersuchte Welt durch die Erhebung mitgeformt (z.B. geben wohlgesinnte GesprächspartnerInnen auch auf wenig treffsichere Fragen eine Antwort); natürliches und authentisches Material zeichnet sich durch die Unmittelbarkeit der manifestierten Strukturen aus (z.B. ist ein Zeitungsartikel nicht durch die Forschung beeinflusst, sondern bringt u.a. die Logik der Medienproduktion, das Interesse eines Redakteurs, eine spezifische Erzählstruktur zum Ausdruck); nichtauthenti-

sches Material kann eine Botschaft zuspitzen, erzeugt aber möglicherweise ein Trugbild und verleugnet mitunter seine ‚Nichtauthentizität' (z.B. Fälschung); flüchtiges Material kann nur ausschnittweise protokolliert werden (z.B. mittels Video von einem Standort aus). Aus diesem Grund macht es Sinn, zusätzlich zu den bereits angeführten Variationen verschiedene Materialtypen in die Forschungsarbeit einzubeziehen, um ein breites Spektrum von Anhaltspunkten für eine differenzierte Analyse eines Phänomenbereichs zu erhalten.

5.3 Zur Darstellung interpretativer Forschung

Aus einem erweiterten Blickwinkel tauchen im Forschungsverlauf aufgrund der unterschiedlichen Interessenlagen der involvierten Bezugssysteme (z.B. Finanzierungsstellen, Wissenschaft, AkteurInnen in den Forschungsfeldern) divergierende Anforderungen an die Kommunikation von Forschungsinhalten, der Vorgangsweise und des geschaffenen Wissens auf. Aus diesem Grund macht es Sinn, auf die Darstellungsanforderungen in den einzelnen Forschungsstadien getrennt einzugehen:

a) ***Anforderungen an das Forschungskonzept***
Im Forschungsprozess bildet die *Konzeptualisierung* den ersten Schritt, der eine meist schriftliche Darstellung erfordert, wenn man bei Förderstellen Forschungsanträge einreicht oder falls es sich um Konzepte wissenschaftlicher Qualifikationsarbeiten (etwa Dissertationen) handelt. In all diesen Fällen ist vorweg klar, dass diese Schilderung der geplanten Forschungsarbeit einer Begutachtung unterliegt, deren positiver Ausgang die Erfüllung spezifischer Erwartungen seitens der Förderstellen und/oder GutachterInnen voraussetzt. Insofern müssen Forschungskonzepte formale und inhaltliche Ansprüche an empirische Forschungsarbeiten antizipieren, die häufig in den Antragsbedingungen von Forschungsförderungseinrichtungen expliziert sind. Bei Antragsforschung ist daher zu überlegen, inwiefern ein Forschungsinteresse in den von einer solchen Stelle geförderten Förderbereich passt. In der Regel sollte man berücksichti-

gen, dass nicht jedes Forschungsthema als förderwürdig erachtet wird (das gilt unabhängig von seiner potenziellen wissenschaftlichen Bedeutung). Aber auch formale Anforderungen (etwa Länge, Struktur, Sprache eines Antrags; die genaue Berechnung des Finanzierungsbedarfs) setzen klare Grenzen.

Die inhaltlichen Funktionen von Anträgen liegen in der *Plausibilisierung* einer Forschung für mögliche InteressentInnen und in der Entwicklung eines nachvollziehbaren Forschungsplanes, welcher den Forschungsprozess hinsichtlich des potenziellen ‚Erfolgs' bewerten lässt. Solche Anträge fungieren daher als eine Art *Vertrag* zwischen der Forschungsleitung und den Förderstellen. Gerade für interpretative Studien erzeugt das eine besondere Hürde, weil die methodologische Position eine sehr offene Designstruktur verlangt, die den GutachterInnen ein hohes Maß an Vertrauen in die künftige Forschung abfordert. Dies ist deshalb so brisant, weil vielfach die methodologische Kernposition einer interpretativen Sozialforschung nicht zum allgemein vertrauten und akzeptierten Wissen zählt und daher auch bei GutachterInnen nicht vorausgesetzt werden kann.

Da die Vorstellungen von GutachterInnen über interpretativ orientierte Forschung mitunter nur rudimentär sind, macht es durchaus Sinn, die Besonderheit der gewählten Forschungsstrategie zumindest klar von einer deduktiv-nomologischen Vorgangsweise abzugrenzen. Weil darüber hinaus auch die Vorstellungen über eine adäquate Forschungsstrategie aufgrund der Heterogenität dieser Forschungsströmung weit auseinanderklaffen, betrifft dies speziell die methodologische Argumentation der Entscheidung für die spezifische Kombination einer Forschungsthematik (oder die Auswahl eines Forschungsfeldes) mit offenen Forschungsmethoden im Rahmen einer interpretativen Methodologie. Dabei muss eine Form nachvollziehbarer Rationalität hergestellt werden, welche das Potenzial dieser Strategie veranschaulicht.

Zwar gibt es keine zuverlässigen Richtlinien, die zu einem Antragserfolg führen, jedoch kann man sich selbst eine Reihe von Kontrollfragen stellen, die für die inhaltliche sowie methodische Beurteilung eines solchen Antrags und somit auch für dessen Formulierung hilfreich sein könnten:

- Ist klar zu erkennen, worin die wissenschaftliche Relevanz der geplanten Forschungsarbeit besteht (auch in Hinblick auf die verfügbare Literatur)?
- Sind die Forschungsfragen hinreichend offen formuliert?
- Wurde die Notwendigkeit einer interpretativen Methodologie nachvollziehbar begründet?
- Ist das Forschungsdesign ausreichend begründet und dem Gegenstand angemessen?
- Wurde der Feldeinstieg so geplant, dass die Betroffenen einer Teilnahme auch zustimmen können, und gibt es entsprechende Vorkehrungen, deren Interesse daran zu wecken?
- Ist die Umsetzung einer zyklischen Forschungsstrategie in ihren Grundzügen erläutert?
- Sind Verfahren zur kritischen Prüfung der Interpretation (wie etwa theoretisches Sampling, Forschungsvariation oder methodenimmanente Prüfverfahren) vorgesehen und entsprechend erläutert?
- Wurden die Basisstrategien für Erhebung und Interpretation beschrieben?
- Wurden Forschungsverfahren bezüglich Erhebung und Interpretation aufeinander abgestimmt und mit der gewählten methodologischen Position in Einklang gebracht?
- Ist Reichweite und Art der zu erwartenden Ergebnisse angegeben?
- Wurden forschungsethische Anforderungen berücksichtigt?
- Sind die für die Forschungsdurchführung erforderlichen theoretischen und methodischen Kompetenzen verfügbar?

Die Erfolgsantizipation erfordert eine Gratwanderung, weil sie Forschungserfolg auf eine Weise verspricht, die den Forschungsgegenstand unbestimmt lässt und mögliche Erkenntnisse bestenfalls andeutet. Die Plausibilität eines Antrages im Rahmen interpretativer Sozialforschung speist sich daher primär aus der *Spezifität der Fragestellung* und der *methodologischen Legitimierung* der Besonderheiten eines interpretativ orientierten Forschungsprozesses.

Vertrauen im Planungsstadium einer interpretativen Studie kann aufgrund der mangelnden Forschungsrichtlinien in diesem Bereich nicht auf etablierten Konsens zurückgreifen, sondern muss die Sinnhaftigkeit der Strategie erst herstellen. Dafür bieten sich zwei Vorgangsweisen an: (a) die Durchführung von *Pilotstudien*, um das Forschungspotenzial aufzeigen zu können und die methodische Beherrschung des Forschungsthemas nachzuweisen; und (b) die *Demonstration generalisierbarer Kompetenz* durch Literaturverweise, welche das Themenspektrum erahnen lassen, mittels methodologisch-methodischer Begründungen oder durch Reputation im Bereich interpretativer Sozialforschung (vgl. Locke/Spirduso/Silverman 1993: 112). Während die erste Strategie den Nachteil hat, bereits im Vorfeld einen Teil der Forschungsarbeit zu leisten, hat die zweite Strategie den Nachteil, dass theoretische Reflexionen grundsätzlich den Zweifel nicht ausräumen können.

b) Anforderungen während der Analyse

In der *Durchführungsphase* tauchen neue Darstellungszwänge auf, welche sich auf drei Bereiche beziehen: erstens auf die Legitimation des Forschungsinteresses gegenüber den AkteurInnen der untersuchten Lebenswelt; zweitens auf die internen Berichte innerhalb eines Forschungsteams, weil dabei nicht nur Erfahrungen und erste Annahmen ausgetauscht werden, sondern auch die gemeinsame Vorgangsweise abgestimmt wird; drittens auf die Diskussion des Forschungsverlaufs gegenüber KollegInnen und Außenstehenden, um die Erkenntnisse bereits frühzeitig der wissenschaftlichen Kritik auszusetzen.

Für die konkrete Feldarbeit sind häufig Schilderungen notwendig, welche das Vorhaben in der Initialphase als Ganzes charakterisieren und den kontaktierten Personen verständlich machen. Die Funktion dieser Forschungsdarstellung liegt in der Herstellung einer *Beziehung* und der Öffnung eines *Zugangs* in das Feld. Eine wissenschaftliche Fragestellung allein reicht hier nicht aus, wie bereits Whyte (1996: 302) feststellte. Entscheidend ist eine *Projektbeschreibung*, die an die Lebenswelt anschließt (bei Whyte reichte die vage Erklärung, ein Buch zu schreiben). Fischer schreibt über seine Erfahrungen in Neuguinea: „Übrigens trat zu keinem Zeitpunkt während dieser ersten Feldforschung das Problem auf, dass ich hätte meine Anwesenheit und Tätigkeit erklären müssen. Das Bedürfnis dafür lag auf meiner Seite, nicht auf der der Einheimischen. Für sie war ich Abwechslung, Neugier, Sensation genug, mein Unterhaltungswert war so hoch, dass eine weitere Begründung gar nicht nötig wurde. Meine dahingehenden Bemühungen wurden eher gelangweilt zur Kenntnis genommen." (Fischer 1985b: 45)

Die Grundkomponenten einer solchen Erläuterung sind die Klärung des Kontextes der Forschungsarbeit, der im untersuchten Feld anfallenden Aktivitäten, der damit verbundenen Erwartungen und der Verwendung der im Zuge der Erhebung anfallenden Materialien sowie der Ergebnisse (vgl. auch Lau/Wolff 1983: 420). Ausschlaggebend ist die Vertrauenswürdigkeit, welche die Wechselseitigkeit der Erwartungen im Feld im Auge behält und die Integrität der Personen sichert. Darstellungen reichen daher über verbale Erläuterungen zum Vorhaben hinaus und umfassen die *gesamten* Aktivitäten im Forschungsfeld, durch die sich eine Forschung wie auf einer Bühne den fokussierten Personen, Gruppen und Organisationen vorführt. Daran ermisst sich die Stimmigkeit mit Schilderungen über die Forschung und kann Anlässe für Konflikte geben. Aus diesem Grunde müssen Darstellungen Verlässlichkeit in ihrer Kompatibilität mit faktischen Aktivitäten aufweisen. Wenn man also Vertraulichkeit von Beobachtungen oder Erzählungen zusichert, darf man dies konsequenterweise nicht durchbrechen, indem man über Erfahrungen personenbezogen berichtet.

Zwar unterliegen die verschiedenen Schilderungen durch Mitglieder des Forschungsteams den Alltagsinterpretationen im Feld, jedoch sollten Widersprüchlichkeiten in den Äußerungen über das Projekt vermieden werden, um nicht Missverständnisse zu provozieren und einen Vertrauensbruch zu riskieren, der die weitere Arbeit erschwert. Auch wenn die Interpretation durch die FeldakteurInnen nicht direkt über die Darstellungsformen und -inhalte steuerbar ist, so lässt sie sich doch im Kern durch eine Aushandlung im Team *homogenisieren*. Die Besonderheiten der Funktion oder die Persönlichkeit verschiedener Teammitglieder lassen sich durchaus hervorstreichen, um differente Zugänge zu erschließen und überdies die Erzählungen perspektivisch zu variieren. Die Darstellungen für das Feld können solcherart die interne Differenzierung nach außen vermitteln und dadurch einen instrumentellen Beitrag für die Forschungsarbeit leisten, welcher in Abstimmung mit einer entsprechenden Forschungsstrategie einen besseren Zugang zur Heterogenität des Feldes gewährt.

Forschungsbeschreibungen wirken im Untersuchungsverlauf in zweierlei Hinsicht: (a) Indem sie feldintern den Prozess der Informationsvermittlung fördern, schaffen oder beseitigen sie eventuelle Kommunikationsbarrieren, weil sie Zurechnungsprozesse in Gang setzen und damit die Voraussetzungen für die Erhebungen verändern. Aus diesem Grunde sind die potenziellen *Effekte* dieser Interventionen zu beachten. Überdies ist zu bedenken, dass das Feld im Forschungszusammenhang eine eigenständige Informationsdynamik entwickelt, welche die Sichtweise des Projekts durch die Mitglieder des untersuchten Lebensbereiches und damit den Erhebungskontext selbst nachhaltig modifizieren kann. Beispielhaft seien hier die Überlegungen zur Emotionalität von ForscherInnen (Kleinman 1991) oder Forschungen in Feldern angeführt, die mit einem hohen Risiko verbunden sind (Wolf 1991, Tourigny 2004). (b) Aufgrund der möglichen *Außenbindungen* (etwa durch den Auftrag einer Studie) ergeben sich mitunter ethische Probleme, welche die Relation zwischen dem Feld, dem/der AuftraggeberIn und den ForscherInnen berühren. Beide Wirkungen haben etwas mit der Seriosität und Offenheit von Forschungsarbeit zu tun. Unabhängig von der moralischen Dimension spricht im Rahmen der interpretativen Sozialforschung vieles dafür, dem Feld gegenüber offen zu agieren und die mit der Studie verbundenen Intentionen zu artikulieren. Da die interpretative Sozialforschung ohnehin, wie bereits mehrfach gezeigt wurde, einer vagen Fragestellung bedarf, die im Zuge der Auseinandersetzung mit den sozialen Phänomenen sowie der fortschreitenden Erhebung und Interpretation zu präzisieren ist, besteht hierbei verstärkt die Möglichkeit, die Sichtweisen der AkteurInnen im Feld zur Sprache zu bringen und zu reflektieren. Dies ist aber nur dann möglich, wenn die Forschungsthematik so freizügig definiert wird, dass sie möglichst alle relevanten Standpunkte einbeziehen lässt und nicht vorweg (unbedachte) Parteinahmen enthält.

Sofern die *interne Diskussion* für die Forschungsarbeit fruchtbar gemacht werden soll, erfordert sie eine möglichst offene Aussprache über den momentanen Stand und die Erfahrungen im Forschungsprozess. Da diese Diskussion im Zuge der Erhebung und Interpretation eine wesentliche Basis für die Produktion von Zweifel und für die Prüfung von Annahmen ist, setzt dies auf gruppendynamischer Ebene die Fähigkeit zum Streitgespräch (ohne Dissens auf die persönliche Ebene zu transportieren) sowie die Bereitschaft zur kritischen Einigung voraus. Teamfähigkeit ist daher eine Basiskomponente zur Diskussion, weil die Teamstruktur auch die Art interner Darstellungen beeinflusst. Spürbar wird dieser Effekt, wenn emotionale Unverträglichkeiten zwischen Teammitgliedern auf die inhaltliche Ebene übertragen oder persönliche Konkurrenz über die Forschungsarbeit ausgefochten wird und Machtstrategien das Team blockieren. Darüber hinaus tendieren häufig Teammitglieder, die aus dem Feld rekrutiert werden, aufgrund ihrer verschiedenen Erkenntnisinteressen und Forschungsvoraussetzungen zu Interpretationen und Darstellungsformen, die mit einer feldexternen Forschungsperspektive nicht immer kompatibel sind (vgl. Bartunek/Louis 1996):

- *Insider* des Forschungsfeldes haben in diesem bereits eine Rolle eingenommen, verfügen zumeist nicht über denselben Ausbildungsstand wie externe ForscherInnen und konzentrieren sich vielfach auf die situativen Gegebenheiten, um praktisch verwertbare Kenntnisse zu erlangen. Hier ist zu berücksichtigen, dass sie ihre Forschungsarbeit in den Alltag integrieren müssen (etwa Statuserwerb, alltägliche Anforderungen), daher bereits lange vor der Forschungsarbeit etablierte Etikettierungen wirken und die Forschungsteilnahme ihre Handlungsoptionen im Alltag dauerhaft verändern kann (vgl. den Bericht von Orlandella im dokumentarischen Anhang von Whyte 1996). Ihre Beiträge können daher praktische Aspekte der Lebenswelt gut aufarbeiten.
- *Feldexterne Teammitglieder* wiederum müssen erst eine geeignete Rolle im Feld aufspüren und einnehmen. Sie verfügen über die Sichtweise Außenstehender, sind meist akademisch qualifiziert und konzentrieren sich auf verallgemeinerbares

Wissen. Aufgrund ihrer Ausbildung und ihrer Distanz zum Feld fällt es ihnen leichter, von internen Sichtweisen zu abstrahieren und die Resultate in größere theoretische und inhaltliche Zusammenhänge zu stellen.

All diese Faktoren zeigen einen Unterschied darin, ob die beiden Typen von Teammitgliedern gemeinsame oder getrennte Berichte verfassen. Für die Arbeit ist es insgesamt wichtig, wechselseitig die Plausibilität der divergierenden Perspektiven zu argumentieren und sie einer rigorosen Kritik zu unterwerfen. Genau genommen geht es, egal ob es sich um diese Art gemischter Teams oder um externe Forschungsteams handelt, um das gemeinsame *Lernen im Team*, wobei die Beschreibungsvarianten einen Brennpunkt der geteilten Interpretation bilden. Wichtige Momente sind hierbei interne Darstellungen, welche insbesondere in Teamforschungen eine Basis für die gemeinsame Arbeit bilden und als wiederholt zugreifbare Ressource auch den Forschungsprozess der Reflexion zugänglich machen. Diese Darlegungen sind noch *keine* Ergebnisse, sondern eine interne Diskussionsgrundlage in Form selektiver Zwischenergebnisse, welche den momentanen Stand der Forschung und den Forschungsprozess dokumentieren. Die Anforderungen an diese internen Darstellungen hängen von den jeweiligen *Funktionen* ab: die Erleichterung der Kontrolle der Erhebungssituation durch die Reflexion der Dynamik des Erhebungsprozesses, die Supervision besonders belastender oder emotional betonter Feldsituationen, die sprachliche oder grafische Verdeutlichung der internen Logik, die Verfügbarmachung des Prozesses der Erkenntnisproduktion zur Interpretationsreflexion, die selektive Ausarbeitung oder Komprimierung von Zwischenergebnissen, die Erleichterung der Organisation der weiteren Forschungsarbeit oder die Identifikation von tendenziell vernachlässigten oder überbetonten Aspekten.

c) *Anforderungen an die Ergebnispräsentation*

Bilden die bisher diskutierten Darstellungen von Wissenschaft wesentliche Voraussetzungen und Bedingungen für die Abwicklung eines Forschungsprojekts und damit die soziale Produktion von Wissenschaft, so findet der typische Anschluss an die Wissenschaftsgemeinschaft anhand der Erstellung von *Forschungsberichten* und Publikationen sowie über die Diskussion auf Tagungen und Workshops bzw. in der Herausbildung kommunikativer Beziehungen zwischen WissenschaftlerInnen statt (siehe ergänzend Kap. 3.1). Strauss u.a. (1964: 36) meinten bereits in einer Studie im Vorfeld der Entwicklung der ‚Grounded Theory', dass hierin eine Hauptschwierigkeit jeglicher Feldforschung liege. Sie drückten das folgendermaßen aus: "The greatest disadvantage of fieldwork is the absence of methods for presenting its highly complex data and analytic procedure in abbreviated form so that the readers can judge the plausability of the researchers inferences. [...] The choice is between using extraordinary lengthy, crude, and cumbersome means of presentation or giving the reader insufficient material with which to evaluate the result." (Strauss u.a. 1964: 36) Damit treffen sie auch heute noch einen wunden Punkt der Diskussion.

Öffentliche Präsentationen sind immer spezifische Formen der Ordnungsherstellung, die mit einer zentralen Unterstellung operieren, die eine solche geordnete Forschungsaufbereitung wissenschaftlich akzeptabel macht: die Unterstellung *wissenschaftlicher Seriosität* bzw. Glaubwürdigkeit. Sie besagt, dass die beschriebenen Sachverhalte so sind, wie sie dargestellt wurden. Schatzmann und Strauss führen dieses Argument weiter, indem sie schreiben: "And this conviction rests upon necessary and credible procedures performed, as well as upon the sense of certainty that the observer did in fact see what he says he saw." (Schatzman/Strauss 1973: 133)

Aufgrund der zentralen Bedeutung der Vermittlung von Erkenntnissen im Wissenschaftssystem kommt der Anschlussfähigkeit an forschungsrelevante Umwelten ein bedeutender Stellenwert im Beziehungs- und Handlungsgefüge von Forschung zu. Für die interpretative Sozialforschung lässt sie sich nach der obigen Diskussion auf folgende Aspekte konzentrieren, wobei die Anschlussfähigkeit aus den jeweiligen Phasen des Forschungsprozesses und den entsprechenden Darstellungsfunktionen resultiert:

- *Rahmung* der Aktivitäten als wissenschaftliche Arbeit: Daraus erwachsen je nach Forschungsphase verschiedene Rollenerwartungen an die Forschungsdarstellung sowie die Aktivitäten der Forschenden. Ist es im Vorfeld die Herstellung von Erwartbarkeit hinsichtlich der Forschungsleistung, so ist es im Feld eine spezifische Form der Rollendefinition, die relative Freiräume sichert und sich tendenziell von den bestehenden Interessengruppen distanzieren kann. In der Berichtsdarstellung ergibt sich daraus die Aufgabe der Glaubhaftmachung einer seriösen wissenschaftlichen Praxis, aus der sich die Verlässlichkeit der Resultate ableitet.

- *Voraussetzungen der Akzeptanz* schaffen: Aus dem vorigen Punkt ergibt sich die Anforderung, eine Position einzunehmen, von der man annimmt, dass sie die AdressatInnen auch einnehmen würden. Das Grundprinzip dieser Überlegung ist einfach: Um etwas mit einem Text anfangen zu können, braucht man ein vertrautes Ambiente, das mit eigenen Überzeugungen kompatibel ist. Dies macht einerseits Mitteilungen mit vertrauten Beobachtungs- und Interpretationsschemata kompatibel, die eine Erkenntnis erst interessant machen; andererseits stellt diese Vorgangsweise jenes Vertrauen her, das den Text ernst nehmen lässt. Der erste Punkt ist wichtiger, weil eine ignorierte oder falsch verstandene Darstellung keine Wirkung entfalten kann, da sie keine oder unzureichend definierte Information im Kommunikationsprozess anbietet und deshalb für die Wissenschaft verloren geht oder gar kontraproduktiv wirkt. Die Herstellung von Vertrauen kann zu einem positiv-kritischen Aufgreifen führen, indem ein Vorhaben unterstützt oder in die eigenen Aktivitäten aufgenommen wird. Aber auch Negativkritik fördert die Auseinandersetzung, da sie den Diskurs durch den ihr immanenten Druck zur Argumentation bzw. zur genaueren Darstellung oder Analyse des Gegenstandsbereichs anregt.

Diese letzte Phase einer interpretativen Studie bringt die forschungsinterne zyklische Struktur zu einem – häufig vorläufigen – Abschluss, indem sie anhand der Voraussetzungen des Forschungsentwurfes, der Bedingungen der Forschungsdurchführung und der angesprochenen AdressatInnen die erzielten Erkenntnisse resümierend aufarbeitet. Vorläufig sind Abschlussberichte vielfach deshalb, weil sie im Nachhinein für verschiedene Präsentationsforen aufgearbeitet werden. So ist es im Wissenschaftsbereich nicht ungewöhnlich, (Teil-)Ergebnisse auf Kongressen vorzutragen oder einen (vielleicht sogar mehrere) Artikel für Fachzeitschriften aufzubereiten. Jede dieser Präsentationen ist in der Regel mit Rücksichtnahmen auf die RezipientInnen verbunden, womit sich Darstellungsformen, inhaltliche Schwerpunktsetzungen oder auch die Integration der Ergebnisse in wissenschaftliche Forschungsfelder verändern und die ursprünglichen Erkenntnisse revidieren. Als Forschungsresümee erfüllen solche Darstellungen eine Reihe verschiedener Funktionen, die den Wissenschaftsprozess antreiben:

- In vielen Fällen haben Forschungspräsentationen erst einmal eine *Legitimationsfunktion*, die retrospektiv die Forschungstätigkeit rechtfertigt. Dabei lassen sich zwei Varianten unterscheiden: (a) Im Zuge von Auftrags- oder Antragsforschung bildet die schriftliche oder zumindest mündliche Rückkommunikation der Ergebnisse an die beauftragende Einrichtung das wissenschaftliche Tauschobjekt für die Finanzierung oder eine anderweitige Unterstützung (etwa Zugang zu Ressourcen). Solche Arbeiten finden kaum den Weg in die Scientific Community. (b) Darüber hinaus findet man häufig Publikationsstrategien, die Studienberichte, Buchpublikationen oder Artikel in anerkannten Fachzeitschriften miteinander kombinieren. Diese Vorgangsweise bildet zwar einen Motor wissenschaftlicher Produktivität, führt aber mitunter zu einer Fragmentierung des Gesamtzusammenhanges wissenschaftlicher Studien, wenn einzelne Teilaspekte für unterschiedliche Zeitschriften aufbereitet werden, nur weil die Publikationszahl (insbesondere in referierten Fachzeitschriften) eine wesentliche Komponente der Leistungsbilanz von WissenschaftlerInnen oder wissenschaftlichen Institutionen bildet.
- Im Rahmen wissenschaftlicher Laufbahnen bildet die Veröffentlichung von Forschungsergebnissen eine entscheidende *Karrierevoraussetzung*, denn nur durch sie werden wissenschaftliche Leistungen zugänglich und zumindest in Ansätzen nachvollziehbar, überprüfbar und in ihrer Wirkung für

die Wissenschaft abschätzbar. Präsentationen auf wissenschaftlichen Tagungen signalisieren hierbei die Einbindung in das Wissenschaftssystem, wobei man Erkenntnisse zur Diskussion stellt. Artikel in anerkannten Fachzeitschriften wiederum bürgen *symbolisch* durch die Strenge des Begutachtungsverfahrens für die Relevanz und Qualität einer Arbeit. Beide Präsentationsformen sind jedoch besonders selektiv, weil sie in der Praxis in hohem Ausmaß einer direkten Beurteilung durch die RezipientInnen unterliegen (z.B. Diskussion, Gutachten, Repliken), was die Wirkung antizipierter Erwartungshaltungen nachhaltig verstärkt. Solche Vorgaben, die von der Legitimation der Forschungsfrage mittels Literaturaufarbeitung über den (normalerweise massiv begrenzten) Umfang der Darstellung bis hin zur Literaturliste Form und Inhalte mitbestimmen, wirken nur mehr abgeschwächt in Sammelbänden oder in der Veröffentlichung von Büchern. Insgesamt steht hierbei die *Stabilisierung des Wissenschaftssystems* im Vordergrund, welche über sozialisierende Kontrollen für die Einhaltung wissenschaftlicher Standards sorgt. Doppelblindbegutachtungen anerkannter Zeitschriften (die AutorInnen wissen nicht, wer über ihren Beitrag befindet; die GutachterInnen wissen nicht, wessen Beitrag sie begutachten) sollten eine unvoreingenommene Beurteilung gewährleisten und den Einfluss von Reputation zurückdrängen.

- Auf der Ebene der Darstellungsinhalte lassen sich ebenfalls mehrere Funktionen von Forschungsdarstellungen differenzieren, die den gesellschaftlichen und wissenschaftlichen *Lernprozess* antreiben:
  - Die bereits oben genannte *Rückmeldung* der Ergebnisse an die AkteurInnen des Feldes oder an Betroffene macht das Wissen allgemein verfügbar und kann teilweise als Gegenleistung für die Beteiligung und Unterstützung der Forschung gelten. Solche Präsentationen kondensieren die Ergebnisse meist auf eine Weise, die sie sozial verträglich macht und den Betroffenen und Beteiligten hilft, ihre Lebenswelt mit etwas anderen Augen zu betrachten. Besonders wichtig ist dies im Rahmen von Beratungspro-

zessen, Evaluationen oder Aktionsforschungsansätzen, weil die Form der hergestellten Anschlussfähigkeit die spätere Arbeit und das soziale Klima im Untersuchungsbereich nachhaltig (positiv und negativ) beeinflussen kann. Solche (meist mündlichen) Berichte sind Brückenschläge zur Sprache des Feldes, wobei der Einbezug konkreter Ereignisse und die Stilisierung der Strukturbesonderheit das für diese Gruppe nicht Sichtbare oder Verdrängte leichter akzeptierbar (und für die eigene Lebensgestaltung verfügbar) machen kann.

- Die vordergründige Funktion von Wissenschaftsdarstellungen sind die expliziten Beiträge zur *Weiterentwicklung eines Wissenschaftsfeldes*. Dafür ist es wichtig, die Anschlussfähigkeit an frühere Studien herzustellen, indem man die Kenntnis des Forschungsstandes (z.B. als Literaturübersicht) und die Abgrenzung von anderen Arbeiten verdeutlicht oder alternative Sichtweisen ins Spiel bringt. Diese Funktion beeinflusst die Struktur vieler sozialwissenschaftlicher Arbeiten, die sich um wissenschaftliche Anerkennung bemühen oder als Qualifizierungsarbeiten verfasst werden.
- AdressatInnen im Wissenschaftssystem sind üblicherweise andere WissenschaftlerInnen, die vielfach über die inhaltlichen Ergebnisse hinaus an zwei zusätzlichen Aspekten einer Studie interessiert sind: an der *Verlässlichkeit* der Ergebnisse und an der Durchführung solcher Studien. Ersteres sollte die Einschätzung der Ergebnisse erleichtern und hat mit der kritischen Rezeption der Ergebnisse zu tun. Letzteres gibt darüber hinaus Hinweise auf methodische Besonderheiten und heikle Bereiche in der Forschungsabwicklung, die den AdressatInnen hilft, eigene Studien möglicherweise besser vorzubereiten.

• Prospektiv hat die Forschungsdarstellung im Wissenschaftssystem die Funktion, ForscherInnen zur *Rezeption* und Auseinandersetzung mit der dargestellten Thematik anzuregen. Insofern ist die gesamte Forschungsorganisierung nur ein Teil wissenschaftlicher Aktivitäten, die mit einer Präsentation nicht einfach ihren Abschluss findet, sondern erst von den RezipientInnen zu einer *Gesamthandlung* erweitert wird (vgl. dazu Reichertz/Soeffner 1994: 317ff.). Daher kommt Berichten oder Vorträgen die Aufgabe zu, die Art der Rezeption zu strukturieren, indem man jenen Mitteilungen besondere Aufmerksamkeit zuwendet, die eine Forschungsarbeit an reziproke Erwartungen und Verpflichtungen des Wissenschaftssystems anbinden. Die Einlösung solcher Ansprüche, wie etwa die wissenschaftliche Relevanz der Thematik, die methodisch einwandfreie Durchführung, die Verlässlichkeit der Ergebnisse oder die Seriosität der Rezeption anderer Quellen, muss zumindest in Ansätzen erkennbar sein, wobei andere verpflichtet sind, sofern sie diese Quelle verwerten, auch auf diese zu verweisen (Zitierung).

Das Wissenschaftssystem hat aber auch eine Kontrollfunktion, indem es sich nicht nur mit einwandfreien Forschungsdarstellungen befasst (und diese Arbeiten weiterentwickelt), sondern auch Problemfälle aufgreift und als warnendes Beispiel einer kritischen Durchleuchtung unterzieht. Eine institutionalisierte Form der kritischen Beobachtung sind Gutachten und Rezensionen, die sowohl bei Qualifizierungsarbeiten, aber auch bei Wissenschaftsjournalen die Qualität von Forschungsleistungen sicherstellen sollen. Solche Zugangsfilter wirken darüber hinaus als Abwehr allzu innovativer Beiträge und entfalten eine stabilisierende Wirkung. Dies setzt Arbeiten, die quer zu einem momentanen Hauptstrom der Wissenschaft liegen, einem besonderen Druck aus, ihre Wissenschaftlichkeit nachzuweisen. So flexibel Wissenschaft auf inhaltlicher Ebene ist, so konservierend wirkt sie auf methodischer Ebene, um nicht die Grenzen zum Alltagswissen verschwimmen zu lassen und die Legitimität von Wissenschaft generell in Frage zu stellen.

Gerade empirische Studien im Rahmen der interpretativen Sozialforschung müssen die mangelnde Prüf- und Nachvollziehbarkeit ihrer Ergebnisse durch RezipientInnen kompensieren, wobei sich die Explikation der methodologischen Prinzipien und ihrer Umsetzung in konkreten Verfahren im Sinne eines roten Forschungsfadens eher eignet als die ausführliche methodische Darlegung der Ergebnisproduktion, die aufgrund der Flexibilität des Forschungsprozesses und der Bedeutung der unmittelbaren Erhebungs- und Interpretationskontexte immer unvollständig bleibt. Exemplarische Analysen, wie sie etwa Oevermann in seiner Analyse einer Fernsehansage vorführt (Oevermann 1984), können das Prinzip der Vorgangsweise demonstrieren, aber sie würden in vielen Fällen den Rahmen einer lesbaren Forschungsdarstellung sprengen.

- Letztlich erfüllt die Kommunikation von Forschung immer auch eine *reflexive* Funktion, indem sie die internen Beziehungen im Forschungssystems und dessen externe Schnittstellen zur Gesellschaft und zum Untersuchungsbereich reguliert: Soll sie etwa die Handlungskompetenz betroffener AkteurInnen (etwa MitarbeiterInnen oder gar nur des Managements eines Betriebes) erhöhen, sodass sie ihre perzipierte Welt in einer für ihre Lebensgestaltung vorteilhaften Art bewältigen können? Geht es um die gesellschaftliche Diffusion von Erkenntnis (indem man etwa Prozesse von Wanderungsbewegungen einem breiten InteressentInnenkreis zugänglich macht)? Verschreibt sich ein Bericht der Grundlagenforschung, für die praktische Anwendungen irrelevant sind, solange sie die theoretische Durchdringung und das wissenschaftliche Verständnis erhöhen? Immer wieder steht die Beziehung zu RezipientInnen im Vordergrund – und diese Beziehung überstrahlt die interne Aufarbeitung der Thematik. Forschungspräsentationen erzählen daher ihre eigene Geschichte vom Forschungsfeld in einer für andere verständlichen Weise. In diesem Sinne wird die Präsentation rekontextualisiert, sodass der Forschungsgegenstand in einem neuen Kontext aufersteht – der ursprünglichen Lebenswelt entrissen, aber diese dennoch in abstrakter Form repräsentierend. Die Darstellung des Gegenstandes wird zur sorgfältig geplanten Aufführung auf der Vorderbühne, die gleichzeitig die Hinterbühne als methodisches Hintergrundwissen über das Zustandekommen des Vorgeführten mitliefert.

Forschungspräsentationen sind nicht bloßes Endprodukt einer Forschung. Ihre Herstellung ist eine höchst aktive Schlüsselstelle im Forschungsprozess, bedient sich verfügbarer Zwischenbilanzen und der mehrfachen Umarbeitung von Vorversionen, muss aber letztlich erst die Einheit des Dargestellten und damit ein bestimmtes Maß an interner Kohärenz herstellen. Für die Wissenschaft war die Forschung immer nur das, als was sie sich in der Darstellung zu erkennen gibt. Der Darstellungsprozess wird daher zum Prüfstein der kollektiven Forschungsproduktion. Während aber ein Forschungsteam bereits intern potenzielle Rezeptionsmöglichkeiten vorwegnehmen kann, ist dies für Individualforschungen nicht möglich, was Unsicherheit erhöhen kann. Aber dafür gibt es einen Ersatz, indem man externe Personen im Vorfeld der Veröffentlichung zur kritischen Stellungnahme auffordert und solcherart die eigenen blinden Flecken und Missverständlichkeiten zumindest partiell aufdeckt (vgl. Becker 1994: 36ff.). Solche externen Kritiker sollten im Idealfall zumindest zwei Regeln beachten: die vertrauliche Behandlung der aufgedeckten Probleme, um das Risiko der Bloßstellung zu minimieren; und sie sollten in der Rückmeldung möglichst schonungslos alle denkbaren Einwände vorbringen, um kritische Stellen in Hinblick auf ein besseres Verständnis zu identifizieren.

Es wäre also naiv zu glauben, dass eine Forschungsdarstellung das im Forschungsprozess erlangte Fachwissen sachlich neutral präsentiert. Abgesehen von den berühmten Ausführungen Mertons (1985) oder Galtungs (1978) zur Interdependenz von Gesellschaft und Wissenschaft zeigt etwa Chorover (1982), wie Wissenschaft als soziale Waffe eingesetzt werden kann, oder – noch relativ harmlos – führt Devereux (1984) vor, wie Ängste die Selektivität wahrgenommener bzw. dargestellter Sachverhalte steuern. Da sich interpretative Forschung nicht auf sinnlich Beobachtbares und Fixiertes konzentriert, sondern im Gegenteil wissenschaftliche komplexe Konstruktionen zu vermitteln versucht, stehen die Struktur dieser künstlich geschaffenen Gebilde und deren Selektivität zur Disposition.

Forschungsarbeiten müssen bezüglich der kommunikativen Organisierung ihrer Erkenntnisse zwei Fragen berücksichtigen: Die erste Frage bezieht sich darauf, wie man verlässliche Erkenntnisse produzieren kann; die zweite dagegen darauf, wie man anderen vermitteln kann, dass man verlässliche Erkenntnisse produziert hat. Die erste Frage ist nur methodologisch-methodisch zu bewältigen. Die zweite Frage ist jedoch eine der *Rhetorik*, in der die anschlussfähige und glaubwürdige Darstellung im Vordergrund steht. Dies fokussiert die bereits oben angesprochene narrative Komponente von Forschung, wonach Wissen in einer Gesamthandlung gemeinsam von den AutorInnen eines Berichts sowie dessen Publikum geschaffen wird und sich somit von den Intentionen der AutorInnen weit entfernen kann. Was RezipientInnen als wichtig herausgreifen und als Ergebnis weitertragen, entzieht sich dem Zugriff der AutorInnen. Aus diesem Grund ist es durchaus sinnvoll, Berichte aus der Perspektive möglicher RezipientInnen zu lesen oder diese mit provisorischen Berichten zu konfrontieren, um dadurch zumindest rudimentär auf den Verstehensprozess zuzugreifen.

Für die Forschungsdarstellung erscheint daher die Überlegung besonders wichtig, was man als ForscherIn auf welche Weise für wen ausdrückt. Die Regeln der Akzeptanz wissenschaftlicher Arbeiten sind dabei keineswegs zeitlos, weil Wissenschaft tückischerweise ihre eigenen ‚Moden' kultiviert, worauf Merton (1985) oder Sperber (1990) aufmerksam machen. Bezogen auf den Kommunikationsprozess lassen sich jedoch drei allgemeine Basiskomponenten wissenschaftlicher Darstellungen identifizieren:

- Die Selektion von *Informationen*: Hier müssen Entscheidungen über den Stellenwert von Inhalten getroffen werden, die man seinem Publikum nahebringen möchte. Gerade die *Komplexität* des Deutungsprozesses erweist sich dabei als zentrales Problem dieses Selektionszwanges, der es unmöglich macht, den gesamten Interpretationsvorgang zu dokumentieren (vgl. Reichertz/Schröer 1994: 78ff., Reichertz 1991: 8f.).

  Die Informationsselektion vollzieht sich hinsichtlich des Forschungsgegenstandes bereits im Verlauf des Analyseprozesses und zeichnet sich schrittweise in der Kondensierung durch Zwischenbilanzen ab. Dafür lassen sich kaum irgendwelche Anhaltspunkte angeben. Man kann höchstens pauschal auf methodologisch zentrale Kriterien verweisen, wie

etwa die Prozessualität und die Totalität einer kontextuellen Einfügung in einen gesellschaftlichen Sinnzusammenhang, welche die damit verbundene Struktur der Handlungsweise in einem Gesamtzusammenhang sozialer Aktivitäten verständlich macht. Bezüglich des Gegenstandsbereiches kann aber *keine* noch so plausible Argumentation Glaubwürdigkeit herstellen, weil die interne theoretische Konsistenz nicht notwendig für Verlässlichkeit bürgt. Auf dieser Ebene kann man sich daher nur des *Kunstgriffes* bedienen, die Ergebnisse der eigenen Arbeit mit dem theoretischen Stand der Diskussion zu verknüpfen. Implizit deutet eine solche Vorgangsweise nur an, dass man sich intensiv mit allen möglichen Verständnisvarianten beschäftigt hat und gleichzeitig verdeutlicht, wo die Besonderheiten der Arbeit liegen.
Neben einer solchen symbolischen inhaltlichen Darlegung der Fachkompetenz gibt es noch eine zweite Variante: Wissenschaftliche AutorInnen müssen den Anspruch auf methodische Kompetenz erheben. Wenn sie sich nicht auf ihre Reputation verlassen können oder wollen, müssen sie den Nachweis über eine einwandfreie Verfahrensweise erbringen. Aus diesem Grund enthalten empirische Studien meist methodische Anhaltspunkte, welche die Ergebnisproduktion zumindest in ihrem Prinzip nachvollziehbar machen. Dazu gehören etwa: die methodologische Perspektive und die daraus resultierenden Schlüsselentscheidungen über die Forschungsstrategie, Hinweise auf die Sammlung, Generierung und Interpretation der einbezogenen Materialtypen sowie mitunter die exemplarische Darstellung charakteristischer Elemente der Forschungsarbeit. Dazu zählen beispielsweise der Umgang mit spezifischen Situationen im Rahmen einer teilnehmenden Beobachtung, eine exemplarische Textanalyse oder die Offenlegung von Teilen des Materials. Aber auch hier gilt: All diese Anstrengungen haben an sich keine Beweiskraft. Sie demonstrieren nur, was man unternommen hat, um Verlässlichkeit herzustellen.

- Wahl der *Mitteilungsform*: Gusfield (1976: 19ff.) weist darauf hin, dass Publikationen nicht zufällig irgendwo erscheinen, sondern in einem spezifischen Setting auftauchen, das den

Rahmen für das inhaltliche Verständnis bildet und eine besondere Form der Entfaltung einer narrativen Struktur provoziert (man zeigt, dass es sich um Wissenschaft, nicht etwa um Belletristik handelt). Insofern macht es Sinn, genau zu überlegen, für welche AdressatInnen (etwa Wissenschaft, Öffentlichkeit, AuftraggeberInnen) welches Mitteilungsmedium (etwa schriftlich als Forschungsbericht, Buch oder Zeitschriftenbeitrag; mündlich als informeller Bericht oder Vortrag auf einer Tagung) und welche Argumentationsform (etwa mit wissenschaftlichen Verweisen oder praktischen Beispielen) am besten geeignet erscheint. Zieht man eine Publikation in einer Fachzeitschrift in Betracht, so macht es Sinn, sich über deren Anforderungen zu informieren und einmal typische Beiträge zu lesen. Während für die Wissenschaft die Bedeutung und Zuverlässigkeit der Arbeit für den momentanen Stand der Diskussion zentral ist, gelten bei mündliche Präsentationen für AuftraggeberInnen andere Regeln: Hier steht die Anschlussfähigkeit für praktische Probleme oder Handlungsweisen im Zentrum.

Forschungsdarstellungen produzieren kein Abbild der Welt. Sie lassen vielmehr Bedeutungen, Sinneinbettungen und Vorstellungswelten auferstehen. Aus diesem Grund zählt der *imaginative* Gehalt, der über eine entsprechende Situierung (etwa als spezifisches Wissenschaftsverständnis in einem je konkreten Präsentationsrahmen) hergestellt werden muss und der nicht einfach die Welt theoretisierend beschreibt, sondern ein idealisiertes Verständnis der bezeichneten Phänomene entfaltet. Wie die Bezeichnung eines Gegenstandes als Würfel bereits die (allerdings idealisierte) Vorstellung desselben (als eine Struktur zur Würfelerzeugung) voraussetzt, so baut der wissenschaftliche Text auf ebensolchen Typisierungen auf. Man braucht das Bekannte, um davon ausgehend das Neue zu entfalten.

Zum anderen verkörpert eine Wissenschaftsdarstellung keineswegs bloß die Subjektivität der ForscherInnen, sondern knüpft an historisch-besondere, aber kollektiv in *Deutungsgemeinschaften* (etwa Scientific Community) verfügbare Verfahren der Wirklichkeitskonstruktion an. In diesem Sinne besagt bereits die Form der Präsentation (etwa die Wahl eines scheinbar stillosen

Stils) etwas über die Zurechnung zu einem Paradigma und über die Zuordenbarkeit zu einer Teilpopulation der Scientific Community aus. Studierende lernen frühzeitig, ihre Arbeiten so zu verfassen, dass man ihnen die Wissenschaftlichkeit abnimmt, selbst wenn die Inhalte diesem Anspruch nicht notwendig gerecht werden – und sie lernen, zwischen den akzeptierten Stilen verschiedener Lehrender zu differenzieren. Kriterien der Akzeptierbarkeit finden sich vielfach in metaphorischen Vorstellungen über die wissenschaftliche Arbeit, wie Richardson (1998) zeigt: Wenn jemand nach den theoretischen Fundamenten fragt, impliziert dies die Ordnung eines Theoriegebäudes (abgeschlossene Einheit vom Fundament bis zum Dach, Räume inkludiert); die Benennung eines theoretischen Rahmens gibt an, wodurch sich das Bezeichnete von anderem abgrenzt (und verdeutlicht die Selektivität der Ausführungen); Theorieverweise haben den Vorzug, gleich ganze methodische und inhaltliche Betrachtungsweisen zu transportieren, ohne diese explizieren zu müssen (den Rest erledigen Zitate).

Bleibt noch eines zu erwähnen: Während die gesamte Forschung von Zweifeln geprägt ist, kann die Darstellung als Versuch gelesen werden, den *Zweifel* als unangenehmen Zustand zu *beseitigen* und in Überzeugungen als Forschungsprodukt zu transformieren. Aber dennoch: Keine Erkenntnis ist völlig abgeschlossen und eine kritische Betrachtung von wissenschaftlichen Arbeiten, aber auch alltäglicher Phänomene ist der Motor, der neugierig macht und Wissenschaft antreibt. Allerdings gehört dazu die aufrichtige Überzeugung, wissen zu wollen, wie etwas ist – ohne sich von Autoritäten oder Vormeinungen vereinnahmen zu lassen.

6 Anhang: Kurzbeschreibungen

Dieser Abschnitt bietet eine knappe Übersicht über wichtige Schritte bezüglich der beschriebenen Vorgangsweisen. Sie bezieht sich vorrangig auf forschungsstrategische Aspekte unter Einbezug von Teilstrategien der Qualitätssicherung. Die sehr reduzierten Kurzbeschreibungen sind *keine technischen Anweisungen*, sondern zeigen die im Text beschriebenen *Verfahrensrichtlinien*, die den konkreten Anforderungen entsprechend adaptiert werden sollten.

Anforderungen an den Forschungsprozess

Vor dem Hintergrund der methodologischen Anforderungen an eine interpretative Sozialforschung ist es wichtig, einige Eckpfeiler zu beachten, die dem Gesamtprozess der Forschung eine bestimmte Grundstruktur verleihen. Generell sollte man daher in der Konzeption einer interpretativen Studie folgende Aspekte besonders berücksichtigen:

- *Offene Fragestellung*: Die Fragestellung muss mit den methodologischen Vorstellungen einer interpretativen Sozialforschung kompatibel sein. Das Forschungsthema wird im Forschungsverlauf sukzessive präzisiert.
- *Maximierung des Forschungsfreiraumes* bei *Minimierung des Handlungsdrucks*: Der thematische, organisatorische und methodische Spielraum sollte möglichst offen gehalten werden, ohne sich unter externe Zugzwänge setzen zu lassen, die den Forschungsprozess gefährden könnten (z.B. finanzielle, politische, inhaltliche oder moralische Verpflichtungen).
- *Forschungskontext* in die Analyse integrieren: Forschung bildet einen relevanten Bezugsrahmen für die Erhebung und Interpretation (Primärstrukturierung) und muss bezüglich seiner Wirkungen auf die Ergebnisse kritisch hinterfragt werden.
- *Integration von Erhebung und Interpretation*: Aufgrund ihrer wechselseitigen Abhängigkeit können Erhebung und Interpretation nicht in unterschiedliche Forschungsphasen getrennt werden.

- Thematische *Einengungen vermeiden*: Ein flexibles Eingehen auf neue Erfordernisse (inhaltliche und methodische) ist zu berücksichtigen.
- *Ansatzpunkt an konkreten Teilbereichen*: Nicht vorschnell den Forschungsprozess überlasten, sondern an kleinen Teilbereichen ansetzen und in der Folge schrittweise und systematisch die Perspektive erweitern bzw. variieren.
- *Keine Forcierung* der Erkenntnis: Nicht auf rasche Erkenntnisgewinnung drängen, sondern sich auf eine präzise Analyse konzentrieren, die dem jeweiligen Forschungsstand entspricht.
- *Permanente Prüfung* der laufend gewonnenen Erkenntnisse im Sinne der Qualitätssicherung.

Hinweise für die Untersuchungsplanung

Gerade die Planung einer Studie ist der Schlüssel für eine erfolgreiche Forschungsdurchführung. Folglich sollte diese besonders sorgfältig überlegt werden, wofür sich die Diskussion folgender Fragen anbietet:

- Eignet sich eine *interpretative Methodologie* für die Bearbeitung der Forschungsfrage? Kriterien dafür sind etwa: Möchte man wissen, was im Untersuchungsbereich relevant ist – unabhängig von verfügbaren theoretischen Erklärungen? Will man typische Beobachtungsformen, Darstellungspraktiken oder Handlungsweisen erkunden? Ist man an der Logik, den Entwicklungskräften und den Besonderheiten der Entwicklungsdynamik eines Untersuchungsgegenstandes interessiert?
  Ausschließungsgründe wären etwa: Ist man an der Identifikation einzelner Einflussfaktoren auf einen Prozess interessiert? Will man Häufigkeiten, statistische Verteilungen oder Zusammenhänge messen? Möchte man für eine Grundgesamtheit repräsentative Ergebnisse produzieren? – Für solche Fragen eignet sich eine quantitativ orientierte Forschungsstrategie besser!
- Welche *Informationen* werden für eine Durchdringung des Gegenstandsbereichs voraussichtlich benötigt und welche *Methoden* bzw. *Verfahren* sind zu deren Erhebung und Interpretation besonders geeignet (z.B. teilnehmende Beobachtung, offene Interviews, Artefaktanalyse, Strukturdatenanalyse)?

- *Feldzugang*:
  - Welche Möglichkeiten eines direkten oder indirekten Feldzugangs stehen offen und was bedeutet dies für die Kontaktaufnahme zum sozialen Feld?
  - Welche Erwartungen, die potenzielle AnsprechpartnerInnen an die ForscherInnen herantragen könnten, sind antizipierbar und welche Konsequenzen hat das für den Zugang zum Feld?
  - Welche Differenzierungen des Untersuchungsgegenstandes vermittelt dieser nach außen und welche Schlüsse sind daraus für den Forschungszugang zu ziehen?
  - Welche Form des kommunikativen Zugangs erscheint adäquat?
  - Wann erscheint der Zeitpunkt zur Kontaktaufnahme geeignet und welche Zeitstrukturen könnten hier von Bedeutung sein?
  - Auf welche Weise könnte das Untersuchungsfeld bereits bei der Kontaktaufnahme Informationen produzieren?
  - Welche Freiräume und Mitwirkungsmöglichkeiten räumt man den untersuchten Personen im Forschungsprozess ein?
  - Wo und wie soll die erste Kontaktnahme (die ersten Beobachtungen, die ersten Gespräche) stattfinden?
- Welche Anforderungen ergeben sich entsprechend dem Forschungsstand an die Erweiterung der *Untersuchungseinheiten* im Rahmen einer zyklischen Forschungsorganisierung?
  - Minimierung von Differenzen (Prüfung auf Gültigkeit)
  - Maximierung von Differenzen (Generalisierung)
- Welche *zusätzlichen Methoden* oder *Forschungsvariationen* sind voraussichtlich für ein umfassendes Verständnis heranzuziehen und was sollte man für die Sicherstellung der *Forschungsqualität* berücksichtigen

Qualitätssicherungsstrategien

Studien im Rahmen einer interpretativen Forschungsstrategie bedürfen aufgrund ihrer wissensbasierten Vorgangsweise einer rigorosen Absicherung der Geltungsbegründung ihrer Ergebnisse. Dafür sollten folgende drei Ebenen Berücksichtigung finden:

- Auf *methodologischer* und *verfahrenstechnischer* Ebene:
  - Dekonstruktion und Systematisierung des *Zweifels*
  - Auslegung im *Team*
  - *Extensive und sequenzielle Sinnauslegung* zur kontextuellen Differenzierung und Kontextelaborierung unter Berücksichtigung der möglichen Perspektivenvielfalt
  - Berücksichtigung von *‚Belanglosigkeiten'* und *‚Anomalien'*
  - *Trennung* der Generierung von Handlungs- und Analysewissen
- Auf der Ebene des *Forschungsprozesses*:
  - *Zyklische Organisierung* des Forschungsprozesses (Forschungslogik)
  - *Reflexionsphasen* zur Standortbestimmung und Reorganisierung der Forschungsaktivitäten
  - *Systematisch prüfende Intervention* im Rahmen des konstruktiven Aufbaues eines Verständnisses der Dynamik des Untersuchungsbereiches
  - Eine am *theoretischen Sampling* orientierte Auswahl von Forschungsmaterialien
  - *Systematische Variation* (Intra- und Intermethodenvariation, Situiertheit der Erhebung und Interpretation, Perspektiven der Beobachtung und der theoretischen Einbettung, Materialspezifika)
  - *Supervision*
- Auf der Ebene des *Wissenschaftssystems*:
  - Argumentation der *Relevanz* einer Studie für die Wissenschaft
  - *Angaben zur Forschungsstrategie*, zu den damit verbundenen Schlüsselentscheidungen, den spezifischen Erhebungs- und Interpretationsverfahren sowie zu den angewandten Prüfstrategien
  - *Exemplarische* Darstellung sensibler Forschungselemente
  - Umsetzung einer *anschlussfähigen narrativen Struktur* (welche die methodologische Position reflektiert)

Aufarbeitung und Strukturierung der Ergebnisse

Häufig macht die Aufarbeitung der Interpretationen besondere Schwierigkeiten. Dabei geht es nicht um eine Ansammlung von

Zwischenergebnissen, sondern um deren Strukturierung und Integration in einen Gesamtzusammenhang. Ein solcher Bericht bzw. eine solche Präsentation muss nicht nur die typischen Prozesse und Strukturmerkmale nachvollziehbar machen, also in einen Argumentationszusammenhang bringen, sondern auch die Zuverlässigkeit der Ergebnisse vermitteln und den Bezug zur Literatur bzw. zu den verfügbaren Erkenntnissen herstellen. Um diese Aufarbeitung zu erleichtern, ist es sinnvoll, während der gesamten Analyse bereits das Endprodukt vorzubereiten. Folgende Strategien könnten dafür hilfreich sein:

- Strukturierung *im Verlauf der Interpretation*:
  - Was sind wiederkehrende und zentrale Muster bzw. Gemeinsamkeiten, die den Untersuchungsgegenstand charakterisieren?
  - Wo finden sich Widersprüche und worauf sind diese zurückzuführen?
  - Welche Lücken sind identifizierbar und welches Material ist nötig, um diese schließen zu können?
- Strukturierung im Verlauf der *Ergebnisaufbereitung*:
  - Was sind die wichtigsten Erkenntnisse, die zum Verständnis des Untersuchungsbereichs beitragen?
  - Zusammenfassung in einer stringenten Argumentation (z.B.: Was ist das Besondere am Untersuchungsfeld? Differenzierung nach außen und innen? Charakteristische Prozesse und Strukturen? Typische Wahrnehmungs- und Handlungsorientierungen? Welche Regeln treiben Personen im Sinne der Handlungslogik und Systeme im Sinne einer Systemlogik an?)
- Vermittlung der *Interpretationsqualität*:
  - Warum wurden eine bestimmte Methodologie und ein spezifisches Untersuchungsdesign gewählt (Kurzdarstellung von Methodologie und Design)?
  - Welche Erhebungs- und Auswertungsverfahren wurden aus welchen Gründen gewählt (Darstellung der methodischen Vorgangsweise; exemplarische Analyse)?
  - Was wurde zur Sicherstellung der Ergebnisqualität unternommen (z.B. theoretisches Sampling, Variation, Verfahren)?

- Einbettung in einen *Gesamtzusammenhang der Arbeit*:
  - Warum ist das Thema überhaupt untersuchungswürdig?
  - Welche Schlussfolgerungen lassen sich ziehen (z.B. Einbettung in verfügbare Literatur und Untersuchungen)?
  - Kritische Reflexion der Arbeit

Empfehlung: Im Vorfeld einer Veröffentlichung oder Präsentation sollten die Ergebnisse ausgewählten Personen für eine möglichst kritische Durchsicht überlassen werden, um potenzielle Schwachstellen frühzeitig zu erkennen und entsprechend bearbeiten zu können.

7 Literatur

ADLER Patricia A., ADLER Peter (1998): Observational Techniques. In: DENZIN, LINCOLN 1998, a.a.O. S. 79–109.

ADLER Patricia A., ADLER Peter (1987): Membership Roles in Field Research. Newbury Park: Sage.

ANTONS Klaus, AMANN Andreas, CLAUSEN Gisela, KÖNIG Oliver, SCHATTENHOFER Karl (2001): Gruppenprozesse verstehen. Gruppendynamische Forschung und Praxis. Opladen: Leske + Budrich.

ARBEITSGRUPPE BIELEFELDER SOZIOLOGEN (1976): Kommunikative Sozialforschung. Alltagswissen und Alltagshandeln – Gemeindemachtforschung – Polizei – politische Erwachsenenbildung. München: Fink.

ATKINSON Paul (1990): The Ethnographic Imagination. Textual constructions of reality. London–New York: Routledge.

ATKINSON Paul, HOUSLEY William (2003): Interactionism. London–Thousand Oaks–New Delhi: Sage.

ATKINSON Paul, COFFEY Amanda, DELAMONT Sara, LOFLAND John, LOFLAND Lyn (eds.) (2007): Handbook of Ethnography. London u.a.: Sage.

BAECKER Jochen, BORG LAUFS Michael, DUDA Lothar, MATHIES Ellen (1992): Sozialer Konstruktivismus – eine neue Perspektive in der Psychologie. In: SCHMIDT 1992, a.a.O. S. 116–145.

BAILEY Carol A. (1996): A Guide to Field Research. Thousand Oaks: Pine Forge Press.

BARTUNEK Jean M., LOUIS Meryl R. (1996): Insider/Outsider Team Research. Thousand Oaks–London–New Delhi: Sage.

BATES ON Gregory (1985): Ökologie des Geistes. Anthropologische, psychologische, biologische und epistemologische Perspektiven. Frankfurt/M.: Suhrkamp.

BECKER Howard S. (1994): Die Kunst des professionellen Schreibens. Ein Leitfaden für die Geistes- und Sozialwissenschaften. Frankfurt/M.–New York: Campus.

BEER Bettina (Hg.) (2003): Methoden und Techniken der Feldforschung. Berlin: Reimer.

BERG Per Olof, KREINER Kristian (1990): Corporate Architecture: Turning Physical Settings into Symbolic Ressources. In: GAGLIARDI 1990, a.a.O. S. 41–67.

BERGER Peter L., LUCKMANN Thomas (1980): Die gesellschaftliche Konstruktion der Wirklichkeit. Eine Theorie der Wissenssoziologie. Frankfurt/M.: Fischer.

BERKELEY George (1996): Principles of Human Knowledge and Tree Dialogues. Oxford–New York: Oxford Univ. Press.

BERLINER INSTITUT FÜR VERGLEICHENDE SOZIALFORSCHUNG (Hg.) (1992): Flüchtlinge in Westeuropa: eine Bibliographie (Bearb.: Steindl Regina). Berlin: Ed. Parabolis.

BERNART Yvonne, KRAPP Stefanie (1997): Das narrative Interview. Ein Leitfaden zur rekonstruktiven Auswertung. Landau: Verlag Empirische Pädagogik.

BLUMER Herbert (1969): Symbolic Interactionism. Perspective and Method. Berkeley: Univ. of California Press.

BOEHM Gottfried (Hg.) (1995a): Was ist ein Bild? München: Fink, 2. Aufl.

BOEHM Gottfried (1995b): Die Wiederkehr der Bilder. In: BOEHM 1995a, a.a.O. S. 11–38.

BOGNER Alexander, LITTIG Beate, MENZ Wolfgang (Hg.) (2009): Das Experteninterview. Theorie, Methode, Anwendung. Opladen: Leske + Budrich, 3. Aufl.

BORG Ingwer, MOHLER Peter Ph. (eds.) (1994): Trends and Perspectives in Empirical Social Research. Berlin–New York: de Gruyter.

BOURDIEU Pierre (1979): Entwurf einer Theorie der Praxis. Frankfurt/M.: Suhrkamp.

BOURDIEU Pierre (1983): Kult der Einheit und kultivierte Unterschiede. In: BOURDIEU u.a. 1983, a.a.O. S. 25–84.

BOURDIEU Pierre (1987): Sozialer Sinn. Kritik der theoretischen Vernunft. Frankfurt/M.: Suhrkamp.

BOURDIEU Pierre u.a. (1998): Der Einzige und sein Eigenheim. Hamburg: VSA.

BOURDIEU Pierre, BOLTANSKI Luc, CASTEL Robert, CHAMBOREDON Jean-Claude, LAGNEAU Gérard, SCHNAPPER Dominique (1983): Eine illegitime Kunst. Die sozialen Gebrauchsweisen der Photographie. Frankfurt/M.: Suhrkamp.

BRUNNER Karl-Michael, JOST Gerhard, LUEGER Manfred (1994a): Flüchtlingsunterbringung in einer Kleingemeinde: Eine Fallstudie zur sozialen Dynamik von Migrationsprozessen. In: Soziale Welt 1994/2, S. 125–146.

BRUNNER Karl-Michael, JOST Gerhard, LUEGER Manfred (1994b): Zur Soziogenese von Akzeptanz und Integration: eine Gemeindestudie zur Beziehung zwischen Einheimischen und Flüchtlingen. In: Österreichische Zeitschrift für Politikwissenschaft 1994/3, S. 315–329.

BRUNNER Karl-Michael, EGGER-STEINER Michaela, HLAVIN-SCHULZE Karin, JOST Gerhard, LUEGER Manfred (1996): Flüchtlingsintegration in Kleingemeinden. Zwischenbericht 1996. Forschungsbericht, Wien.

BRUNNER Karl-Michael, EGGER-STEINER Michaela, HLAVIN-SCHULZE Karin, LUEGER Manfred (1997): Flüchtlingsintegration in Kleingemeinden: Ergebnisse zur zweiten Gemeindestudie. Zwischenbericht 1997 / Teil 1. Forschungsbericht, Wien.

BRUNNER Karl-Michael, LUEGER Manfred (Hg.) (1997): Flüchtlingsintegration in Kleingemeinden: Teilbereichsanalysen. Zwischenbericht 1997 / Teil 2. Forschungsbericht: Wien.

BRUNNER Karl-Michael, LUEGER Manfred (Hg.) (1998): Flüchtlingsintegration in Kleingemeinden: Teilbereichsanalysen. Zwischenbericht 1998 / Teil 2. Forschungsbericht: Wien.

BRUNNER Karl-Michael, EGGER-STEINER Michaela, HLAVIN-SCHULZE Karin, JOST Gerhard, LUEGER Manfred (1998a): Flüchtlingsintegration in Kleingemeinden: Ergebnisse zur dritten Gemeindestudie. Bericht 1998 / Teil 1. Forschungsbericht: Wien.

BRUNNER Karl-Michael, EGGER-STEINER Michaela, HLAVIN-SCHULZE Karin, JOST Gerhard, LUEGER Manfred (1998b): Flüchtlingsintegration in Kleingemeinden. Forschungsnotiz. In: Österreichische Zeitschrift für Soziologie 1998/1, S. 67–75.

BURGESS Robert G. (1991): Sponsors, Gatekeepers, Members, and Friends: Access in Educational Settings. In: SHAFFIR, STEBBINS 1991, a.a.O. S. 43–52.

CHARMAZ Kathy (2006): Constructing Grounded Theory. A Practical Guide through Qualitative Analysis. London–Thousand Oaks–New Delhi: Sage.

CHOROVER Stephan L. (1982): Die Zurichtung des Menschen. Von der Verhaltenssteuerung durch die Wissenschaften. Frankfurt/M.: Campus.

CLARKE Adele E. (2005): Situational Analysis. Grounded Theory after the Postmodern Turn. London–Thousand Oaks–New Delhi: Sage.

CORBIN Juliet, STRAUSS Anselm (1996): Analytic Ordering for Theoretical Purpose. In: Qualitative Inquiry 1996/2, S. 139–150.

CORBIN Juliet, STRAUSS Anselm L. (2008): Basics of Qualitative Research. Techniques and Procedures for Developing Grounded Theory. Los Angeles–London–New Delhi–Singapore: Sage, 3rd ed.

DAVIES Charlotte Aull (1999): Reflexive Ethnography. A Guide to Researching Selves and Others. London–New York: Routledge.

DELEUZE Gilles (1992): Woran erkennt man den Strukturalismus? Berlin: Merve.

DENZIN Norman K. (1989): The Research Act. A Theoretical Introduction to Sociological Methods. Englewood Cliffs: Prentice Hall, 3. Aufl.

DENZIN Norman K., LINCOLN Yvonna S., (eds.) (1998): Collecting and Interpreting Qualitative Materials. Thousand Oaks–London–New Delhi: Sage.

DEVEREUX Georges (1984): Angst und Methode in den Verhaltenswissenschaften. Frankfurt/M.: Suhrkamp.

DEWEY John (1995): Erfahrung und Natur. Frankfurt/M.: Suhrkamp.

DIEKMANN Andreas (2008): Empirische Sozialforschung. Grundlagen, Methoden, Anwendungen. Reinbek bei Hamburg: Rowohlt, 19. Aufl.

DÖRNER Dietrich (1992): Die Logik des Mißlingens. Strategisches Denken in komplexen Systemen. Reinbek bei Hamburg: Rowohlt.

DOSTAL Walter (1985): Ethnographischer Film – Ethnographische Kartographie: Methodologische Überlegungen zur Datenerhebung. Beispiele aus Südarabien. In: FISCHER 1985a, a.a.O., S. 67–89.

DREITZEL Hans Peter (1980): Die gesellschaftlichen Leiden und das Leiden an der Gesellschaft. Stuttgart: Enke, 3. Aufl.

DRÖGE Franz, KRÄMER-BADONI Thomas (1987): Die Kneipe. Zur Soziologie einer Kulturform. Frankfurt/M.: Suhrkamp.

EHRENSPECK Yvonne, SCHÄFFER Burkhard (Hg.) (2003): Film- und Fotoanalyse in der Erziehungswissenschaft. Ein Handbuch. Opladen: Leske + Budrich.

ELIAS Norbert, SCOTSON John L. (1990): Etablierte und Außenseiter. Frankfurt/M: Suhrkamp.

ERICKSON Ken, STULL Donald (1998): Doing Team Ethnography. Warnings and Advice. Thousand Oaks–London–New Delhi: Sage.

EVANS-PRITCHARD Edward E. (1988): Hexerei, Orakel und Magie bei den Zande. Frankfurt/M.: Suhrkamp.

FISCHER Hans (Hg.) (1985a): Feldforschungen. Berichte zur Einführung in Probleme und Methoden. Berlin: Reimer.

FISCHER Hans (1985b): Erste Kontakte. Neuguinea 1958. In: FISCHER 1985a, a.a.O. S. 23–48.

FISCHER Hans R. (Hg.) (1995): Die Wirklichkeit des Konstruktivismus. Zur Auseinandersetzung um ein neues Paradigma. Heidelberg: Carl Auer.

FLECK Ludwig (1994): Entstehung einer wissenschaftlichen Tatsache. Einführung in die Lehre vom Denkstil und Denkkollektiv. Frankfurt/M.: Suhrkamp.

FLEISHER Mark S. (1995): Beggars & Thieves. Lives of Urban Street Criminals. Wisconsin: Univ. of Wisconsin Press.

FLICK Uwe (2004): Triangulation. Eine Einführung. Wiesbaden: Verlag für Sozialwissenschaften.

FLICK Uwe, KARDORFF Ernst von, STEINKE Ines (Hg.) (2000): Qualitative Forschung. Ein Handbuch. Reinbek bei Hamburg: Rowohlt.

FORSEY Martin (2004): „He´s Not a Spy; He´s One of Us“. Ethnographic Positioning in a Middle-Class Setting. In: HUME, MULCOCK 2004, a.a.O. S. 59–70.

FRIEDEBURG Ludwig von, HABERMAS Jürgen (Hg.) (1984): Adorno-Konferenz 1983. Frankfurt/M.: Suhrkamp.

FRINDTE Wolfgang (1998): Soziale Konstruktionen. Sozialpsychologische Vorlesungen. Opladen: Westdeutscher Verlag.

FROSCHAUER Ulrike (1999): Vom Versorgungsbetrieb zum Dienstleistungsunternehmen. In: SCHWENGEL Hermann (Hg.) (1999): Grenzenlose Gesellschaft? Pfaffenweiler: Centaurus-Verlagsgesellschaft. S. 610–612.

FROSCHAUER Ulrike (2002): Artefaktanalyse. In: KÜHL, STRODTHOLZ 2002, a.a.O. S. 361–395.

FROSCHAUER Ulrike (2006): Veränderungsdynamik in Organisationen. In: TÄNZLER, KNOBLAUCH, SOEFFNER 2006 a.a.O. S. 189–215.

FROSCHAUER Ulrike, LUEGER Manfred (1995): Zum sozialen Kontext von Aushandlungsprozessen in Organisationen. Teilprojekt des Projekts P8726-Soz „Gestaltungs- und Steuerungsstrategien der Umwelt von Unternehmen" des Fonds zur Förderung der Wissenschaftlichen Forschung. Forschungsbericht, Wien 1995.

FROSCHAUER Ulrike, LUEGER Manfred (2003): Das qualitative Interview. Zur Praxis interpretativer Analyse sozialer Systeme. Wien: Wiener Universitätsverlag.

FROSCHAUER Ulrike, LUEGER Manfred (2009): ExpertInnengespräche in der interpretativen Organisationsforschung. In: BOGNER, LITTIG, MENZ 2009, a.a.O. S. 239–258.

FUCHS Peter (1993): Moderne Kommunikation. Frankfurt/M.: Suhrkamp.

GADAMER Hans-Georg (1986): Gesammelte Werke Bd. 1. Wahrheit und Methode. Grundzüge einer philosophischen Hermeneutik. Tübingen: Mohr, 5. Aufl.

GAGLIARDI Pasquale (ed.) (1990): Symbols and Artifacts: Views of the Corporate Landscape. Berlin–New York: de Gruyter.

GALTUNG Johan (1978): Methodologie und Ideologie. Frankfurt/M.: Suhrkamp.

GARFINKEL Harold (1987): Studies in Ethnomethodology. Cambridge: Polity Press

GEERTZ Clifford (1991): Dichte Beschreibung. Beiträge zum Verstehen kultureller Systeme. Frankfurt/M.: Suhrkamp, 2. Aufl.

GERGEN Kenneth J. (2000): An Invitation to Social Construction. London–Thousand Oaks–New Delhi: Sage.

GERGEN Kenneth (2002): Konstruierte Wirklichkeiten. Eine Hinführung zum sozialen Konstruktionismus. Stuttgart: Kohlhammer.

GERGEN Mary, GERGEN Kenneth (eds.) (2003): Social Construction. A Reader. London–Thousand Oaks–New Delhi: Sage.

GILLHAM Bill (2007): Research Interviewing. The range of techniques. Maidenhead–New York: Open University Press.

GINZBURG Carlo (1988): Spurensicherungen. Über verborgene Geschichte, Kunst und soziales Gedächtnis. München: dtv.

GIROUARD Mark (1987): Die Stadt. Frankfurt/M.–New York: Campus.

GIRTLER Roland (1988): Methoden der qualitativen Sozialforschung. Anleitung zur Feldarbeit. Wien–Köln–Graz: Böhlau, 2. Aufl.

GIRTLER Roland (1989): Die feinen Leute. Von der vornehmen Art, durchs Leben zu gehen. Linz: Veritas.

GIRTLER Roland (1995): Randkulturen: Theorie der Unanständigkeit. Wien–Köln–Weimar: Böhlau.

GLASER Barney G. (1978): Theoretical Sensitivity. Mill Valley/Ca: Sociology Press.

GLASER Barney G. (1992): Basics of Grounded Theory Analysis. Emerging vs Forcing. Mill Valley: Sociology Press.

GLASER Barney G., STRAUSS Anselm L. (1998): Grounded Theory: Strategien qualitativer Forschung. Bern u.a.: Huber.

GLASERSFELD Ernst von (1995): Radikaler Konstruktivismus. Ideen, Ergebnisse, Probleme. Frankfurt/M.: Suhrkamp.

GLINKA Hans-Jürgen (1998): Das narrative Interview. Eine Einführung für Sozialpädagogen. Weinheim–München: Juventa.

GOFFMAN Erving (1981): Geschlecht und Werbung. Frankfurt/M.: Suhrkamp.

GOFFMAN Erving (1985): Wir alle spielen Theater. Die Selbstdarstellung im Alltag. München–Zürich: Piper, 5. Aufl.

GOFFMAN Erving (1993): Rahmen-Analyse. Ein Versuch über die Organisation von Alltagserfahrungen. Frankfurt/M.: Suhrkamp, 3. Aufl.

GOLDEN-BIDDLE Karin, LOCKE Karen (2007): Composing Qualitative Research. Thousand Oaks–London–New Delhi: Sage.

GOMBOS Georg, GRUBER Christiane, TEUSCHLER Christine (Hg.) (1992): „... und da sind sie auf einmal dagewesen." Zur Situation von Flüchtlingen in Österreich. Beispiel Rechnitz. Oberwart: Edition lex liszt 12.

GUBRIUM Jaber F., HOLSTEIN James A. (eds.) (2003): Postmodern Interviewing. Thousand Oaks–London–New Delhi: Sage.

GUSFIELD Joseph (1976): The Literary Rhetoric of Science: Comedy and Pathos in Drinking Driver Research. In: American Sociological Review 1976/1, S. 16–34.

HABERMAS Jürgen, LUHMANN Niklas (Hg.) (1982): Theorie der Gesellschaft oder Sozialtechnologie. Was leistet die Systemforschung? Frankfurt/M.: Suhrkamp.

HARTMANN Hans A., HAUBL Rolf (Hg.) (1992): Bilderflut und Sprachmagie. Fallstudien zur Kultur der Werbung. Opladen: Westdeutscher Verlag.

HAUSER-SCHÄUBLIN Brigitta (2003): Teilnehmende Beobachtung. In: BEER 2003, a.a.O. S. 33–54.

HEITMEYER Wilhelm (1993): Die Maßnahmen gegen Fremdenfeindlichkeit gehen an den Ursachen vorbei. In: BLANKE Bernhard (Hg.) (1993): Zuwanderung und Asyl in der Konkurrenzgesellschaft, Opladen: Leske und Budrich, S. 151–162.

HIRSCHAUER Stefan, AMANN Klaus (Hg.) (1997): Die Befremdung der eigenen Kultur. Zur ethnographischen Herausforderung soziologischer Empirie. Frankfurt/M.: Suhrkamp.

HITZLER Ronald, HONER Anne (Hg.) (1997): Sozialwissenschaftliche Hermeneutik. Opladen: Leske + Budrich.

HITZLER Ronald, REICHERTZ Jo, SCHRÖER Norbert (Hg.) (1999): Hermeneutische Wissenssoziologie. Standpunkte zur Theorie der Interpretation. Konstanz: Universitätsverlag Konstanz.

HOFFMANN-RIEM Christa (1980): Die Sozialforschung einer interpretativen Soziologie. In: Kölner Zeitschrift für Soziologie und Sozialpsychologie 1980/2, S. 339–372.

HOLSTEIN James A., GUBRIUM Jaber F. (eds.) (2003): Inside Interviewing: Naw Lenses, New Concerns. Thousand Oaks–London–New Delhi: Sage.

HOLZKAMP Klaus (1978): Sinnliche Erkenntnis – Historischer Ursprung und gesellschaftliche Funktion der Wahrnehmung. Königstein/Ts.: Athenäum, 4. Aufl.

HUFF Anne S. (ed.) (1990): Mapping Strategic Thought. Chichester u.a.: Wiley.

HUME Lynne, MULCOCK Jane (eds.) (2004): Anthropologists in the Field. Cases in Participant Observation. New York: Columbia University Press.

HUNT Jennifer C. (1989): Psychoanalytic Aspects of Fieldwork. Newbury Park–London–New Delhi: Sage.

HUTCHBY Ian, WOOFFITT Robin (2008): Conversation Analysis. Cambridge–Malden: Polity Press. 2nd ed.

IMDAHL Max (1995): Ikonik. Bilder und ihre Anschauung. In: BOEHM 1995a, a.a.O. S. 300–324.

ISRAEL Joachim (1979): Der Begriff Dialektik. Erkenntnistheorie, Sprache und dialektische Gesellschaftswissenschaft. Reinbek bei Hamburg: Rowohlt.

JAMES William (1995): Pragmatism. New York: Dover Pub.

KELLER Reiner, HIRSELAND Andreas, SCHNEIDER Werner, VIEHÖVER Willy (Hg.) (2001): Handbuch Sozialwissenschaftliche Diskursanalyse. Bd.1: Theorien und Methoden. Opladen: Leske + Budrich.

KELLER Reiner, HIRSELAND Andreas, SCHNEIDER Werner, VIEHÖVER Willy (Hg.) (2003): Handbuch Sozialwissenschaftliche Diskursanalyse. Bd.2: Forschungspraxis. Opladen: Leske + Budrich.

KEPPLER Angela (1994): Tischgespräche. Über Formen kommunikativer Vergemeinschaftung am Beispiel der Konversation in Familien. Frankfurt/M.: Suhrkamp.

KEPPLER Angela (2006): Mediale Gegenwart. Eine Theorie des Fernsehens am Beispiel der Darstellung von Gewalt. Frankfurt/M.: Suhrkamp.

KLEINMAN Sherryl (1991): Field-Workers' Feelings. What We Feel, Who We Are, How We Analyze. In: SHAFFIR, STEBBINS 1991, a.a.O. S. 184–195.

KLUGE Susann (1999): Empirisch begründete Typenbildung. Zur Konstruktion von Typen und Typologien in der qualitativen Sozialforschung. Opladen: Leske + Budrich.

KNOBLAUCH Hubert (2005): Wissenssoziologie. Konstanz: UVK.

KNOBLAUCH Hubert, KRECH Volkhard, WOHLRAB-SAHR Monika (Hg.) (1998): Religiöse Konversion. Systematische und fallorientierte Studien in soziologischer Perspektive. Konstanz: UVK.

KNOBLAUCH Hubert, SCHNETTLER Bernt, RAAB Jürgen, SOEFFNER Hans-Georg (eds.) (2006): Video Analysis: Methodology and Methods. Qualitative Audiovisual Data Analysis in Sociology. Frankfurt/M. u.a.: Peter Lang.

KRAIMER Klaus (Hg.) (2000): Die Fallrekonstruktion. Sinnverstehen in der sozialwissenschaftlichen Forschung. Frankfurt/M.: Suhrkamp.

KREIDE-DAMANI Ingrid (1992): KunstEthnologie: Zum Verständnis fremder Kunst. Köln: DuMont.

KRIZ Jürgen (2004): Beobachtung von Ordnungsbildungen in der Psychologie: Sinnattraktoren in der Seriellen Reproduktion. In: MOSER 2004, a.a.O. S. 43–66.

KROMREY Helmut (2006): Empirische Sozialforschung: Modelle und Methoden der standardisierten Datenerhebung und Datenauswertung. Stuttgart: Lucius & Lucius, 11. Aufl.

KUCHENBUCH Thomas (2005): Filmanalyse. Theorien. Methoden. Kritik. Wien–Köln–Weimar: Böhlau, 2. Aufl.

KÜHL Stefan, STRODTHOLZ Peter (Hg.) (2002): Methoden der Organisationsforschung. Ein Handbuch. Reinbek bei Hamburg: Rowohlt.

KVALE Steinar (1996): InterViews. An Introduction to Qualitative Research Interviewing. Thousand Oaks–London–New Delhi: Sage.

LAMNEK Siegfried (1998): Gruppendiskussion. Theorie und Praxis. Weinheim: Psychologie Verlags Union.

LAMNEK Siegfried (2005): Qualitative Sozialforschung. Weinheim–Basel: Beltz, 4. Aufl.

LÄMMERT Eberhard (Hg.) (1982): Erzählforschung. Ein Symposium. Stuttgart: Metzler.

LAU Thomas, WOLFF Stephan (1983): Der Einstieg in das Untersuchungsfeld als soziologischer Lernprozeß. In: Kölner Zeitschrift für Soziologie und Sozialpsychologie 1983/3, S. 417–437.

LEE Raymond M. (1995): Dangerous Fieldwork. Thousand Oaks–London–New Delhi: Sage.

LEITHÄUSER Thomas, VOLMERG Birgit, SALJE Gunther, VOLMERG Ute, WUTKA Bernhard (1977): Entwurf zu einer Empirie des Alltagsbewußtseins. Frankfurt/M.: Suhrkamp.

LEITHÄUSER Thomas, VOLMERG Birgit (1979): Anleitung zur empirischen Hermeneutik. Psychoanalytische Textinterpretation als sozialwissenschaftliches Verfahren. Frankfurt/M.: Suhrkamp.

LENK Hans (1995): Interpretation und Realität: Vorlesungen über Realismus in der Philosophie der Interpretationskonstrukte. Frankfurt/M.: Suhrkamp.

LEVI Daniel (2001): Group Dynamics for Teams. Thousand Oaks–London–New Delhi: Sage.

LIENERT Gustav A. (1967): Testaufbau und Testanalyse. Weinheim–Berlin: Beltz, 2. Aufl.

LIPP Carola (Hg.) (1995): Medien popularer Kultur. Erzählung, Bild und Objekt in der volkskundlichen Forschung. Frankfurt/M.–New York: Campus.

LOCKE Lawrence F., SPIRDUSO Waneen W., SILVERMAN Stephen J. (1993): Proposals that Work. Newbury Park–London–New Delhi: Sage, 3. Aufl.

LUCKMANN Thomas (2006): Die kommunikative Konstruktion der Wirklichkeit. In: TÄNZLER, KNOBLAUCH, SOEFFNER 2006, a.a.O. S.15–26.

LUEGER Manfred (1997): Unternehmenserfolg als Hindernis: Zur sozialen Logik von Entwicklungsbarrieren. In: Journal für Betriebswirtschaft 1997/5, S. 248–265.

LUEGER Manfred (1999): Von der kognitiven zur sozialen Konstitution der Welt. Der Äquilibrationsansatz im Kontext interpretativer Sozialforschung. In: Österreichische Zeitschrift für Soziologie 1999/4, S. 26–47.

LUEGER Manfred (2000): Grundlagen qualitativer Feldforschung. Wien: Wiener Universitätsverlag.

LUEGER Manfred (2001): Auf den Spuren der sozialen Welt. Methodologie und Organisierung interpretativer Sozialforschung. Frankfurt/M. u.a.: Lang.

LUEGER Manfred (2010): Interpretative Sozialforschung: Die Methoden. Wien: Wiener Universitätsverlag.

LUEGER Manfred, SANDNER Karl, MEYER Renate, HAMMERSCHMID Gerhard (2005): Contextualizing Influence Activities. An Objective Hermeneutical Approach. In: Organization Studies 2005/8, S. 1145–1168.

LUEGER Manfred, FROSCHAUER Ulrike (2007): Film-, Bild- und Artefaktanalyse. In: STRAUB, WEIDEMANN, WEIDEMANN 2007, a.a.O. S. 428–439.

LUHMANN Niklas (1984): Soziale Systeme. Grundriß einer allgemeinen Theorie. Frankfurt/M.: Suhrkamp.

LUHMANN Niklas (1990): Die Wissenschaft der Gesellschaft. Frankfurt/M.: Suhrkamp.

LUHMANN Niklas (1997): Die Gesellschaft der Gesellschaft. Frankfurt/M.: Suhrkamp.

MAEDER Christoph, NADAI Eva (2004): Organisierte Armut. Sozialhilfe aus wissenssoziologischer Sicht. Konstanz: UVK.

MALINOWSKI Bronislaw (1983): Das Geschlechtsleben der Wilden in Nordwest-Melanesien: Liebe, Ehe und Familienleben bei den Eingeborenen der Trobriand-Inseln, Britisch-Neuguinea. Frankfurt/M.: Syndikat.

MALINOWSKI Bronislaw (1986): Tagebuch im strikten Sinn des Wortes. Neuguinea 1914–1918. Frankfurt/M.: Syndikat.

MARKARD Morus (1984): Einstellung. Kritik eines sozialpsychologischen Grundkonzepts. Frankfurt/M.–New York: Campus.

MEAD George H. (1969): Philosophie der Sozialität. Frankfurt/M.: Suhrkamp.

MEAD George H. (1978): Geist, Identität und Gesellschaft. Frankfurt/M.: Suhrkamp, 3. Aufl.

MERTON Robert K. (1985): Entwicklung und Wandel von Forschungsinteressen. Aufsätze zur Wissenschaftssoziologie. Frankfurt/M.: Suhrkamp.

MILES Matthes B., HUBERMAN Michael A. (1984): Qualitative Data Analysis. A Sourcebook of New Methods. Newbury Park–London–New Delhi: Sage.

MOSER Sibylle (Hg.) (2004): Konstruktivistisch Forschen. Methodologie, Methoden, Beispiele. Wiesbaden: Verlag für Sozialwissenschaften.

MÜLLER Marion G. (2003): Grundlagen der visuellen Kommunikation. Konstanz: UVK.

NEIDHARDT Friedhelm (Hg.) (1983): Gruppensoziologie. Perspektiven und Materialien. Kölner Zeitschrift für Soziologie und Sozialpsychologie, Sonderheft 25/1983.

OEVERMANN Ulrich (1984): Zur Sache. Die Bedeutung von Adornos methodologischem Selbstverständnis für die Begründung einer materialen soziologischen Strukturanalyse. In: FRIEDEBURG, HABERMAS 1984, a.a.O. S. 234–289.

OEVERMANN Ulrich (1993): Die objektive Hermeneutik als unverzichtbare Grundlage für die Analyse von Subjektivität. Zugleich eine Kritik der Tiefenhermeneutik. In: JUNG, MÜLLER-DOOHM 1993, a.a.O. S. 106–189.

OEVERMANN Ulrich (2000): Die Methode der Fallrekonstruktion in der Grundlagenforschung sowie der klinischen und pädagogischen Praxis. In: KRAIMER 2000, a.a.O. S. 58–156.

OEVERMANN Ulrich (2001a): Zur Analyse der Struktur sozialer Deutungsmuster (1973). In: sozialersinn 2001/1, S. 3–33.

OEVERMANN Ulrich (2001b): Die Struktur sozialer Deutungsmuster – Versuch einer Aktualisierung. In: sozialersinn 2001/1, S. 35–81.

OEVERMANN Ulrich (2002): Klinische Soziologie auf der Basis der Methodologie einer objektiven Hermeneutik – Manifest der objektiv-hermeneutischen Sozialforschung: Manus. http://publikationen.ub.uni-frankfurt.de/volltexte/2005/540/, abgerufen am 26. 1. 2008.

OEVERMANN Ulrich, ALLERT Tilman, KONAU Elisabeth, KRAMBECK Jürgen (1979): Die Methodologie einer „objektiven Hermeneutik" und ihre allgemeine forschungslogische Bedeutung in den Sozialwissenschaften. In: SOEFFNER 1979, a.a.O. S. 352–434.

PEIRCE Charles S. (1991): Schriften zum Pragmatismus und Pragmatizismus. Frankfurt/M.: Suhrkamp.

PIAGET Jean (1973): Einführung in die genetische Erkenntnistheorie. Frankfurt/M.: Suhrkamp.

PIAGET Jean (1976): Die Äquilibration der kognitiven Strukturen. Stuttgart: Klett.

PINK Sarah (2006): The Future of Visual Anthropology. Engaging the senses. London–New York: Routledge.

PLUMMER Ken (ed.) (1991a): Symbolic Interactionism. Vol. 1, Foundations and History. Aldershot–Brookfield: Elgar.

PLUMMER Ken (ed.) (1991b): Symbolic Interactionism. Vol.2, Contemporary Issues. Aldershot–Brookfield: Elgar.

POLANYI Michael (1985): Implizites Wissen. Frankfurt/M.: Suhrkamp.

POPITZ Heinrich (1980): Die normative Konstruktion von Gesellschaft. Tübingen: Mohr.

PÖRKSEN Bernhard (2002): Die Gewissheit der Ungewissheit. Gespräche zum Konstruktivismus. Heidelberg: Carl Auer.

PUTNAM Hilary (1982): Vernunft, Wahrheit und Geschichte. Frankfurt/M.: Suhrkamp.

REICHENBACH Hans (1983): Gesammelte Werke, Bd. 4. Erfahrung und Prognose. Eine Analyse der Grundlagen und der Struktur der Erkenntnis. Braunschweig–Wiesbaden: Vieweg & Sohn.

REICHERTZ Jo (1991): Der Hermeneut als Autor. Zur Darstellbarkeit hermeneutischer Fallrekonstruktionen. In: Österreichische Zeitschrift für Soziologie 1991/4, S. 3–16.

REICHERTZ Jo (1999): Über das Problem der Gültigkeit von Qualitativer Sozialforschung. In: HITZLER, REICHERTZ, SCHRÖER 1999, a.a.O., S. 319–346.

REICHERTZ Jo (2000): Die Frohe Botschaft des Fernsehens. Kulturwissenschaftliche Untersuchung medialer Diesseitsreligion. Konstanz: UVK.

REICHERTZ Jo (2003): Die Abduktion in der qualitativen Sozialforschung. Reihe Qualitative Sozialforschung Band 13, Wiesbaden.

REICHERTZ Jo, SCHRÖER Norbert (Hg.) (1996): Qualitäten polizeilichen Handelns. Beiträge zu einer verstehenden Polizeiforschung. Opladen: Westdeutscher Verlag.

REICHERTZ Jo, SOEFFNER Hans-Georg (1994): Von Texten und Überzeugungen. In: SCHRÖER 1994, a.a.O. S. 310–327.

RICHARDSON Laurel (1998): Writing. A Method of Inquiry. In: DENZIN, LINCOLN 1998c, a.a.O. S. 345–371.

RIEMER Ines (1988): Konzept und Begründung der Induktion. Eine Untersuchung zur Methodologie von Charles S. Peirce. Würzburg: Königshausen und Neumann.

RIIS Jacob A. (1998): The Battle With the Slum. Mineola: Dover.

RIIS Jacob A. (2005): How the Other Half Lives. Riggs: Digiread.

RUBY Jay (2000): Picturing Culture. Explorations of Film & Anthropology. Chicago–London: Univ. of Chicago Press.

SACHS-HOMBACH Klaus (2006): Das Bild als kommunikatives Medium. Elemente einer allgemeinen Bildwissenschaft. Köln: Herbert von Halem Verlag.

ŚARAṆA Gopāla (1975): The Methodology of Anthropological Comparisons. An Analysis of Comparative Methods in Social and Cultural Anthropology. Tucson: Univ. of Tucson Press.

SCHATZMAN Leonard, STRAUSS Anselm L. (1973): Field Research. Strategies for a Natural Sociology. Englewood Cliffs, New Jersey: Prentice-Hall.

SCHEURINGER Brunhilde (1988): Flüchtlingssoziologie – Was ist das? In: Österreichische Zeitschrift für Soziologie 1988/3, S. 53–62.

SCHMIDT Siegfried J. (Hg.) (1992): Kognition und Gesellschaft. Der Diskurs des Radikalen Konstruktivismus 2. Frankfurt/M.: Suhrkamp.

SCHMIDT Siegfried J. (1998): Die Zähmung des Blicks. Konstruktivismus – Empirie – Wissenschaft. Frankfurt/M.: Suhrkamp.

SCHMIDT Siegfried J. (Hg.) (2003): Der Diskurs des Radikalen Konstruktivismus. Frankfurt/M.: Suhrkamp, 9. Aufl.

SCHMIDT-GRUNERT Marianne (2005): Das Gruppengespräch in der Sozialen Arbeit. Eine Einführung in qualitative Analyse und Evaluation. Freiburg im Breisgau: Lambertus.

SCHNELL Rainer, HILL Paul B., ESSER Elke (1999): Methoden der empirischen Sozialforschung. München–Wien: Oldenbourg, 6. Aufl.

SCHRÖER Norbert (1994): Interpretative Sozialforschung. Auf dem Wege zu einer hermeneutischen Wissenssoziologie. Opladen: Westdeutscher Verlag.

SCHÜLEIN Johann A. (2002): Autopoietische Realität und konnotative Theorie. Über Balanceprobleme sozialwissenschaftlichen Erkennens. Weilerswist: Velbrück.

SCHÜLEIN Johann A., REITZE Simon (2005): Wissenschaftstheorie für Einsteiger. Wien: Facultas, 2. Aufl.

SCHULZ VON THUN Friedemann (2007): Miteinander reden, Bd. 1: Störungen und Klärungen. Reinbek bei Hamburg: Rowohlt.

SCHÜTZ Alfred (1981): Der sinnhafte Aufbau der sozialen Welt. Eine Einleitung in die verstehende Soziologie. Frankfurt/M.: Suhrkamp, 2. Aufl.

SCHÜTZE Fritz (1982): Narrative Repräsentation kollektiver Schicksalsbetroffenheit. In: LÄMMERT 1982, a.a.O. S. 568–590.

SEALE Clive (1999): The Quality of Qualitative Research. London–Thousand Oaks–New Delhi: Sage.

SHAFFIR William B., STEBBINS Robert A. (eds.) (1991): Experiencing Fieldwork. An Inside View of Qualitative Research. Newbury Park–London–New Delhi: Sage.

SILVERMAN David (1985): Qualitative Methodology and Sociology. Aldershot: Gower.

SILVERMAN David (ed.) (2006): Interpreting Qualitative Data. London–Thousand Oaks–New Delhi: Sage, 3rd ed.

SOEFFNER Hans-Georg (Hg.) (1979): Interpretative Verfahren in den Sozial- und Textwissenschaften. Stuttgart: Metzler.

SOEFFNER Hans-Georg (1992): Die Ordnung der Rituale. Die Auslegung des Alltags 2. Frankfurt/M.: Suhrkamp.

SOEFFNER Hans-Georg (2004): Auslegung des Alltags – Der Alltag der Auslegung. Zur wissenssoziologischen Konzeption einer sozialwissenschaftlichen Hermeneutik. Frankfurt/M.: Suhrkamp, 2. Aufl.

SOFSKY Wolfgang, PARIS Rainer (1991): Figurationen sozialer Macht. Autorität, Stellvertretung, Koalition. Opladen: Leske + Budrich.

SPERBER Irwin (1990): Fashions in Science. Opinion Leaders and Collective Behavior in the Social Sciences. Minneapolis: Univ. of Minnesota Press.

SPRADLEY James P. (1980): Participant Observation. Fort Worth et al.: Holt, Rinehart and Winston.

STEINKE Ines (1999): Kriterien qualitativer Forschung. Ansätze zur Bewertung qualitativ-empirischer Sozialforschung. Weinheim–München: Juventa.

STENGER Horst, GEIßLINGER Hans (1991): Die Transformation sozialer Realität. In: Kölner Zeitschrift für Soziologie und Sozialpsychologie 1991/2, S. 247–270.

STRAUB Jürgen, WEIDEMANN Arne, WEIDEMANN Doris (Hg.) (2007): Interkulturelle Kommunikation und Kompetenz. Grundbegriffe – Theorien – Anwendungsfelder, Wiesbaden: Metzler.

STRAUSS Anselm L. (1991): Grundlagen qualitativer Sozialforschung. Datenanalyse und Theoriebildung in der empirischen soziologischen Forschung. München: Fink.

STRAUSS Anselm L, SCHATZMAN Leonard, BUCHER Rue, EHRLICH Danuta, SABSHIN Melvin, 1964: Psychiatric Ideologies and Institutions. London: The Free Press of Glencoe.

STRÜBING Jörg (2004): Grounded Theory. Zur sozialtheoretischen und epistemologischen Fundierung des Verfahrens der empirisch begründeten Theoriebildung. Wiesbaden: Verlag für Sozialwissenschaften.

TÄNZLER Dirk, KNOBLAUCH Hubert, SOEFFNER Hans-Georg (Hg.) (2006): Neue Perspektiven der Wissenssoziologie. Konstanz: UVK, S.15–26.

TOURIGNY Sylvie C. (2004): "You, Bitch ..." and Other Challenges. Bringing High-Risk Ethnography into the Discourse. In: HUME, MULCOCK 2004, a.a.O. S. 111–126.

TREIBEL Annette (1988): Engagement und Distanzierung in der westdeutschen Ausländerforschung. Eine Untersuchung ihrer soziologischen Beiträge. Stuttgart: Enke.

VIGARELLO Georges (1992): Wasser und Seife, Puder und Parfüm. Geschichte der Körperhygiene seit dem Mittelalter. Frankfurt/M.: Campus.

WEBER Max (1980): Wirtschaft und Gesellschaft. Tübingen: Mohr, 5. Aufl.

WEICK Karl E. (1985): Der Prozess des Organisierens. Frankfurt/M.: Suhrkamp.

WEICK Karl E. (1989): Theory Construction as Disciplined Imagination. In: The Academy of Management Review, 1989/4, S. 516–531.

WEICK Karl E. (1995): Sensemaking in Organizations. Newbury Park–London–New Delhi: Sage.

WEIGAND Gabriele, HESS Remi (Hg.) (2007): Teilnehmende Beobachtung in interkulturellen Situationen. Frankfurt/M.–New York: Campus.

WERNET Andreas (2000): Einführung in die Interpretationstechnik der Objektiven Hermeneutik, Opladen: Leske + Budrich.

WHYTE William F. (1996): Die Street Corner Society. Die Sozialstruktur eines Italienerviertels. Berlin–New York: de Gruyter.

WHYTE William F. (1984): Learning from the Field. A Guide from Experience. Newbury Park–London–New Delhi: Sage.

WILSON Thomas B. (1982): Qualitative „oder“ quantitative Methoden in der Sozialforschung. In: Kölner Zeitschrift für Soziologie und Sozialpsychologie 1982/3, S. 485–508.

WOLCOTT Harry F. (1995): The Art of Fieldwork. Walnut Creek–London–New Delhi: Sage.

WOLCOTT Harry F. (1999): Ethnography. A Way of Seeing. Walnut Creek–London–New Delhi: Altamira.

WOLF Daniel R. (1991): High-Risk Methodology. Reflections on Leaving an Outlaw Society. In: SHAFFIR, STEBBINS 1991, a.a.O. S. 211–223.

WOLFF Stephan (2000): Wege ins Feld und ihre Varianten. In: FLICK, KARDORFF, STEINKE 2000, a.a.O. S. 334–349.

ZERUBAVEL Eviatar (1997): Social Mindscapes. An Invitation to Cognitive Sociology. Cambridge–London: Harvard Univ. Press.